孙冶方文集

第6卷
（1964—1978年）

孙冶方 ◎ 著

知识产权出版社
全国百佳图书出版单位

图书在版编目（CIP）数据

孙冶方文集. 第 6 卷/孙冶方著. —北京：知识产权出版社，2018.1
ISBN 978 – 7 – 5130 – 5210 – 8

Ⅰ. ①孙… Ⅱ. ①孙… Ⅲ. ①经济学—文集 Ⅳ. ①F0 – 53

中国版本图书馆 CIP 数据核字（2017）第 257212 号

内容提要

《孙冶方文集》（10 卷本）收集孙冶方 1925 年至 1983 年间的各类作品 356 篇（部）。他的作品有着鲜明的时代特点，真实地反映了作者尊重规律、追求真理的研究轨迹，也真实地反映了他一以贯之的执着精神和宁折不弯的人格魅力。

读者可以从《孙冶方文集》中看到我国经济学界一代宗师孙冶方屡经磨难的艰苦历程，了解孙冶方的学术观点和理论勇气，了解我国社会主义政治经济学各个历史阶段的发展印迹，并从中受到启迪。

项目负责：蔡　虹　　　　　　　　　　　**本卷责编**：兰　涛
套书责编：石红华　蔡　虹　　　　　　　**责任出版**：刘译文

孙冶方文集（第 6 卷）

孙冶方　著

出版发行：知识产权出版社 有限责任公司	网　　址：http://www.ipph.cn
社　　址：北京市海淀区气象路 50 号院	邮　　编：100081
责编电话：010 – 82000860 转 8324	责编邮箱：caihongbj@163.com
发行电话：010 – 82000860 转 8101/8102	发行传真：010 – 82000893/82005070/82000270
印　　刷：三河市国英印务有限公司	经　　销：各大网上书店、新华书店及相关专业书店
开　　本：720mm×1000mm　1/16	印　　张：23
版　　次：2018 年 1 月第 1 版	印　　次：2018 年 1 月第 1 次印刷
字　　数：289 千字	总 定 价：1680.00 元（全套共 10 卷）
ISBN 978 – 7 – 5130 – 5210 – 8	

出版权专有　侵权必究
如有印装质量问题，本社负责调换。

《孙冶方文集》 编辑委员会名单

主　　任：张卓元

成　　员：（以姓氏笔画为序）

王迎新　吕民生　李　昭　旷建伟

沈国弟　张建清　武克钢　范世涛

周　济　冒天启　薛小和

孙冶方(1908—1983)

1964年4月孙冶方(右)与日本经济学家访华团团长佳谷悦怡(左)

1977年1月孙冶方在上海

(以上照片由孙冶方亲属提供)

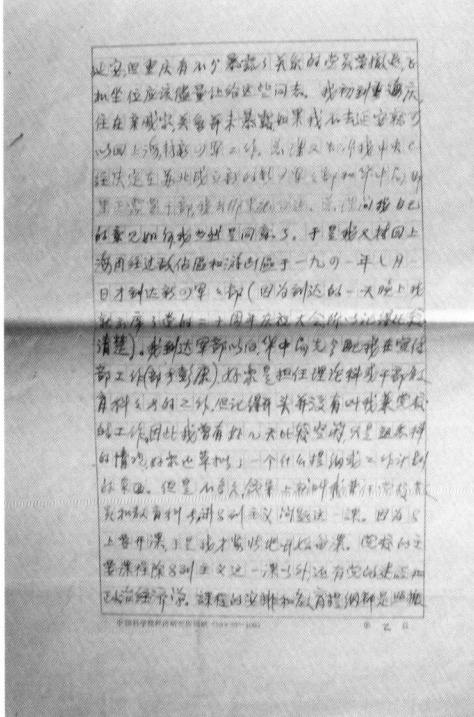

1967年9月1日孙冶方就刘少奇《答宋亮同志》的经过写的材料

方毅同志：

我本月八日送给你一封信并附致中央的一份报告谅收到。

你当然知道特务张春桥曾经从列宁《青年团任务》一文中断章取义地摘引了一句话当作大棒到处挥舞使旧学校出身的知识份子受到很大压力。今年七月二十日(?)《人民日报》发表辛南的文章《是猴子变人还是人变猴子？》根据列宁这篇讲话的完整思想有力地驳斥了张春桥。辛南的文章是一篇好文章。但是张春桥所断章取义地摘引的列宁的那句话的中译文本身有问题。张春桥是钻了译文的空子。我现在把编译局的原译文和我根据俄文原文改译的这两句话对照如下：

(一)编译局原译文(见列宁选集》1974年版第9卷第348页)：

"……我们应当吸取旧学校中的好东西。我们决不能象旧学校那样用数不胜数的无谓无用、一些歪曲了的知识来充塞青年人的头脑……"

(二)我根据1950年出版的俄文本《列宁全集》

定的，他们都松了一口气。所以我建议你在适当场合把列宁这句话的误译和揭发张春桥钻空子，全盘否定旧学校传授的知识对青年宣布一下，以解除许多人的包袱。

我过去因为每当政治经济学方面有什么争论要引证马恩著作的时候常发现译文有出入甚至错误。《资本论》俄译本是最早的译本但是我在五十年代末听到苏联经济学者说《资本论》的俄译本也译坏了。恐怕这也是确实的，因为翻译的好坏不仅决定于对文字的理解程度而且更决定于对内容的理解程度。因此我自前年出狱后就开始自学德文。现在能对照着译本读德文《资本论》了。我记得十多年前你已经在读英俄文原著。你现在一定能自由阅读了。希望你核对一下上引列宁那句话的原文。

祝你身体健康并致革命敬礼！

孙冶方

1977.11.21.发

1977年11月孙冶方就一句译文的更正致方毅同志信

（以上手稿照片由孙冶方亲属提供）

编者说明

孙冶方是我国著名经济学家，15岁起就从事革命活动，在长达60年的革命生涯中，为宣传马克思主义政治经济学呕心沥血、奋斗终生，在经济学界和社会大众中享有崇高声誉。

2018年是孙冶方诞辰110周年。为缅怀先贤足迹，激励后人理论创新，2016年年初，孙冶方经济科学基金会与知识产权出版社相约，共同编辑出版《孙冶方文集》（以下简称《文集》），是为纪念。

孙冶方一生勤于思考，治学严谨。纵观现存的各类作品，字里行间无不充满了理论探索与实践创新。1979年人民出版社出版《社会主义经济的若干理论问题》；1982年出版《社会主义经济的若干理论问题》续集；1984年山西人民出版社出版《孙冶方选集》，中国展望出版社出版《孙冶方社会主义流通论》；1985年人民出版社出版《社会主义经济论稿》，中国社会科学出版社出版《关于中国社会及其革命性质的若干理论问题》。1998年为了纪念孙冶方诞辰90周年，孙冶方经济科学基金会委托山西经济出版社在上述作品基础上，出版了5卷本《孙冶方全集》（以下简称《全集》）。2008年，孙冶方经济科学基金会与无锡市玉祁镇孙冶方纪念馆合作，将在整理孙冶方文献资料时新发现的多篇文章、译著合并，内部出版了《全集（补遗）》。

如今呈现在读者面前的《文集》（10卷本），是在《全集》和《全集（补遗）》基础上再次整理编辑而成，是两年来紧张工作的成果，也是改革开放以来孙冶方作品收集整理工作的继续。

《文集》能够顺利出版，得益于多方面的共同努力。一是浙江财经大学孙冶方经济科学奖文献馆利用文献数据库及全国的图书馆网络检索文献（特别是1949年以前公开发表或出版的作品）获得资料。二是孙冶方亲属较为全面地整理了20世纪80年代保存至今的孙冶方文稿原件、打印件、书信及手稿等。三是《文集》编辑委员会在孙冶方曾经生活并工作过的上海、江苏、浙江和无锡等地，以及国家统计局、中国科学院哲学社会科学部（现中国社会科学院）、中国社会科学院经济研究所等单位寻访时获得了十分宝贵的文献、书信和报告若干。四是《文集》编辑委员会成员个人提供报告、书信等重要资料。

有关《文集》编辑整理时遵循的原则以及不同情况的处理作如下说明。

一、《全集》和《全集（补遗）》收录作品分别为111篇（部）和24篇。《文集》增加新近收集到作者1925年至1983年间的作品221篇，计有理论文章59篇、译作11篇、报告65篇、书信86封，其中148篇是首次公开出版。

二、《文集》编辑过程中，发现《全集》和《全集（补遗）》存在一些差错，主要是有的作品标题中的个别用字以及发表的时间、刊登的期刊、卷次和脚注等有误或不完善，一并予以修改和补充。

三、《文集》每卷卷首增加了该卷相应时间段作者的照片及作品影印件。《社会主义经济论稿》《社会主义经济论大纲》及《孙冶方大事记》（补充修订后）仍置于《文集》最后两卷。

四、孙冶方（薛萼果）因为工作和生活的需要，有过多个曾用名和笔名。经考证确认的就有孙勉之、孙一洲、孙宝山、孙宜（毅）刚、叶非木、勉之、叶舟、亨利、宋亮、席矩、倪江、方青等。新出现的笔名"席矩"是根据冯和法的回忆文章，及在不同刊物发表文章的考证确认;"倪江"则根据作者相关记录和文章内容确定。文献检索发现,个别笔名可能和他人同名,为避免误收同名作者作品,需要经过编委会集体讨论、仔细甄别、慎重确认后方予收入。其他笔名文章参照《全集》和《全集(补遗)》所用笔名,由编委会认真讨论后收入。

20世纪30年代发表于《中国农村》《中国农村经济研究会会报》上的少数文章,虽无作者署名,经反复考证后确认系孙冶方执笔,在注释中已予以说明,有关考证将另文发表,不在此赘述。

五、《文集》作品以发表、出版或写作的时间为序。对于没有标明详细时间的作品,如缺少月份,则按照通行的做法,置于全年的最后。这样编排,目的是客观地反映孙冶方在各个年代工作和生活时的原貌。

六、对于新收录的作品,尽可能保持原有作品的风貌,仅对个别之处进行了删减或修订;一些书信、报告,原件中没有标题,编辑时增加了现在的标题;个别文献原件页码不全;有的字迹缺失或无法辨认时以空格表示,这些情况在注释中都分别进行了说明。

七、一些早年作品经不同出版社再次出版时,由作者重新审阅并增加了当时新版本的参考文献,因此出现30年代写的文章,参考了70年代出版的文献的情况,现统一注释为"参见……"。

八、根据作者的日记和工作笔记等线索查找,许多文章、书信、报告、谈话等至今仍没有收集到;一些笔名文章虽已找到,但由于可参考查证的资料十分有限,目前无法确认作者而暂不能收入。

综上所述,新出版的《文集》中仍然可能有某些不足甚或错误之处,敬请读者批评指正。

最后,我们要特别感谢在《文集》编辑出版过程中,提供了支持与帮助的单位和个人。可以说，没有这些单位和个人的无私支持和鼎力相助，《文集》以全新的面貌如期出版也就没有可能。这些单位是：中国社会科学院办公厅档案处，中国社会科学院经济研究所及经济史研究室、图书馆，国家统计局资料中心编研处，无锡市档案馆，无锡市博物院，无锡市史志办公室，无锡市玉祁镇孙冶方纪念馆，上海市档案馆，中共上海市委党史研究室，江苏省档案馆，中共江苏省委党史研究室，浙江省档案馆，浙江财经大学孙冶方经济科学奖文献馆，等等。个人有：中国社会科学院副院长蔡昉、中国社会科学院经济研究所所长高培勇、国家统计局办公室主任曾玉平、上海市现代管理研究中心主任陈加英、南京大学商学院院长沈坤荣，以及沙尚之、汪静、沈树正、马骏、崔建华、李晶、刘胜文、王大庆、郑泽清、谢黎萍、陈晓明、吴斌、徐洁、江剑萍、周建军、陈彤光、吴佳佳、殷语、朱昱鹏、谈菁、杜松等。此外，知识产权出版社的蔡虹、石红华及各位编辑，孙冶方经济科学基金会办公室的周小和、王昊、李建、王莉4位同志，为《文集》的最终出版付出了辛勤的劳动和大量的心血，在此一并致以感谢！

《孙冶方文集》编辑委员会
2017 年 10 月 30 日

序

张卓元

孙冶方是我国当代卓越的马克思主义经济学家。他一生论述甚丰，20世纪五六十年代因提出把计划和统计放在价值规律基础上、千规律万规律价值规律第一条等，在经济学界起到振聋发聩的作用，产生了很大的社会影响。1998年，应山西经济出版社之约，我们编辑出版了《孙冶方全集》5卷本，主要收集中华人民共和国成立后孙冶方撰写的文章、研究报告、调查报告、政策建议等。此后，通过孙冶方亲属阅读整理他的日记、手稿、旧作等，发现有相当数量的文稿没有收入全集。为纪念我们敬仰的孙冶方诞辰110周年，我们又对孙冶方一生的作品，主要是经济学作品，进行查找和核实，以《孙冶方全集》为基础，把大量新发现的孙冶方遗作补充进去，按时序排列，形成现在的《孙冶方文集》10卷本，由知识产权出版社2018年年初出版。

重新出版《孙冶方文集》10卷本，不只是为了纪念孙冶方诞辰110周年，对于更好地了解孙冶方对马克思主义经济学的贡献，对于深入研究当代中国经济学思想史，对于认真吸收中国老一辈经济学家的理论精华，更好地构建中国特色社会主义政治经济学，都是很有意义的。

在《孙冶方文集》出版之际，我作为孙冶方经济理论的追随者和学生，作为文集编委会成员之一，在编辑过程中看到不少过去没有看到的文章、资料，学习到许多东西。下面拟就以下三个问题，简要谈谈个人的看法。

一、孙冶方是怎样治所的

孙冶方1957年年末到中国科学院经济研究所任所长，1964年年底接受批判被剥夺领导职务。他一到所，特别重视和强调经济理论研究要很好地联系实际，要从实际出发寻找研究课题，深入实际调查研究。他专门写报告要求对经济所实行双重领导，即由中国科学院和国家计委领导。后经周恩来总理和李富春副总理批准实行双重领导，他本人列席国家计委党组会议，接受国家计委分派的任务。为了便于研究人员到经济部门做调查研究，他把经济所从海淀区中关村搬到财经部门集中的西城区三里河。他接受李先念等领导同志交办的任务，亲自率领一批研究人员到上海第一机床厂等企业进行调查。他关于固定资产管理体制改革（反对复制古董）和加强经济核算包括资金核算的研究报告，就是深入调查研究后写出的。他在调查过程中，还同李立三、李人俊、汪道涵、马天水、顾树桢等中央经济部门和地方工作的同志多次深谈，征求他们的意见。在孙冶方的带动下，在经济所逐渐形成了调查研究的风气。还有，从上个世纪50年代末到60年代初，孙冶方和薛暮桥、于光远一块发起，针对农村"一平二调"和"大跃进"带来的国民经济断崖式下滑和比例失调等问题，组织经济理论工作者和实际工作者，讨论了社会主义商品生产、价值规律、按劳分配、社会主义再生产、经济核算、经济效果等问题，对全国的经济理论研究工作起到了引航的作用。

其次，大力倡导标新立异，向传统的经济理论挑战，扭转从书本到书本、从概念到概念、搞规律排队和只限于解释当前政策的教条主义学风。他自己带头创新理论（后面有专门论述），给经济所带来一股清新的研究风气。他还邀请当时苏联的统计局综合平衡司司长索包里作报告，他对传统的社会主义经济理论和体制持批评态度，主张生产价格论、强调资金核算的重要性等，使我们这些听众大开眼界。与此同时，他对当时广为流行的苏联科学院院士斯特鲁米林关于没有价格与价值的背离就没有价格政策的观点（上个世纪五六十年代国内有从事实际工作的同志很欣赏这一观点），不以为然，认为正确的价格政策恰恰是力求使价格与价值一致，只有这样，才是真正尊重价值规律。

再次，以任务带学科带队伍。孙冶方于1960年年初起，接受中宣部布置的写社会主义政治经济学的任务（薛暮桥、于光远也各负责写一本），于是组织全所研究现实经济问题的骨干力量，写《社会主义经济论》，他本人提出与众不同的按马克思《资本论》过程法（即资本的生产过程、资本的流通过程、资本主义生产的总过程，把资本和资本主义改为社会主义即可）展开，以最小的劳动消耗取得最大的有用效果为红线进行写作。在这个过程中，带出了一批年轻的经济学家，他们在中国改革开放后分别成为一些科研单位的骨干。

二、孙冶方治学是如何标新立异的

孙冶方提倡标新立异，他是以身作则的。他发表在《经济研究》1956年第6期的《把计划和统计放在价值规律基础上》一文，就是真正的标新立异，在经济学界引起轰动。他到经济研究所后，提出了一系列崭新的观点和主张，包括：恩格斯1844年在《德法年鉴》上提出的"价值是生产费用对效用的关系"并不是错误的、后来被恩格斯本人抛弃的观点，而是正确的、对准确理解马克思劳动价值论有重要意义的观点；主张以生产价格作为社会主义国家定价的基础；流通部门是很敏感的，国民经济中许多问题，都会在流通过程中首先表现出来，批判部分学界鼓吹的"无流通论"；财经体制的核心问题是作为独立核算单位的企业的权力、责任和它们同国家的关系问题，而不是有人常说的中央和地方的关系问题；凡是在原有资金价值量范围内的生产，是简单再生产，是属于企业（指国有企业）可以自主决定的权利，因此折旧基金应留给企业支配使用，而现实中要求折旧基金上缴的固定资产管理体制会导致出现复制古董的怪异现象；利润是反映企业技术水平高低、经营管理好坏的综合指标，高于社会平均资金利润率的是先进企业，低于社会平均资金利润率的是落后企业；用最小的劳动消耗取得最大的有用效果应作为社会主义政治经济学的红线贯穿始终；千规律，万规律，价值规律第一条；等等。

孙冶方在经济理论上标新立异，不是偶而突发的奇思异想，而是经过长时期调查研究深思熟虑后得出的。关于固定资产管理体制和重视利润的主张，就是经过大量实地调查研究和总结国内外经验教训后提出的。关于价值理论则除了调查研究、实际工作体会外，还大量引经据典，与不同观点商榷。他在1959年第9期《经济研究》发表的《论价值》一文，长达三万多字，系统地表达了他对价值和价值规律的独特观点。还有，我们常常看到孙冶方特别喜欢引用马克思在《资本论》第三卷中的一段话，马克思说，"在资本主义生产方式消灭以后，但社会生产依然存在的情况下，价值决定仍会在下述意义上起支配作用：劳动时间的调节和社会劳动在各类不同生产之间的分配，最后，与此有关的簿记，将比以前任何时候都更重要。"（《马克思恩格斯全集》第25卷，北京，人民出版社，1974年，第963页）据我体会，马克思这段话说的价值决定，正是价值规律的核心，也是孙冶方反复强调的价值规律的内涵。因此他坚信价值规律在资本主义生产方式消灭以后，在社会主义社会经济活动中，仍然起支配作用。

三、孙冶方经济理论的现实意义

孙冶方经济理论的核心，如果用一句话来概括，就是千规律，万规律，价值规律第一条。这是在一次批判他的座谈会上，当批判他的人质问他国民经济综合平衡依据的是什么规律时他脱口而出的，他在1978年10月还专门以此为题写了一篇文章，发表在《光明日报》上。孙冶方在文中写道，"我这句话虽然是在激动中脱口而出的，然而这是符合我多少年来长期坚持的思想的。"我认为，这就是孙冶方的主要经济理论观点。孙冶方一辈子强调价值规律，并不是有人想象的那样现在已经过时了，恰恰相反，在我们努力发展社会主义市场经济的今天，仍然具有重要现实意义。

第一，马克思主义经济学原理历来认为，价值规律是商品经济和市场经济的基本规律，是支配市场经济活动的最根本的法则。现在我们正在社会主义条件下发展市场经济，就要按市场经济规律办事，就是要按价值规律办事。如果我们在经济活动中违背价值规律，必然会受到这样那样的惩罚，如效率低下、竞争力下降甚至亏损破产等。相反，如果我们在经济活动中尊重价值规律，按价值规律办事，努力降低个别社会劳动消耗，提高产品技术含量和品质，就能在市场竞争中处于强势，不断发展壮大自己。当然，我们也要看到，孙冶方对价值规律如何调节社会生产和流通，它的机理是什么，并没有作出有说服力的说明，而这是在中国改革开放中，通过市场机制即放开市场和价格才实现这种调节的。

第二，在孙冶方的论述中，价值由社会必要劳动时间决定的规律，其含义是比较广泛的，既包括个别商品的价值由社会必要劳动时间决定，也包括在社会总劳动时间中，要把必要的比例量用在不同各类的商品上，也就是我们今天常说的，在资源配置中起决定性作用。孙冶方常常引述马克思关于价值决定在未来社会对社会劳动在不同各类生产之间的分配仍起支配作用，也是这个意思。当前我国深化经济体制改革，就是要紧紧围绕使市场在资源配置中起决定性作用来进行，实质上正是要更好地让价值规律调节资源的配置。

第三，价格政策应很好地尊重价值规律。孙冶方一贯反对实行价格与价值背离的政策，要求不断缩小工农产品价格剪刀差，国家定价应以价值和价值的转化形态生产价格为基础，否则难以正确评价经济活动的效果，难以评价企业的真实业绩。这点至今仍有现实意义。现在占全社会商品和服务97%的价格已放开由市场调节，也就是价值规律调节，在公平竞争的市场环境不断完善的条件下，价格将越来越贴近价值而波动。剩下的3%由政府定价，主要限定在重要公用事业、公益性服务、网络型自然垄断环节，也要尊重价值规律，但不是由价值规律自发调节。这说明，孙冶方当年的设想，在社会主义市场经济条件下正在逐步成为现实。

第四，从政治经济学发展史来看，改革开放前，经济学家们在创建社会主义政治经济学体系时，总离不开规律排队，而且总是把社会主义基本经济规律、有计划发展规律放在首位，贬低和排斥价值规律的作用。1982年，还有一些经济学家拿社会主义基本经济规律和有计划发展规律起主要作用来反对社会主义经济也是一种商品经济。可是，在半个多世纪前，孙冶方就已经提出，无论在国民经济中，还是在社会主义政治经济学中，价值规律是首要规律。他关于撰写《社会主义经济论》要以最小的劳动消耗取得最大的有用效果作为红线，也是他关于千规律万规律价值规律第一条在构建社会主义政治经济学中的具体应用。因为在孙冶方看来，价值由社会必要劳动时间决定的规律，体现的正是生产费用对效用的关系,如果生产没有社会使用价值的东西,其劳动消耗是白费的,不是社会必要的,不能形成价值,所以他一直认为恩格斯关于价值是生产费用对效用的关系是完全正确的命题。因此我认为,孙冶方经济理论的核心——价值理论,对于今天构建中国特色社会主义政治经济学,是值得大家重视的。这也是孙冶方经济理论重要现实意义之所在。

2017年10月

孙冶方：以自己的生命敲击改革开放大门的先驱

——《孙冶方文集》序

冒天启

孙冶方（1908—1983），江苏无锡人，是中国经济学界几代人都敬仰的一位颇具盛名的马克思主义经济学家。在他长达半个多世纪的经济学理论研究活动中，始终坚持立足中国国情，独立思考，按照价值规律内因论和商品生产外因论的经济学思想，是中国经济学界对自然经济论进行批判的先行者，是对传统经济体制实行改革的最早倡导者，是创建社会主义经济学新体系的积极探索者。

孙冶方在上个世纪20年代初，去莫斯科中山大学学习，毕业后在莫斯科东方劳动者共产主义大学担任政治经济学讲课翻译，在那里学习、工作了四年零九个月；回国后长期从事经济理论研究、宣传和教学，并担任实际经济工作的领导。生前曾任中国社会科学院顾问，经济研究所所长、名誉所长，国务院经济研究中心顾问，国务院学位评议组成员，政协第五届全国委员会委员，中共中央顾问委员会委员等职。孙冶方病逝前，为表彰他对马克思主义经济学的重大贡献，中国社会科学院党委授予他为模范共产党员；学界老一辈经济学家也在1983年6月13日联合发起成立了孙冶方经济科学奖励基金委员会，以纪念这位经济学界的泰斗。媒体公认，孙冶方经济学思想，对中国的改革开放具有"破茧"的功能,他以自己的生命在敲击着改革开放的大门,2008年12月7日,被媒体评选为中国"30年最具贡献的十位经济学家"。

孙冶方一生治学严谨、惜字如金,在同辈的经济学家中,其著述不算最多,甚至没有过专著,但他的文章却篇篇都针砭时弊,影响深远。1984年,山西人民出版社根据他在病逝前亲自审定的篇目,出版过一部《孙冶方选集》;1998年,为了纪念他诞辰90周年,孙冶方经济科学基金会委托山西经济出版社出版了5卷本《孙冶方全集》;2008年,孙冶方经济科学基金会与无锡市玉祁孙冶方纪念馆在整理孙冶方文献资料时,发现《孙冶方全集》漏选了孙冶方的不少文章、译著,因此,内部出版了《孙冶方全集(补遗)》。2016年,应知识产权出版社邀约,经多方反复彻查文献、严格审定,以一部全新的10卷本《孙冶方文集》典籍问世。

孙冶方是老一辈的马克思主义经济学家,社会在变迁、知识在更新,为让新一代学子对孙冶方的经济学思想有个初步的了解,我们在这里简述他的成长经历、理论贡献以作为《孙冶方文集》新版之序。

孙冶方:以自己的生命敲击改革开放大门的先驱

一、成长经历

孙冶方,1908年10月24日出生在江苏省无锡县玉祁镇。原名薛萼果,字勉之,党内用名宋亮。从小家境贫穷,父亲背债做过纱厂的小职员。1921年秋,13岁的孙冶方才进无锡县立第一高小做寄宿生。孙冶方在校时,接受进步思想,1923年年初加入社会主义青年团,1924年经中共上海区委批准正式转为中共党员。不久,无锡地下党组织成立,孙冶方被选举为第一任中共无锡党支部书记,同年加入国民党。1925年11月,按照上级组织的安排，他去莫斯科中山大学学习，同去的有60多人，其中有张闻天、杨尚昆、乌兰夫，还有王明、蒋经国等。在那里经过两年比较系统的马克思列宁主义学习，1927年夏毕业，分配到莫斯科东方劳动者共产主义大学担任政治经济学讲课翻译。1927年11月，东大中国留学生合并到中大，孙冶方也随之返回中大继续担任讲课翻译。这一时期，有两件事对他影响较大，一是王明的宗派斗争。20年代赴苏的中国留学生中，既有后来成为党和国家卓越领导人的邓小平、叶剑英、杨尚昆等同志；也有后来堕落叛逃的王明、张国焘等人。当时，王明在共产国际的支持下，把持了对中国留学生的领导权，大肆进行宗派主义活动，对不赞成他们意见的同志搞残酷斗争，捏造各种罪名进行打击。1927年夏，在一次讨论中大学期工作总结报告并对报告的决议案投票表决时，支持王明的共有28人，1人弃权，绝大多数同志都表示反对，其中有孙冶方的入党介绍人董亦湘。孙冶方没有参加这次会议，但平时与董亦湘及投反对票的同志来往较多。那时，由于孙冶方已担任了讲课翻译，经济收入较高，大家让他掏钱请客聚餐，王明根据这次"聚餐"，凭空捏造了"江浙同乡会"的案件，把他们作为反革命分子进行斗争。1928年，尽管经过由周恩来参加的中央专案组的重新审查，宣布"江浙同乡会"是莫须有的罪名，但王明却又利用联共清党，给反对他的同志扣上"托派"的罪名继续加以迫害，他们断定孙冶方也有"托派"嫌疑，无端地给了他"严重警告"处分。这件冤假错案，给孙冶方后来的党内生活带来不小影响。二是布哈林对列宁新经济政策的理论解释，给孙冶方后来从事社会主义经济理论研究，认识不发达国家社会主义建设道路，产生了潜移默化的影响。

1930年9月，孙冶方回国。在上海从事党的地下工作，先任上海人力车夫罢工委员会主席，后又任人力车夫总工会筹委会主席，年底，调任沪东区工商联筹委会主席。1931年年初，孙冶方在英租界被捕，但敌人没有任何证据断定他是共产党员，以为是"乡下佬"，因此在捕房里关了七天就释放了。出狱后，孙冶方向党中央递交书面报告，希望恢复组织关系，同时还积极参加抗日救亡活动。但王明宗派集团把持着中央领导权，对孙冶方的"书面报告"置之不理，孙冶方被排斥在党外7年之久。这期间，孙冶方在逆境中一直坚持斗争，以他对马克思主义理论和党的土地革命路线的透彻理解，与陈翰笙、薛暮桥、钱俊瑞等发起成立中国农村经济研究会，开设新知书店、中国经济资料室，发行《中国农村》月刊，深入工厂、农村，以大量的调查材料，论证中国社会的半封建半殖民地性质，批判王明和"托派"夸大中国社会资本主义性质，反对党的土地革命路线的"左"倾观点。1934年6月，面对国民党反动派的迫害，孙冶方不得不绕道香港去了日本，在东京替商务印书馆翻译卢森贝的《政治经济学思想史》。1935年9月回国，继续从事《中国农村》的编辑工作。

1937年5月，孙冶方恢复了党籍，调任中共江苏省文化工作委员会书记。1940年9月，孙冶方根据组织决定去延安，途经重庆时，向周恩来汇报了工作，周恩来根据当时形势，指示他去苏北新四军或华中局工作。1941年6月，孙冶方到了苏北根据地，先在华中局宣传部任宣教科科长，后又去华中局党校教学并兼任教育科科长。临去党校前，刘少奇找他谈话指出：党校教学要理论联系实际。7月13日，孙冶方以"宋亮"为笔名给刘少奇写信，请教如何看待党内存在的轻视理论的倾向。当天，刘少奇回信，就党内轻视理论的倾向作了分析，这就是"文化大革命"中曾一度成为"众矢之的"的《答宋亮同志》的信。1942年华中局党校成立校委会，孙冶方为校委会委员，仍兼教育科长。1943年4月，新四军军部转移到淮南以后，孙冶方即被派到淮南路西地委任宣传部长。1947年5、6月间，孙冶方奉命到胶东向华东财办领导汇报工作，时值国民党军队正向滨海地区进攻，因此上级决定"驻鲁办事处"撤销，干部撤退到胶东，孙冶方被留在华东财办工作，11月任华东财办秘书长兼山东省政府实业厅副厅长，直到解放战争胜利结束。

1949年江南解放后，孙冶方随三野进上海，任上海市军管会重工业处处长，并负责接管了国民党政府的资源委员会，后任华东工业部副部长兼任上海财经学院院长。1955年年初，孙冶方调北京任国家统计局副局长，主要负责国民经济平衡统计表的编制，还有关于国民收入计算、计划统计指标体系、方法等工作。1956年7、8月间，他去苏联统计局考察，联系中国经济建设中已经出现的问题，深感我国经济管理体制和一些经济政策存在着严重的弊病，1956年11月，他写了著名的论文《把计划和统计放在价值规律的基础上》，批评斯大林把价值规律和国民经济计划管理对立起来的观点，指出：国民经济有计划按比例发展必须建立在价值规律的基础上才能实现。同期，他还写了另一篇有名的文章——《从总产值谈起》，批判总产值指标妨碍对企业进行科学管理，指出：利润指标是考核企业经营管理好坏的综合指标。

孙冶方于1957年底被调至中国科学院经济研究所任代所长。1958年6月21日，中央工业部电话通知孙冶方：中央监委已经批准了中央工业部对他有关历史问题的审查结论，同时恢复了1931年到1937年这一段党龄。这令孙冶方极为振奋。孙冶方虽然弃官从文，但在新的岗位上，仍以高度的敬业精神，花很大的力气疏通经济理论研究和实际工作结合的渠道，力主由国家实际经济部门主管经济研究所的研究工作。孙冶方大力组织研究人员认真读书，并引导人们把实践中存在的、有待于解决的问题提高到理论上加以研究。他身体力行，多次深入农村、工厂，写了大量的研究报告和文章，探讨社会主义经济理论，并逐步形成了以自然经济论为批判对象，以价值规律内因论和商品生产外因论为基础的理论体系，积极倡导经济体制改革。1959年7、8月，他在青岛撰写了《论价值》一文，发表在《经济研究》1959年第9期，系统陈述了自己的理论和改革主张。从1960年年底开始，他组织经济研究所的一些同志，着手编写《社会主义经济论》，系统清算阻碍社会主义经济理论发展的各种有害倾向。由于众所周知的原因，1964年开始，他在经济学界受到了围攻。1966年6月，《红旗》杂志公开点名在全国范围内开展了对孙冶方的大批判。从1968年4月5日被捕入狱，直到1975年4月10日出狱，孙冶方在特殊的环境中，用默记的方法，对《社会主义经济论》22章183节在脑海中过了85遍，坚持每月一次。1972年2月，他以给"外调"人员写材料为名，写了长篇文章《我与经济学界一些人的争论》，驳斥了康生、陈伯达一伙反马克思主义的谬论。1975年4月10日踏出狱门对工宣队的第一句话就是：我是一不改志、二不改行、三不改变自己的观点！回家后即着手《社会主义经济论》的写作。打倒"四人帮"后，孙冶方极为昂奋地参加了揭批"四人帮"的理论斗争以及考察出国访问。那时，国内各个部门都组团去东欧国家学习，曾有团组去匈牙利，接待方坦然地说，我们是按照你们国家孙冶方的经济学思想改革的！1979年8月，孙冶方肝癌已到晚期。在这种情况下，经济研究所加强了写作组的力量，为抢救学术遗产，由孙冶方在病床上口授录音，然后由写作组整理，前后约一年时间，完成了《社会主义经济论》大纲20余章。从这以后，孙冶方更拼命工作，3年时间，先后写出了22篇论文，对经济建设和改革中的紧迫问题，系统发表了自己的观点，同时还参加文艺、历史等方面的社会活动。1982年9月，孙冶方参加了党的十二大，并当选为中共中央顾问委员会委员。1983年2月22日下午5时，这位拼搏了一生的老布尔什维克，带着铮铮铁骨，离开了我们，时年75岁。

孙冶方：以自己的生命敲击改革开放大门的先驱

二、理论贡献

在中华人民共和国成立前的30至40年代，孙冶方发表过的论文，主要是联系中国实际，以大量第一手调查材料，论证中国社会的半封建半殖民地性质，但他的经济思想最有历史学术价值的部分是在共和国成立后的50年代中期到70年代末80年代初期形成的。在左的路线统治全党和社会的环境下，孙冶方大胆探索符合中国国情的社会主义经济理论新体系，勇敢倡导改革集权的计划经济模式。他的经济学思想可以归纳为一句话：价值规律内因论和商品生产外因论，在这个大题目下，他经常论述的经济思想主要是：

（1）用最小的劳动消耗取得最大的有用效果即"最小最大"。孙冶方自50年代中期以来，联系社会主义经济建设中的弊端，反复论述"最小最大"，并由此付出了血的代价。但"最小最大"的发明者，从经济思想发展史上看，实际上并不是孙冶方。早在1817年，李嘉图的《政治经济学及赋税原理》出版，1821年，这部书的第三版广为流行，书中写道：国家财富的增加可以通过两种方式：一种是用更多的投入来维持生产性的劳动……；另一种是不增加任何劳动量，而使等量劳动的生产效率增大……这两种增加财富的方法中，第二种方法自然是更可取的。当时，有一位匿名作者按照李嘉图的这个思想写了《国民困难的原因及其解决办法》的小册子，其中说道：一个国家只有在劳动6小时而不是劳动12小时的时候，才是真正富裕的，财富就是可以自由支配的时间。马克思对这个思想极为赞赏，说："这不失为一个精彩的命题。"同时还把李嘉图的上述说法概括为：在尽量少的劳动时间里创造出尽量丰富的物质财富。同时还强调：这在一切社会形态中都是适用的。但时间过了100多年，孙冶方把这个朴素的思想用中国化了的经济学语言,作了广泛宣传。他在多篇文章中都讲:要用最小的劳动消耗去取得最大的有用效果,这是一切经济问题的秘密,人类生活的好坏,从根本上说取决于劳动效率的高低,要以更少的劳动投入获得更多的有用产品;或者说,要减少生产每一单位产品所需要的劳动量。研究一定的劳动时间内生产了多少产品,是劳动生产率范畴问题;研究单位产品中包含有多少劳动时间即劳动耗费,是价值范畴问题。用最小的劳动耗费取得最大的有用效果,就是一个把个别的、局部的劳动还原为大多数的、社会平均必要的劳动耗费的复杂经济运行过程。孙冶方指出:在社会主义条件下,商品的内在矛盾即商品二重性和生产商品劳动二重性仍然存在,经济学要以"最小最大"为红线,去研究解决这些矛盾的途径,提高劳动生产率,发展社会主义经济。

孙冶方:以自己的生命敲击改革开放大门的先驱

孙冶方用"最小最大"总结社会主义建设的教训,批评在"政治挂帅"下高消耗、低效益的顽症;用"最小最大"判断社会主义公有制,批评自然经济论和"大锅饭"的体制;用"最小最大"批评"权力经济学",重新编写中国的理论经济学,因而使这个古老而朴素的经济学常识在新的历史条件下放出了新的理论光彩。实践证明,孙冶方的"最小最大"理论中所包含的一切思想都是正确的,因此,经济学界公认:"最小最大"是孙冶方公式。

(2)价值理论。孙冶方在这个重大理论问题上与众不同,他坦诚地承认:我的价值论源自恩格斯,但有自己独立的"逻辑上的一贯性和系统性"。1843年,恩格斯在《政治经济学批判大纲》中说:"价值是生产费用对效用的关系。价值首先是用来解决某种物品是否应该生产的问题,即这种物品的效用是否能抵偿生产费用的问题。只有这个问题解决之后才谈得上运用价值来交换的问题。如果两种物品的生产费用相等,那么效用就是确定它们的比较价值的决定因素。"恩格斯接着还说：在未来社会中，"价值这个概念实际上就会愈来愈只用于解决生产的问题，而这也是它真正的活动范围"。马克思对恩格斯的这个理论十分赞赏。1868年1月8日，他给恩格斯的信中说：由于我采取了抽象的研究方法，直接的价值规定，在现实社会中，实际作用是很小的，甚至是找不到的。（价值）"通过价格的变动来实现，那么事情就始终像你在《德法年鉴》中已经十分正确地说过的那样。"所谓"十分正确地说过"，就是指恩格斯发表在《德法年鉴》上的《政治经济学批判大纲》中"价值是生产费用对效用的关系"的说法。恩格斯在1895年逝世前半年再版《反杜林论》时，将这一观点与《资本论》一、二、三卷联系起来，重申（价值是生产费用对效用的关系）观点，"我在1844年已经说过了。但是，可以看到，这一见解的科学论证，只是由于马克思的《资本论》方才成为可能。"恩格斯在病逝前重申自己对价值概念的论述，足见这一思想的极端重要性。后来，恩格斯的这一理论，在欧洲工人运动中得到了广泛传播！孙冶方联系中国经济建设的实践，对恩格斯的价值理论做了充分的发挥，坚持认为：价值是生产费用对效用的关系，并由此形成了自己一套严密的价值理论体系，他曾对批判者戏言说：你们如果击破了我的要害——价值论，那么我的这个理论体系就摧枯拉朽了！他认为，价值规律是任何社会化大生产都不能取消的自然规律。他一再强调，价值并不仅仅是商品经济所特有的范畴，它是社会化大生产的产物，反映着社会化生产过程中的各种社会经济关系，就这一点来说，它对资本主义和共产主义都是共同的。但是在资本主义条件下，价值是通过交换价值表现出来的；而在共产主义条件下（包括社会主义全民所有制内部），价值却可以通过统计、会计具体地捉摸到。因而在量的意义上，价值就是物化在产品中的社会必要劳动。价值和交换价值是完全不同的两个范畴。价值由包含在商品或产品中的劳动量决定。但是，在商品经济特别是资本主义商品经济条件下，供求却始终是不平衡的。尽管每一物品或每一定量某种商品中包含着生产它所必需的社会劳动，但如果它的产量供应超过了当时的社会需要，那么一部分社会劳动还是会浪费掉的。因此，效用通过社会必要劳动的形成来最终影响价值的变化，离开了一定使用价值的质和量，就无从谈论"必要"还是"不必要"。社会主义建设效益差、浪费大，就是因为我们缺乏价值观念，不对生产费用和效用进行比较造成的。孙冶方认为，价值规律是价值存在和运动的规律，它是任何社会化大生产都不能取消的自然规律，社会主义经济作为社会化生产，它同样也存在着价值规律发生作用的机制。因此，孙冶方是价值规律内因论者，它反对斯大林的价值规律外因论，对斯大林的自然经济论和"大锅饭"体制，进行了尖锐而辛辣的批评。

孙冶方：以自己的生命敲击改革开放大门的先驱

（3）企业扩权理论。孙冶方强调，企业是独立的经济核算单位，要正确处理国家集中领导和企业独立经营的关系。孙冶方在我国最早提出了在全民所有制条件下，国家所有权和企业经营权分离的理论，他认为，在私有制条件下，谁具有生产资料的占有、使用和支配的权力，谁就是事实上的所有者。然而"在全民所有制之下，占有、使用和支配是一个主体，而所有权是另一个主体。国营企业，只是根据它们的活动目的和财产的用途对固定给他们的国家财产行使占有、使用和支配之权。而这些财产的所有者是国家。社会主义国家和企业的关系，并不像自然经济论所认为的那样，是上层建筑、法律关系，而是一种非常重要的经济关系。孙冶方在特定历史条件下针对集权计划经济，独创地提出了划分国家和企业权限的"杠杠"，他认为，经营管理体制中"大权"和"小权""死"和"活"的界限是简单再生产和扩大再生产的界限，属于简单再生产范围以内的事是企业应该自己管的"小权"，国家多加干涉，就会管死，束缚企业从事生产经营的积极性和主动性；属于扩大再生产范围以内的事是国家应该抓的"大权"，国家必须严格行使权力，不管或管而不严，就会大乱。而区分简单再生产和扩大再生产的唯一界限是企业资金价值量，凡是不要求国家追加投资的，在原有资金价值量范围以内的生产，都是简单再生产；而要求追加新投资，这超出了企业原有资金价值量范围，因而是扩大再生产。孙冶方按照上述"杠杠"，激烈地批评了固定资产管理体制，要求把折旧基金原则上全部交给企业，由企业自主去搞挖潜、革新和改造。

(4) 利润理论。孙冶方认为，利润是考核企业经营好坏的综合指标。利润是物质生产部门职工为社会扩大再生产和社会公共需要而创造的一部分物质财富，无论是社会总产品，还是个别企业总产品，$c+v$ 即成本越低越好，与此相应，m 即剩余劳动就会增多。在价格合理的条件下，降低成本和增加利润完全是同义语，它们都是企业技术水平高低、经营管理好坏的综合指标，抓住了利润指标，就如同抓住了"牛鼻子"一样，许多问题就会迎刃而解。孙冶方认为，价格不合理，就会扭曲利润的作用，比如工农产品的"剪刀差"，如果国家对农产品收购价格压得过低，按价格计算的国民收入实际上就把农民所创造的价值，算在了工业品价格上。孙冶方尖锐批评了斯大林通过"剪刀差"、向农民筹集国家工业化资金的超经济剥夺。不合理的价格，成了价值的"哈哈镜"，使得计划、投资和分配，失去了判断尺度，因此，他极力主张按资金利润率调整不合理的价格。

(5) 流通理论。孙冶方认为，流通是社会再生产的物质代谢过程，社会分工使生产实现了专业化，但要使各个生产部门的再生产能正常进行下去，他们必须以产品交换为媒介发生经济联系，实现生产的物质补偿和替换。因此，流通是社会化大生产不可缺少的环节。孙冶方还认为，在社会主义条件下，由于全民所有制外部还存在着商品生产和交换，因此，全民所有制企业之间的产品流通和不同所有制性质企业之间的商品流通同时并存。要使社会主义流通（产品、商品）成为有计划的经济过程，孙冶方认为，我们必须研究流通中的各种具体问题，包括：流通渠道、购销形式、网点设置等。孙冶方一再强调，马克思《资本论》第二卷中所论述的许多问题，比如加速资金周转等，只要剔除资本主义的特殊属性，作为社会化生产的规定，对社会主义经济依然适用，因此，他在提出生产中的"最小最大"的同时，亦主张流通中也要研究以最少的垫支资金取得最大的有用效果的问题，因为等量资金的周转速度不同，获得的有用效果也是不等的。

（6）70年代末，孙冶方把批判的矛头直接指向了斯大林和《苏联社会主义经济问题》。

他批判斯大林对生产关系的定义，认为在生产关系之外去孤立地研究所有制是有害的。所有制是一种财产关系亦即法律用语，经济学在研究特定社会进行生产和交换并相应进行产品分配的条件和形式时，应该讲清楚：第一，用哪个阶级所有的生产资料来进行生产，生产出来的产品又归哪个阶级占有；第二，交换的产品是哪个阶级生产的，又为哪个阶级占有；第三，被分配的产品是哪个阶级生产，又归哪个阶级所占有，从而用什么形式按什么比例分配。我们在所有制上曾经搞"穷过渡"的做法，其理论根源就是斯大林把所有制形式从生产关系中独立出来简单地看作是一种"归属"关系，用政治运动来不断调整财产归属，结果把基于经济的所有制，变成了基于权利的所有制。实践证明，实现了国家"占有"，未必就是实现了社会主义的公有制，腐败官员在这个所谓的"公有制"经济中攫取"公款"和"公物"，可能比资本家在自己开设的商号里支取款项还随便。这样的公有制，"实质上是一种挂着社会主义公有制招牌的封建主义的特权所有制"。所以，所有制只能从财产的现实形态即生产关系的总和上来把握，从生产、交换、分配的各个环节来进行具体分析，而不能将它看作是一种简单的、孤立的财产归属！

他批判斯大林对生产力的定义，认为把劳动对象从生产力因素中排除掉也是有害的。

孙冶方是我国经济学界对自然经济论的最早批判者。自然经济论渊源甚深，毒害甚广，它依附在马克思主义的名义下，把社会主义和商品货币关系对立起来，把计划经济和实物经济混同起来，使社会主义制度的优越性难以发挥出来。孙冶方几十年来，以反自然经济论为大旗，揭露了自然经济论对实际工作的影响，他指出：自然经济论没有经济效益观点，借口政治账掩盖经济建设中的高消耗；没有生产经营观点，企业按上级定下来的指标进行生产，造成产销脱节；没有等价交换观点，把价值看作是使用价值的计量单位，用"剪刀差"向农民征收"贡税"；没有流通观点，不准生产资料进入流通，用调拨代替了交换；没有资金核算观点，实行资金供给制，培植了败家子作风；没有固定资产的磨损观点，人为压低折旧率，迫使企业搞"古董复制"，冻结了技术进步。孙冶方指出：按照自然经济论办事，就像原始公社首脑指挥生产一样，企业的一切活动都由集中的计划统一支配，生产什么，生产多少，生产者和消费者相互供应什么，都统一按实物计划规定。在我国经济理论界，就一个、两个或者更多一些的观点，就个别的、局部的观点去批判自然经济论，并不乏其人；但是，还没有哪位经济学家能像孙冶方这样全面、深入、系统地对自然经济论进行批判。

孙冶方是我国经济学界对传统经济体制实行改革的最早倡导者。我国从苏联移植过来的斯大林模式，实际上是以自然经济论为基础，由国家对社会的全部经济活动实行高度的集权管理，物资被统调统拨、资金被统收统支、人力被统包统配、产品被统购统销、计划被层层下达、干部被层层任免。60年代后，一些社会主义国家开始对集权计划经济体制进行"改革"，就连苏联也进行了所谓的"完善"工作。但在我国，却在反对修正主义的口号下把斯大林以自然经济论为基础的集权模式看作是唯一的社会主义固定模式，对改革观点进行批判。孙冶方从50年代中期开始，逆潮流而进，以价值规律内因论为基础，以扩大企业经营管理权为突破口，要求正确处理国家和企业的经济关系，改革计划管理体制，改革物资流通体制，改革企业固定资产管理体制以及对价格、利润、统计等各方面进行改革。孙冶方为倡导体制改革而付出的努力，将永远激励着后继者。

孙冶方：以自己的生命敲击改革开放大门的先驱

孙冶方是我国经济学界创建社会主义经济学新体系的积极探索者。50年代中期，孙冶方就认为：从苏联舶来的经济理论不符合中国国情，它充满着唯意志论和形而上学。他在50年代末着手编写的《社会主义经济论》，就是为着取代那些陈腐的老框框。当然，社会主义还在实践，还不能产生出成熟的经济学体系，但是，孙冶方坚持联系生产力来研究社会主义生产关系，运用马克思主义的抽象法，以社会主义全民所有制的产品为出发点，把以最少的社会劳动消耗有计划地生产最多的满足社会需要的产品为贯穿整个体系的红线，把对价值范畴的分析贯穿于各章，分析生产过程、流通过程、社会再生产过程，从而揭示社会主义经济发展的内在规律，对这种旨在把社会主义经济学从唯意志论的毒害下解救出来的新体系，不能不看作是社会主义政治经济学发展中的一次大胆尝试和探索。同时，孙冶方在撰写《社会主义经济论》时，既坚持独立思考，又提倡集思广益，为我国经济学界培养出了一支具有深厚经济学理论功底的经济学家队伍，成为改革开放中的一支生力军！

孙冶方是我国学术思想界坚持理论联系实际，为真理而勇于献身的光辉典范。在他从事理论工作的60个春秋里，非常重视实践，经常深入工厂、农村做国情、田地调查，从中提出重大的研究课题，并寻求解决问题的答案。但他绝不把实践中的材料按政治气候和政策要求简单地加以堆砌和描述，而是力求准确完整地按照马克思经济理论基本方法加以研究，掌握社会主义经济的客观规律；同时他也非常重视理论，他深知中国革命和建设的理论准备不足，因此下大力气研究马克思主义经济理论，敢于从"俄文版的马克思主义"中剔出假货，剔出不符合中国国情的"条条"，按中国国情去检验、评审"舶来品"的真伪和适用性，在批判和独立思考中形成自己的经济思想体系。他非常憎恨文化专制主义，同时也非常讨厌那种摸风向、探气候的风派理论工作者。孙冶方无论是从政做官，还是弃官从文，都有着一种强烈的专业精神，不为权、不畏权，独立思考，探求真理，始终表现出一个科学工作者的铮铮铁骨。但是，孙冶方在学术讨论中，却平等待人，虚怀若谷，热情欢迎来自各方面的批评和商榷意见，公开检讨并放弃那些被实践证明是错误的或自己认为应该补正的学术观点。孙冶方这种强烈的人文关怀精神，开放求是、吸纳灼见的治学态度，坚持来自实践而被认准的观点且又坦然放弃被实践证明不大适宜的观点，在学界表现出的铮铮风骨，是经济科学发展的宝贵财富。

三、理论的历史局限性

按照历史唯物主义的观点，人总是环境的产物。因此，我们坦城地认为，孙冶方的经济理论体系中也还存在着某些历史的局限性，这主要指他的商品生产外因论。孙冶方依照马克思关于"只有独立的互不依赖的私人劳动的产品，才作为商品互相对立"的论述，指出：等价交换基础上所有权的转移，是商品交换的本质。他由此推论说：（社会主义）国营企业之间的经济往来在本质上已经不是商品交换的性质了，……因为国营企业都属于一个所有者，属于全体人民，属于全社会，它们之间的交换并不引起所有权的转移问题，而只有核算问题。但由于国营企业还要与集体经济发生往来，个人消费品也作为商品存在，这作为一种外在的因素，使国营企业之间的往来不得不带有一定的商品性。孙冶方的这种商品生产外因论，基本上延续了斯大林在《苏联社会主义经济问题》一书中的观点，即由两种所有制的存在来看待商品生产。孙冶方在上个世纪60年代曾批评说：现在有一种我认为不正确的经济学思想，那就是把商品货币关系引进全民所有制内部关系中来，以市场竞争规律，以交换价值规律来解释和指导社会主义计划经济。而在80年代初，他再一次批评说：经济学界的一些同志，在这个问题上是从一个极端走向另一个极端，先是根本否认价值规律在全民所有制内的调节作用，尔后承认了这种作用，但却又把商品货币关系也引进了全民所有制，由此派生出，在企业管理体制上，尽管主张所有权和经营权分离，扩大企业权限，但所有制/产权改革，却没有进入孙冶方的研究视野；在计划管理体制上，尽管孙冶方主张旧的计划体制要推倒重建，但他要把计划建立在对价值、对社会必要劳动进行计算的基础上，实践证明，这是很难做到的。这说明，孙冶方用价值规律内因论批判斯大林的价值规律外因论时，却依然受着斯大林商品生产外因论的困扰。孙冶方经济思想的进步性和局限性兼容在他的总体理论框架中，这真实地反映了一位真诚的经济学家对历史的抗争和历史对他的束缚。

孙冶方：以自己的生命敲击改革开放大门的先驱

　　进入90年代，我们党明确了社会经济转型的目标是建立社会主义市场经济体制。在市场化改革日益深入的大背景下，我们静下心来重温孙冶方经济思想，心情非常复杂。对照当今在发展着的市场化改革中出现的各种新问题，对照当今变化着的经济理论界和不断提出的新观点，对照我们的新宪法和党的各种文件，其所蕴含的经济理论、经济思想都远远超出了孙冶方经济理论的基本框架。但是，联系当今经济建设的实践，我们仍然能看到孙冶方某些经济思想所闪烁的光辉和科学预见,比如,价格体制的改革、国有经济及国有资产的管理等。

孙冶方经济思想和改革主张,是在上个世纪50年代中期至70年代末期形成的,那是一个令中国知识界心悸而沉郁的年代,孙冶方独树一帜,为在中国宣传和发展马克思主义经济学进行了艰苦的斗争,他的许多理论活动在当时的历史和社会背景下都具有开拓性,从而在中国社会主义经济学思想发展史上写下了光辉的一篇。孙冶方以自己创造性的经济学理论研究,为学界开辟了一条经济学发展的道路;以崇高的人德,为经济学人树立了光辉的榜样。

我们仅以《孙冶方文集》的出版,纪念中国经济学界的这位泰斗!

2017年6月29日定稿

目录

在社会主义再生产问题座谈会上的发言提纲　1

在社会主义再生产问题座谈会上的发言纪要　21

要全面体会毛泽东同志关于价值规律的论述　31

　几句说明　31

　毛泽东同志关于价值法则是"一个伟大的学校"和"不能违反的客观规律"这些话，是在什么时候，什么场合，针对着什么而说的　35

　仅仅商品经济有价值规律么　42

　是"抽象继承"还是"抽象批判"　45

　价值规律和有计划按比例规律是不相容的吗？　52

　夸大真理走到了反面　57

给李昭复信　60

关于大字报所说我在中央一级领导机关中的"根子"问题　63

　附　李立三同志为推荐我的研究报告给富春、一波同志的信的抄件和立三同志在这抄件上的批语　75

关于《工业企业管理经验汇编》有关问题的检查报告　78

关于一九六一年我去上海做工业企业经济核算问题调查时
　　同上海市计委和市委生产办公室几位负责同志的交往情况　*81*

一九六一年我在上海作工厂调查时与市财政局局长顾树桢同志
　　的往来　*85*

关于我认识张有萱的经过和薄一波在钓鱼台组织的政治经济学
　　学习班情况　*88*

关于刘少奇《答宋亮同志》的经过　*91*

关于1927年莫斯科中国留学生中所谓"江浙同乡会"案件　*95*

一点说明　*98*

我与经济学界一些人的争论　*100*

对于方海的《学一点政治经济学》的一点意见　*149*

关于1960年我去布拉格的经过　*155*

一点补充说明　*161*

给陈修良的两封信（1977年）　*164*

关于"资产阶级法权"
　　——一个被"四人帮"搞混乱了的政治经济学概念　*167*

关于所谓"下马风"　*179*

关于"理论队伍"　*181*

"四人帮"的极右实质和"左"的外衣　*183*

致学部领导小组的第二个报告　*185*

评郭沫若《中国古代史的分期问题》　*188*

给平平信　*198*

关于《青年团的任务》一文中一句译文的更正　*200*

对《中国共产党章程修改草案》提的意见　*202*

希望中央腾出手来抓抓政治经济学、抓抓社会科学　*204*

致方毅同志信　**212**

就党史和经济问题致陈云同志信　**215**

就列宁《青年团任务》中一句话错译致方毅同志信　**217**

就《大庆油田参观学习报告》致胡乔木同志信　**220**

就计委和经济所的关系问题致胡乔木同志信　**221**

给陈修良的三封信（1978年）　**225**

为捍卫马克思主义政治经济学而战斗　**230**

给法国经济学家列昂·拉瓦里先生的复信　**233**

给季崇威信　**234**

给钱学森的一封信　**236**

马列政经学使我活下来，我为马列政经学活下去　**239**

就公共食堂问题给董谦信　**250**

就成昆路沿线考察一事致经济所并转院部领导信　**252**

就西北经济学规划座谈会致院部领导信　**254**

要宣传政治经济学

　　——1978年4月24日在中共四川省委党校的报告　**255**

关于政治经济学的几个问题

　　——1978年5月17日在四川省渡口市的报告　**284**

孙冶方

在社会主义再生产问题座谈会上的发言提纲

一、前言

我是主张资金利润率和生产价格的。国内外经济学界的传统意见向来认为这些都是资本主义范畴,同社会主义是不相容的。因此,现在有同志把主张社会主义生产价格的观点说成是把资本主义的原则运用到社会主义经济中来,是不足为奇的。

过去,我也是相信传统的看法。解放后我重新接触这些范畴是在业务部门实际工作中。近几年来,愈来愈感到传统的看法值

---

* 这是1964年8月间,在《红旗》编辑部召开的北京和天津的部分经济学者关于再生产问题的座谈会上,我对生产价格问题的发言提纲。这个座谈会是在陈伯达已经内定我是中国最大的修正主义者之后召开的,所以虽然名义上叫做座谈会,实际上是专门为了批判我的经济学观点,特别是为了批判我宣扬的资金利润率(即生产价格)的观点而召开的批判会或斗争会。所以,所谓"座谈",实际上都只能在陈伯达已经定下的框框内发言。谁要不按照这个框框说话,谁就有"挨批""挨斗"危险。但是在林彪、陈伯达、"四人帮"实行他们所谓的"全面专政"之前。不论是"批判会"也好,或是"斗争会"也好,还允许"挨批"或"挨斗"的人发言,只要你敢于坚持你自己认为是真理的东西。我这发言就是我的答辩。那次座谈会虽然上纲很高,"帽子公司""钢铁公司"已经快要开张,但是尖锐的批判还是围绕着经济学理论问题的,所以,推动我较深入地去思考问题,对我个人以及对问题的深入研究还是有帮助的——作者。

本文原标题为《在社会主义再生产问题座谈会上关于生产价格问题的发言提纲》。所标时间为1964年8月10日。

得怀疑。我认为，社会主义经济需要资金利润率和生产价格。

有同志说，修正主义者是实行资金税的，而资金税的理论基础就是生产价格和资金利润率。因此，在社会主义经济中，根本就不能考虑运用资金税、生产价格和资金利润率问题。我认为，修正主义实行过的东西，我们要加倍警惕。但是，不能仅仅从形式上看问题。我们要的是社会主义的资金税、资金利润率和生产价格，是为社会主义经济进一步繁荣开辟道路，而不是为资本主义复辟开辟道路。

我原来想把劳动二重性、产品二重性、价值、人民币、固定资产、流动资金等一连串的问题系统摸一遍以后，再来研究生产价格问题。现在我们的座谈会讨论这个问题，我还没有来得及充分准备。但是，我愿意同大家一起研究，这是一个难得的机会。真理总是愈辩愈明的，说不定通过这次讨论，不赞成生产价格的同志把我说服了，我就从坚持改为彻底检讨。

因为来不及仔细阅读国内外有关这个问题的讨论材料，我主要从上次座谈会上几位反对生产价格的同志所谈过的几点意见说起。

二、关于资金利润率是否鼓励资金浪费的问题

反对生产价格的理由之一是生产价格会鼓励浪费资金，据说因为生产价格论者是主张资金越多、利润越多的。

我认为这个理由不能成立。如果说资金利润率（生产价格）是鼓励浪费资金的，那么成本利润率就是鼓励浪费成本，工资利润率就是鼓励浪费工资（劳动）的了。按照这样的逻辑，那等于是说主张劳动价值学说就是鼓励浪费劳动了。

我是只赞成资金利润率的，但是在这一点上，我不仅为资金利润率辩护，而且也为成本利润率和工资利润率辩护，认为按什么计算利润率，就是浪费什么，这是完全不能成立的理由。

生产价格或资金利润率不是要使多占用国家资金的企业取得多赚利润和多分奖金的权利，而是为了加重企业对国家上缴利润的责任，就是说，企业多占用国家的资金，就有责任向国家多缴利润。由于产品价格是由国家按本行业统一平均的资金占用水平定的，个别企业不能因为自己多占用资金而自行涨价（这与个别工人在生产中比别人多费劳动，并不能使自己的产品多卖钱是一样的）。因此，它要完成国家的利润任务就只有严格遵守"少花钱，多办事"的原则，即尽量少占用资金、多生产产品。

再重复一遍：资金利润率和生产价格不是为了给予企业多赚钱的权利，而是为了加强他们多生产，多向国家上缴利润的责任心，是为了促使企业改善经营管理，革新技术，提高劳动生产率。

三、关于平均化问题

有些同志认为生产价格的资本主义性质在于利润率的平均化。但价值也是社会平均必要劳动量决定的，也是平均化；社会主义的按劳分配不论工资水平高低千差万别，也会要有一个平均工资的计划统计指标。有些同志一听到平均化就联想到自由竞争，就联想到资本主义自发势力。难道离开了资本主义自发势力和自由竞争，掌握了自己命运的人民，计划经济的管理者，就没法自觉地发现和制定一条作为考核社会经济效果的客观的定额标准么？显然，问题不在于平均化，而在于如何达到平均化，由于自觉的计划安排，还是由资本主义自发势力（即自由竞争）来安排的。倘使我们为了节约资金，提高资金利用效果，规定产品按平均资金利润率定价，企业按占用资金的多少来确定向国家上缴利润的义务或责任，为什么这就成了资本主义了呢（有些同志不主张把资金利润率作为企业上缴利润和定价的基础，但是同意把它作为参考指标，那在原则上也就承认了平均化)？

在社会平均必要劳动量基础上形成的价值规律,以及在价值规律基础上形成的它的变异形态——资金平均利润率和生产价格,这一切平均化都是做社会经济比较所不可少的标准。除非根本不要核算,不要做社会经济比较,否则就不能没有平均化。如果说社会平均必要劳动量的平均化还只是同一种产品的价格形成过程中的问题,那么工资利润率和成本利润率同样都已经是越出一个产品的价值形成过程,而牵涉国民经济各部门之间利润平均化的问题了。如果说,平均化就是资本主义经济范畴,那么不仅资金利润率,而且连工资利润率、成本利润率,都应该是资本主义经济范畴了。我非常同意杨坚白同志的说法,赞成成本利润率的人反对资金利润率,是五十步笑百步,因为成本利润率就是部门间的利润平均化,而且也是按资金来分摊利润,不过资金利润率是按全部占用资金分摊,成本利润率是按一部分资金即转入成本中去的资金分摊而已。

四、为什么在社会主义不同生产部门之间的利润应该和可以平均化

对这个问题,我国学术界过去讨论不多。我觉得,从学术上说,这是值得探讨的一个问题。

有同志说,生产同一产品的各企业之间的劳动消耗的平均化,即社会平均必要劳动,是可以理解的。但是,各部门之间,产品不可比,我们规定资金利润率和生产价格这条平均线有什么客观根据呢?其次,在资本主义制度下,平均利润和生产价格是通过资本家追逐利润,资金自由转移形成的,起着生产调节者的作用,社会主义社会的投资方向,是根据社会需要有计划安排的,规定一个平均利润率有什么用呢?

社会主义计划经济的目的不是追逐利润,而是生产直接满足

全社会需要的各种具体品种规格的物质财富，这是天经地义的事情。例如，在下一个5年之内，我们规定要把粮食产量提高到若干亿斤，要把钢产量提高到若干万吨。在这里考虑的是社会需要，而不是为了追逐利润。但是既然粮食也好，钢也好，都是社会所需要的，只要价格是合理的，是能够反映工人和农民的劳动消耗的，那就不论生产粮食也好，生产钢也好，都会得到社会对他们的社会必要劳动消耗的公平合理的估价，得到一定的利润。

但是计划任务或生产指标的确定并不是经济工作的结束，而是它的开始，重要的是采取什么措施来完成任务，而且计划任务和计划指标本身也是根据一定的措施来制定的。如果措施不落实，计划是要落空的。

那么如何完成计划规定的生产指标呢？抽象地说，可以有两种方案（特别对新办企业而论）：一是多投人力，少投设备；二是多投设备，少投人力。用经济学的术语来说，前者就是降低资金有机构成，后者就是提高资金有机构成。当然，还可以有第三种方案，那就是把原有企业的技术设计原封不动地翻版，也就是资金有机构成不变（对整个部门和全社会来说，由于原有企业的有机构成是参差不齐的，因此新企业不论采取什么方案，总的有机构成总是或者提高了，或者降低了）。

这两个或三个方案，抽象说起来很简单，但是具体化起来就很复杂了。

要多投人力，那就牵涉到劳动力是进城还是上山下乡等问题。

要多投设备，那就牵涉到重工业生产出来的设备先装备重工业本身还是先装备农业、轻工业的问题，或者三者都要装备，那就发生了三者各装备多少的问题。甚至即使已经决定国家要拿出多少资金来装备农业了，问题还没有完。因为从地区来说，有先装备这一地区还是先装备那一地区的问题；从作物来说，有先装备粮食作物，还是先装备经济作物的问题。同样的装备粮食作物,还有先装备水稻还是先装备旱庄稼的问题。装备的方向定了之后,还有装备方法的问题。用水利建设来装备农业?用化肥来装备?用拖拉机来装备?还是用别的什么来装备?如果各种装备方法都需要,那么也还必须有一个轻重缓急之分。

从产品使用价值来说,不仅粮食、布匹、钢铁相互之间不可比,就是粮食和棉、油、麻、丝、茶、猪肉等农牧产品相互之间也不可比。但是,如果从少花钱多办事,从节约劳动(活劳动和物化劳动)、提高经济效果的角度,从国民经济发展速度的角度来考虑,就都是可比的,而且为了更好地完成国家计划,发展生产,改善人民生活等,也必须做经济比较。

资金利润率和生产价格就是帮助我们在整个国民经济范围内、在各部门之间,做这种经济比较的工具。

社会主义经济,不是根据利润高低,决定生产什么,生产多少,这是社会主义根本不同于资本主义的地方。但是,少花钱、多办事这个原则总要考虑。完成某一项计划指标,究竟采取哪一种投资方案,分配多少资金,就要做经济比较,也就是要考虑到平均资金利润率。而要使各部门成为可比的,就要以按资金利润率和生产价格定价为前提。因此,社会主义的资金利润率和生产价格,是为了更好地完成国家计划,而不是像有些同志所说的,会破坏社会主义计划经济。

党号召经济工作者在制定计划和管理生产、交换等工作的时候都要做经济比较,如果我们总是在强调不同产品和不同部门之间的经济的不可比性,排除可以做这种经济比较的客观经济范畴的研究,我看是不符合社会主义计划经济的利益的。

五、关于社会主义生产价格范畴的客观性问题

关于这个问题,主张生产价格的同志已经做了若干论证。

我认为，大机器生产和生产社会化，从而资金有机构成的提高、投资对社会生产发展的重大作用是生产价格形成的客观条件。上次会上有同志反对这个论点，我看是反对不了的。如果生产还是孤立地以一家一户为单位，主要是手工操作，没有什么技术装备的投资，那当然也说不上什么资金，也无从谈资金对提高劳动生产率的作用，也就没有产生资金利润率的客观条件了。反之，在社会主义建设中，在现代生产中，既然投资对社会生产是如此重要，那么社会主义经济学又如何能不计投资效果，不算投资账呢？

同时，为了在国民经济各部门之间和部门内部企业之间做经济比较，节约投资，促进整个国民经济有计划按比例地发展，也要求有资金利润率和生产价格。

但这里，还有一个问题需要说明。生产价格是价值的变异形态，虽然就全部产品来说，生产价格的总和等于价值的总和，但就个别产品来说，生产价格同价值是背离的。投资多，物质技术装备程度高，即资金有机构成高的部门，产品的生产价格高于其价值；反之，即低于价值，使利润平均化。在资本主义制度下这个过程是通过自由竞争自发形成的。在社会主义制度下，上述的"高于""低于"是如何形成的呢？特别是"高于"的部分是如何取得的呢？

由于技术的改进和劳动生产率的提高是时刻在发生着，因而单位产品价值的降低也是不断在发生着，而计划价格的调整总是定期的。于是就发生了计划价格和实际劳动耗费（价值）之间的差额，即技术改进和劳动生产率提高较快的生产部门发生了计划价格高于实际劳动消耗的差额，而其余的生产部门，即技术改进和劳动生产率提高较慢的部门，在同前一类生产部门进行交换的过程中，发生了计划价格相对地低于实际劳动消耗的差额，经过相当长时间以后，就会使有机构成高的部门所获得的利润高于本部门所创造的剩余产品价值，有机构成较低的部门则相反，其利润低于本部门所创造的剩余产品价值，即发生了利润平均化的倾向。我认为这就是社会主义社会的资金利润平均化的客观过程。

也只有从这个角度来说，工农产品完全按价值来交换是不可能的。工农产品等价交换实际上应该是等生产价格交换。由于生产价格本身是在价值规律基础上发展起来的，是价值的变异形态，因此，工农产品按生产价格交换非但不违背等价交换原则，而且正是这一原则的实现。

六、关于生产价格、利润指标和追逐利润的问题

关于这一问题的主要意见，我在过去写的关于利润问题的内部研究报告中已经讲过了。但是，一则是由于我没有说清说透；二则也可能由于有些同志对于我说的利润等概念是从传统的观念来理解的。根据传统认识，利润是资本主义范畴，因而他们认为我主张强调利润指标，而且主张把利润作为考核企业经济效果的综合指标，那么我就是赞同利别尔曼了。但是我在《社会主义计划经济管理体制中的利润指标》那个内部报告中曾反复说明我所主张的利润指标同利别尔曼所主张的利润根本是两回事。我认为，修正主义一定要反，但是我们不是反对一切利润，社会主义的利润还是要的，党和政府也一再强调社会主义企业要扭转亏损，增加盈利。我们也不能说，我们的企业只求"一定的利润"，好像我们的企业创造的（而且是上缴国家的）利润，应该比修正主义企业的利润少一些似的。我在报告中曾说过："为了更好地进行反对现代修正主义的斗争，也为了在社会主义建设的实践中明确什么是我们要反对的，什么是我们要争取的，我们必须划清社会主义利润和资本主义利润的界限，必须划清我们和现代修正主义者在利润问题上的界限。"接着我就提出：社会主义利润和

资本主义利润的本质区别在于：阶级本质不同、生产的目的和手段不同、取得利润的方法不同。

我在这份内部报告中也提出了我们的利润指标和修正主义的利润指标的差别。有些同志认为利别尔曼的修正主义在于他不要产品产量指标而只要利润指标。我认为，从表面上看，利别尔曼建议倒是很强调要把产品产量指标作为主要指标的。但是由于利别尔曼片面强调以物质刺激思想为指导的利润分成原则，再加上苏联社会事实上存在着自由竞争，因此，利别尔曼所说的产品产量指标，只不过是掩盖修正主义本质的幌子。

在这里，我想简单谈一谈产品产量指标的问题。我认为问题不是要不要产品产量指标，而是国家如何来制定产品产量指标即如何来制订生产计划的问题。我在《固定资产管理制度和社会主义再生产问题》的研究报告中曾说过这个问题。我说："原有资金范围以内的再生产采用先由下而上，再由上而下的综合平衡方法；新的投资，由国家计划委员会全面严格控制，用先由上而下，再由下而上的综合平衡方法。"我还提出过，"计划机关着重管新投资的扩大再生产，对于原有资金范围以内的实物量扩大再生产，在固定协作关系，普遍推行供销合同的条件下，可以仅仅平衡差额部分，实行'差额平衡法'"。

有的同志认为，我们的利润指标同修正主义的利润指标的差别，就在于要不要产品产量指标，我觉得，本质上的区别并不在这里。仅仅依靠自上而下的产品产量指标并不能制止某些企业追逐利润的资本主义倾向。

我认为，要防止追逐利润，不使社会主义的利润指标蜕化为资本主义的利润指标，要使利润指标为巩固计划经济服务，还要有以下三个先决条件：（1）固定企业间的协作关系，严格遵守国家计划和国家批准的企业供、产、销合同；（2）企业必须严格按照国家计划价格销售和购进产品；（3）定价合理，价格必须与价值相符。（在承认生产价格原则的情况下，也就是与生产价格相符）而这最后一个条件是很重要的，没有这个条件，前两个条件就有落空的危险。（关于这个问题在后面几节中还要详细地谈）

我在关于利润问题的内部研究报告中，曾经说过："在这种种条件之下，一个企业能够比别的企业赚到更多的钱，只能是因为它的产品的劳动消耗低于社会平均必要劳动量的消耗的缘故。所以企业除了勤勤恳恳、老老实实地工作和劳动之外，没有别的窍门可以使它们得到更多的利润。这样，在上述种种条件之下，利润的多少，应该是企业技术进步和经营管理好坏的最灵敏的标志。"

由此可见，我非但不是主张追求资本主义利润，而且也不是笼统地主张追求任何利润。即使以社会主义利润而言，要把它作为考核企业的综合指标还得存在上面所说的三个条件或前提。有了以上前提，那么鼓励企业为增加盈利而奋斗，也就是鼓励企业为改善经营管理，为增加生产而奋斗。如果要把这个叫作追逐利润，那么追逐这样的利润有什么不好呢？这种从增加生产中得来的利润，是社会主义的正当利润，是社会主义企业对国家应尽的义务。我们可以把这种利润称为"生产利润"，以区别于从流通过程中或者从投机倒把中得来的"流通利润"（正当的商业利润也是生产利润，因为一则在流通过程中有生产过程的继续；二则流通中占用的大量资金，按生产价格原理应该同生产资金一样分摊等量利润）。

七、在社会主义国营企业中追逐"流通利润"是如何发生的

在社会主义社会的某些国营企业中，发生追逐"流通利润"（指的是由于追逐价格差额而引起的利润）是由于不同地区、不

同行业、不同产品之间的不合理的"差价"引起的。例如，以一个企业内部来说，有的产品的价格高于价值或生产价格，有的低于价值或生产价格。高的利大，低的利少，甚至无利。利大的并不是由于创造的价值高或生产价格高，而是由于不等价交换关系，把别的产品的一部分价值转移到这个产品上面来了。因为这种利润的获得不是由于生产的增加，而是由于流通中的不等价交换造成的，所以这里虽然没有投机倒把行为，但是这种利润按性质论也是"流通利润"，而不是生产利润。一般人所反对的追逐利润，实际上就是指追逐"流通利润"。为了防止这种追逐利润，冲击国家计划，就必须加强社会主义教育和行政管理。社会主义教育在任何时候都是必需的，行政管理手段也不能完全没有。但是如果我们能够使价格同价值相符或同生产价格相符，把产生这种"流通利润"的"差价"消灭掉，那岂不是经济方法同行政方法统一起来，行政管理不是更顺利，社会主义教育也更好进行了么？

但是有些人认为这种"差价"是没法消灭的，苏联斯特鲁米林更创造了一种学说，认为价格如果同价值相符合了，那就没有价格政策了。（他是反对生产价格的，所以更不会赞成价格同生产价格相符）在我国这种说法也很为一些经济学者所赞成。照此说法，似乎讲等价交换就不符合政策，讲不等价交换才算符合政策；似乎价格应该以背离价值为原则，而不是以符合价值为原则。

戴园晨同志在上次座谈会上反对生产价格的发言，中心意思就是说地区之间、部门之间、企业之间，以至产品之间，利润率就是应当不平衡的，因为基于国家政策的要求，价格应该有高有低。他认为按平均资金利润率定价就是不要价格政策。

但是，价格对价值的背离，对生产价格的背离，不仅对各生产部门之间的综合平衡，对资金的补偿等，都很不利，而且造成了社会主义社会中追逐"流通利润"的条件。这难道是符合国家价格政策的么？

戴园晨同志认为利润率没法平衡，也不应该平衡，因为除了价格因素以外，还有其他许多主观和客观的不可克服的原因。但是我们如果把这些原因加以细细分析，就可以发现，这些原因正是告诉我们，根据平均资金利润率和生产价格定价是不以人们意志为转移的客观经济规律的要求。

例如，戴园晨同志列举的不能实行平均资金利润率和生产价格的原因中，有生产任务不满，设备配套不全，建厂设计不妥以至建成之后"木已成舟，不大好变动，厂房搬不走，路基搬不走"等工作安排上的缺点。我想我们还可以设想其他种种主观的，甚至客观的原因，使得已建成的企业不能给国家创造应有的利润，甚至还要亏损。戴园晨同志想以此证明，利润率是天然高低不平的，不能强求统一。但是我则认为，正因为种种原因使得各企业的利润实际上是不一致的，所以我们更需要有一个社会平均尺度来衡量这高低不平的利润。同时要了解由于上述种种工作安排上的错误或人力不可抗拒的客观原因，国家和社会投入这些企业中的资金所遭受的损失到底有多大，也必须求助于生产价格。如果不算资金利润，不算资金账，如果产品定价是高低不平的，那就算不清国家和社会实际遭受的损失。

戴园晨同志又举出国防工业、国防铁路没有盈利或盈利少（或者还可以说，它根本不是为"赚钱"而办的）为理由，来反对资金利润率，反对生产价格。这也是反对资金利润和生产价格的人经常列举的理由。但是这个理由也是不能成立的。

在社会主义社会，不仅国防企业不是为了"赚钱"而举办的，而且所有企业都不是为了"赚钱"，而是为了满足社会的某种需要而举办的（或许专门生产出口货的企业可以作为例外）。然而，既然国防企业所生产的产品是国家和社会需要的（甚至可以说比某些别的产品更需要），那么，国防企业职工的劳动所创造的价值就不应该比别的企业的职工所创造的价值少一些。这就是说，他们所创造的价值量除了足够补偿工资以外，他们为社会所创造的价值（m），也应该不少于别的企业的职工。

由于国防工业同大多数重工业部门一样，固定资产和原材料在资金中所占比重较高，国家和社会为了对国防工业所占用和消耗的物化劳动做充分的评价，国防企业的产品也应该按生产价格作价。

有的人认为，重工业产品，尤其国防产品，都是国家购买的，这些产品作价高了，国家的基建投资和国防费开支也相应提高了，这不是增加了国家开支么？但这是一种误会，因为重工业产品和国防工业产品作价提高之后，重工业企业和国防企业向国家上缴的利润也相应增加了。因此，在国家财政预算上收支还是完全平衡的，这是因为在物质财富的生产和消耗上并未发生变化，只是在价格计算上发生了变化。于是，生产价格反对者又说了，既然如此，又何必多此麻烦，把钱从一个口袋装到另一个口袋中去，反正两个口袋都在国家身上。斯大林所说的重工业不赚钱我们要大发展，轻工业很赚钱我们不大发展，以及苏联重工业曾经普遍成为亏本企业，就是在以上思想基础上产生的。对这问题，事实上前面已经回答了，这就是说：必须算这笔账就是因为国家必须知道，它在各个生产部门中到底投了多少物化劳动和活劳动；各部门所创造的价值是多少，而且这些新创造的产品及其价值又是消耗到何处去的。国家和社会对于实际花费在国防工业上的投资固然不应该少算，对于国防企业及其职工向国家所实际提供的剩余产品价值，对他们的贡献同样也不能评价不足。（必须指出，社会主义企业的利润多少不是资本主义企业的"赚钱"多少问题，而是企业及其职工为国家社会所提供的价值有多少的问题）

一个口袋或两个口袋的说法是不要做经济比较，不要算账的

在社会主义再生产问题座谈会上的发言提纲

说法。

反对生产价格和资金利润率还有一个论据是新工业基地的建设问题。新工业基地建设初期，盈利确实是不多的，甚至要亏本。这是当前利益和长远利益的矛盾。其实不仅整个工业基地如此，老基地的新建企业也不可能在投入生产的第一年就充分发挥效力，为国家提供充分的利润。国家和社会在评价新企业经营管理水平时，在计算平均利润率时，应该把这些因素计算在内。

戴园晨同志在上次发言中还提到，在采掘工业（他举煤矿为例）中，由于自然资源丰富程度不同，交通运输条件不同，不能取得同样利润，因此，不能用同一利润率来衡量企业的经营好坏。这里他把企业利润同由于自然条件造成的级差收益相混淆了。马克思、列宁都指出过，土地国有化后，绝对地租没有了，但是级差地租（在社会主义社会应称为级差收益）还是会存在的。虽然级差收益和国营企业利润，二者都应上缴国家，但是应分开算账。因此，不能以级差收益来否定平均资金利润率这一个全社会的统一核算标准。

戴园晨同志说高档布不能和低档布按同一价格出售，黄金笔不能同铱金笔按同一价格出售，并以此为理由反对按资金利润率和生产价格定价，那是更不成其为理由的了。因为高质高价、低质低价的原则是谁也不能反对的。因为制造高档布和低档布、黄金笔和铱金笔所占用的固定资金虽然基本相同，但是它们所消耗的活劳动以及原材料价值有所不同，这在生产价格中是可以完全反映出来的。

由此看来，戴园晨同志所列举的事例同他所想证明的是完全相反的。这些事例只能证明生产价格和资金利润率在社会主义社会的客观必要性，只能证明生产价格有助于巩固计划经济和防止国营企业中对"流通利润"的追逐。

八、"流通利润"为农村中新资产阶级分子的孳生提供了新的温床

在社会主义社会,阶级斗争将长期存在着。这是因为,除了国际条件以外,一方面在这个阶段还存在着旧的被推翻的剥削阶级残余,资产阶级和小资产阶级的、封建的政治思想影响还普遍存在着;另一方面在社会主义社会中还会不断生长出新的资产阶级分子。因为在这里,还存在着生长新资产阶级分子的土壤。例如,还有自留地、家庭副业,还存在着商品经济,这都是时刻孳生着新资产阶级分子的条件。如果在商品交换中还存在着价格的波动(特别是遇到经济困难的时候),价格的落差,即存在着不等价交换,这就会发生对"流通利润"的追逐,那么对新资产阶级分子的孳生无异提供了一个新的温床。

我产生这种想法是在今年年初,我在河北昌黎县×××公社了解"四清"和社会主义教育情况的时候。那时有两件事引起了我的注意:一是重大的"四不清"案件大多都直接间接同两个市场、两种价格有牵连,是通过追逐"流通利润"而发生的;二是这个公社的挂面坊、粉坊、豆腐坊、油坊特别多。我疑心这也和追逐"流通利润"有关。因此,我组织经济所参加昌黎县×××公社和×××公社"四清"工作队的同志就这两个问题做了些调查。调查结果大体证实了我的想法。

例如,通过×××公社5个大队26个生产队的"四清"三定材料来分析,1961—1963年两年中,大小"四不清"共2337件(不包括多占工分和长支挪用),经过对案情的逐笔分析,其中与两个价格有关的,虽然只有347件,占14.8%;但是与两个价格有关的"四不清"事件在现金类中按件数统计占51.1%,按金额统计占63.7%。可见与两个价格无关的"四不清"事件虽然

在总件数中占的比重很大，然而大多数是属于小偷小摸、多吃多占性质，粮数钱数都不大。性质严重的"四不清"事件大多数与投机倒把，追逐"流通利润"有关。

据昌黎县×××公社3个大队的统计，在1310次"四不清"事件中，查明与两个市场、两个价格有关的有364次，占28%；但是占钱数的74%。这里还要补充说明的是：在上面说的"四不清"事件中，不包括长支挪用在内。如果一个干部挪用几十元公款一年做几回生意，做完后就归还，表面上不算"四不清"，实际上他通过几次倒卖，从社会上无偿窃取的财富可能大于挪用的公款数。

据我们工作队同志的调查，昌黎×××公社8个大队43个生产队，共有挂面坊22家，此外，还有豆腐坊、油坊和其他副业甚多。这些副业特别发达，除了有它正常的原因以外，也还因为通过粮食的简单加工，从一类物资变为二、三类物资，管理由紧变松，价格也比较高。换言之，也是为了追逐"流通利润"。税局为了限制这种"流通利润"，规定以粮食换挂面、以豆子换油和豆腐只征5%的加工税，以现款买卖，征15%行商税。由于这些作坊规模小，用的人多，效率低，缴纳了15%的行商税赚不到什么钱了。因此虽则实际上主要的是现款买卖，但是报的都是加工税。这是追逐"流通利润"之外，又加上了逃税。所以虽则粮食简单加工也是生产劳动，但是老百姓对热衷于搞这类副业的都称为弃农务商。可见老百姓是能从本质上来分别生产和流通的。

两种市场、两种价格的存在也促使农民用市场经济的观点考虑经济问题。例如，要了解一头猪派购和议购的手续就很不简单；要把一头猪的实际收入和成本算清楚更不简单。因为一头猪的派购和议购的比例是规定的，派购、议购的价格很不相同，此外还有由于养猪而得到的饲料地收入，厩肥收入，各种实物奖励或票证，等等。但是一般农民把许多实物收入都照集市贸易价

（有黑市时，就照黑市价折算）折成现款，因此可以把养一头猪的收支情况算得清清楚楚。这说明在存在着两个市场、两种价格，特别是存在黑市的情况下，农民总是以高价来算经济账，从而助长了农民追逐"流通利润"的思想，不利于对他们进行社会主义教育。

从年初接触到这个问题以来，我开始认识到两个市场、两个价格问题，已经远不如我过去所想的那样，仅仅是一个经济问题，而且是与新资产阶级分子的产生，与城乡阶级斗争直接有关的一个问题了。因此，我想到这样一个问题：我们能不能以比现在更快的速度消除两个市场、两种价格的情况呢？

现在我们一般所说的两个市场、两种价格是指过去几年经济困难所造成的牌价和集市贸易价格的差距。由于党中央的正确方针和财贸部门的努力，至多再有二三年这个差距就可以缩小到1958年以前的情况。（有的商品的价格和牌价现在就已经一致了）但是除了这一对价格的矛盾以外（这一对价格的矛盾较显著，大家也容易承认），还存在另外两对价格的矛盾，这就是工农业产品价格的差距，农产品内部粮食和经济作物、畜产品的价格差距。对于这两对差价，有不少同志还不承认它们的存在，或者认为这个差价的存在是合理的、不应该加以消灭的。我认为这些问题，经济学家是应该加以研究议论的。

我认为这两对差价的存在是事实，而且这两对价格的矛盾不加以消除，前面第一对价格矛盾也不能彻底消除，只不过是缓和一些，隐蔽一些而已（如1958年以前那样）。由于三对价格差距的存在，追逐"流通利润"的资本主义自发势力对计划经济的冲击也就很难避免。

为要证明这两对差价是否存在，用多少斤粮食换多少工业品或用多少斤粮食换经济作物的计算办法并不是很精确的。这种差距最明显的标志是农民的生活水平，特别是农民的现金收入很

在社会主义再生产问题座谈会上的发言提纲

少，农民对工业品的购买力很小。工农差别和城乡差别似乎大了一些。这些都足以说明这两对差价的存在。

其次，粮区的农民普遍叫没钱用，而经济作物区的生活水平相对的要富裕些。农民种粮食到了口粮够吃、公粮和征购任务能够完成之后，增产的劲头就差些，就想多种些经济作物。现在有些地方搞多种经营不是由于土壤、气候等客观条件的原因，而是为了解决用钱的问题。这是值得我们注意的。这证明粮价和经济作物价格之间是存在差距的。既然，粮食是宝中之宝，为什么在价格上对粮食又不给予充分评价呢？这样就必然会影响到农民更进一步增产粮食的积极性。现在有些地方也提出因粮食区没有钱用，希望降低粮食生产指标，增加经济作物的生产指标。这实际上就同国营企业中要求多生产有利可图的产品，少生产无利可图的产品一样，是追逐"流通利润"，而不是增加生产利润。

有些同志并不否认这三对价格的矛盾是客观存在的，但认为这些矛盾，尤其是后两对矛盾是老大难问题，非到农业生产充分富裕的时候是不可能解决的。但是我认为在我们目前的生产水平和管理水平的基础上，已经具备了解决这些矛盾的客观条件了。问题不在客观条件，问题在于我们主观上对于这三对价格矛盾，或这三个价格落差对于生产和流通的危害，对于孳生新资产阶级分子、助长资本主义自发势力的危害性认识不足，在于我们能否摆脱经济学思想的老框框，对价值规律学说是否有正确认识。

现在大家都说管理经济要用经济办法，而不能用行政办法。我体会这里讲的行政办法是指违背客观经济规律的单纯行政措施，而采用经济办法就是指依照客观经济规律，首先是价值规律办事。应该指出，我所说的价值规律不是指一般人所体会的商品价值规律或交换价值规律，不是指那个以价格背离价值并通过这种背离来刺激或抑制生产的物质刺激论者的价值规律，而是指价值实体本身的规律，即马克思所说的集体生产的首要经济规律——劳动时间节约规律。价值规律要求价格基本符合价值或生产价格,而且在这基础上在社会主义社会内部进行等价补偿和等价交换。前一时期由于种种原因,价格落差多起来,发生了追逐高价的趋势。为要阻止这种追逐就采取了一些行政措施,在经济规律允许的范围内,这种行政措施就像科学设计的水坝一样能起一定的挡水作用,超过这限度,就像水坝会漏水或倒塌一样,行政措施也就归于无效,或对经济起破坏作用。因此,我认为最重要的是要承认价值规律,按照价值规律办事,使价格基本符合价值或生产价格。

有些同志认为现在还不具备解决这三个矛盾的客观物质条件。这是因为他们认为要解决这三个矛盾必须:(1)减少国家财政收入;(2)增加农民负担;(3)降低城市职工生活水平。当然,如果为了消灭这三个价格落差必须牵涉到以上三点之中任何一点,那都不是现实的,而且是绝对不允许的。但是现在的问题不是国家要增加收入的问题,也不是要农民减少负担的问题,也不是要降低职工收入的问题,而是国家如何从农民那里取得农产品以供应城市职工的问题,是用直接税办法,还是用价格杠杆办法的问题。

假设我们现在从农村取得的700亿斤左右商品粮,只有200亿斤左右是用公粮(直接税)形式取得的,其余是用征购、换购等形式取得的,即是说,由于工农业产品的差价,国家对其余的500亿斤粮食只支付了一部分价值,其余部分是用"价格杠杆"的办法取得的,这就是目前三个价格落差的最后根源。因此,为了消灭这三个落差,只要把通过价格杠杆向农民取得的农产品(假定300亿斤左右)改为直接税,其余购买部分(假定200亿斤左右)就完全按价值付款。向城市职工销售的粮价或者暂时仍旧像现在这样维持倒挂办法,亏损由财政补贴;或者让销售价也提高,而把现在的财政补贴根据城市居民配给粮的定额,加在工资上面。这样，国家也并不增加支出。

　　这样一来，就可以使粮食和其他农产品的比价摆平，使整个工业品同农产品的比价摆平，消除前述的几种价格落差，使追逐流通利润成为不可能，从而铲除了由于追逐"流通利润"而孳生新资产阶级分子的这个温床。于是，农民种植什么作物都可以得到社会同等的评价，使计划安排同经济措施很好地结合起来，有利于更进一步调动农民的生产积极性，发展多种经营，促进农业全面发展，增加农民收入，提高农民对工业品的购买力，扩大工业品市场，促进国民经济的全面繁荣。

在社会主义再生产问题座谈会上的发言纪要[*]

1. 我主张资金利润率，也主张生产价格。无论在中国还是在外国，向来传统的意见认为资金利润率与生产价格是资本主义生产范畴。上次何桂林同志也讲过。其实这并不是现在才流行的看法。说起来，这个看法已有半个世纪。早在20年代，苏联就争论过这些范畴，也说是资本主义的。当时我还没有资格参加。现在听到，我一点也不感到奇怪。

我主张生产价格，也没有发明权。在我之前早就有人提出这个问题。这个问题的性质怎样，会发生怎么样的争论，我是早就想到了。但要解决几十年的疑案，是要冒三分险的。如果何桂林同志说的流行的看法已成定论，那么，主张生产价格的人就应该受批判。

过去，我也是相信流行的看法的。我接触这个范畴，是在实际工作中。最近七八年，我越来越感到那种流行的看法值得怀疑。越是有人反对我，我越是肯定。直到现在为止，我还是这样肯定：社会主义需要生产价格，需要资金利润率。经济学家的任务不在于把这些范畴一棍子打死，而是要研究社会主义的生产价

---

[*] 这是作者在《红旗》编辑部召开的座谈会上的发言纪要，内容和前一篇发言提纲基本上相同，但是有些地方，话讲得更尖锐些。这两篇文章都曾作为"批判材料"印发过，本文的原标题为《在社会主义再生产问题座谈会上关于生产价格问题的发言纪要》，所标时间为1964年8月10日。

格与资金利润率,研究怎样实现生产价格与资金利润率。

我们要的是社会主义的资金利润率,社会主义的生产价格,是为社会主义经济进一步繁荣开辟道路,不是为资本主义复辟开辟道路。我主张赤裸裸地交代自己的观点,想了什么,就说什么。我不管有的同志一讲到资金利润率,就说是修正主义观点(这样就没法讨论下去),也尽管人家在那儿给我敲警钟,提警告,我今天还要在这里坚持自己的意见,以后也不准备检讨。但我要申明,我要的是社会主义的,不是要资本主义的。现在没有分清社会主义与资本主义的不是我,而是别人,我也不像坚白说的那样,以后不研究了。我过去在《论价值》和署名"方青"的文章中,提到过这个问题,已经忘记了,但我承认有这个观点。我没有写文章是由于懒,也由于这个问题比较复杂,不把产品二重性、固定资金、流动资金等说清楚,生产价格也说不清楚。最近我想写价格问题,在搞"四清"中已经摸了半年的材料了。也正因此,对于生产价格的文章大多数我没有看。反对的意见,我大体知道,我不赞成,正像坚白说的那样"没有打中要害",我要系统地驳一下。就是主张生产价格的文章,我认为写得也还是不痛不痒的,不痛快,还需要深刻和彻底些。

生产价格与资金利润率是一码事。这个范畴比较复杂,之所以争论几十年不是偶然的。马克思把生产价格放在《资本论》第3卷去谈也不是偶然的。我们农村"四不清"很多与价格有关。我一定把自己的观点写出来,现在先搞点口头文学,反正有人记录。这次提出来讨论这个问题,对于我来说是打"遭遇战"。我应战。我就喜欢"赤膊上阵"。固定资产问题我还欠许毅同志一笔债。说实在话,他并没有把我打垮。我收集了资料还要准备反击。通过这次座谈会也许把我的自高自大打下去。如果大家把我驳倒了,我坚决地、彻底地检讨,该戴什么帽子我自己来戴。

2. 《光明日报》《人民日报》报道说,生产价格与资金利润率鼓励资金浪费。这是一个新问题。有人说，苏联在1949年就争论过这个问题。我想，是很可能的。苏联在1953年前连价值规律都认为是资本主义的。上次薛暮桥同志说资金税与资金利润率是两回事，资金利润率鼓励浪费资金。我回去翻翻他的文章，确是那样说的。这样推而论之，成本利润率就鼓励浪费成本，工资利润率（他认为在理论上是无可非议的）就鼓励浪费工资。其实，资金利润率是平均算的，不是说每个企业有多少资金就占有多少利润。这使我想起几十年以前上海有个大学教授反对马克思的劳动价值论，说劳动越花得多价值越大，这不是鼓励懒人吗！得不出这个逻辑嘛！我不赞成工资利润率与成本利润率，但是在这一点上要为所有的利润率辩护。企业按占用的资金平均上缴利润，不是多得权利，而是增加了责任。他们只有少占用资金、少花钱，把生产搞好，才能多向国家上缴利润，不可能因多占资金而多赚钱。这和资本主义又有什么联系呢？

3. 一讲到利润平均化，好像就是资本主义的范畴，好像生产价格之所以成为资本主义的范畴，正是因为利润平均化。这样说，价值、社会必要劳动也是平均化。在按劳分配的原则下，各个人的工资千差万别，但是工资也有一个平均定额。我真不相信，掌握了自己命运的社会主义生产者，就不能自觉地通过计算掌握一个平均定额。如果说计算平均定额就是资本主义，那么，成本利润、工资定额也是一个平均数。如果说这些可以通过社会主义的计划形成，那么，资金利润率为什么就不能通过计划形成？这在逻辑上说不过去。光远同志说他听不懂我的发言，看不懂坚白同志的文章。其实他是已有定论在胸，所以就听不进、看不进。

问题不在于平均化，而在于怎样达到平均化，是通过竞争还是通过计划？有人一听到平均利润、生产价格，就说是资本主义的，像巴甫洛夫说的条件反射那么灵敏！我向来反对经济学家无能，借助于文学家，创造许多名词。规定了利润的平均水平，你占多少资金，在一定的生产价格下缴多少利润，为什么就联想到资本主义、修正主义，扯那么远呢？

价值规律大家都承认，价值是在社会平均必要劳动量的基础上形成的，那又是怎么平均出来的？有什么过程呢？经济上有千千万万个平均数，为什么一提到平均利润就是资本主义、修正主义？为什么在同一个部门内是允许的，而部门之间的平均化就不允许？提这个意见的人差不多都主张成本利润率，最不合理的就是成本利润率，而大家可以默认，没有想想成本利润也是超出一个部门的整个社会的平均数。如果说平均化是资本主义范畴，社会平均必要劳动量就是一个平均数。如果说社会平均必要劳动量是一个部门内的，而资金利润率是部门间的平均，那么这个批评也适合于成本利润率、工资利润率，而且成本利润中已经包含资金（流动资金、固定资金折旧）。如果说资金不能创造价值，那么，成本利润率也一样，这是五十步笑百步。如果说资金利润率是修正主义，那么我们现在实行成本利润率是半修正主义。

因此，平均化不足为资本主义与社会主义的界限，不能从利润平均化就联想到资金利润率或任何利润率是社会主义或资本主义的。

4. 为什么社会主义下不同部门之间的利润率应该平均化和可以平均化？

对这个问题，我国学术界过去不大讨论，我倒觉得，从学术上说这是一个问题，如果说不清楚，断言生产价格与资金利润率是社会主义、资本主义，把握也不大，有点冒失。我认为应该平均化，也可以平均化。怎样平均化？通过计算，对生产价格的真正研究应从这里开始。

1960年有过一次争论，对这个问题也没有解决。当时有人怀疑生产价格。他说，同一产品的社会平均必要劳动可以理解，是可比的，但各部门之间，产品不可比，如一吨钢与一吨粮食，怎么能通过一个尺度来比？生产价格在资本主义社会，是通过追逐利润形成的。资本家为了追逐超过平均利润的超额利润，把资本从这一部门转移到另一部门，但是最后大家只得到一个平均利润。这是资本主义平均利润率的规律。这就是马克思说的价值规律的调节作用。社会主义投资方向是根据需要有计划安排的，目的不是利润而是使用价值。这好像与平均利润没有关系。因此，你规定一个平均利润定额有什么用？这点，理论家的确还没有说通。现在大家忙着给生产价格论者戴政治帽子，还没有顾及谈这些。

社会主义生产的目的不是利润，而是在于满足需要。只要有需要与可能，我们就要努力完成。但是规定这个任务以后怎么办？计划任务的规定不是计划工作的结束，余下来的是怎样完成任务。如果指标都正确、合理，都考虑到了需要与可能两面，我相信，无论生产钢、粮，都是社会需要的。只要价格能够反映劳动消耗，无论钢、粮都能得到社会公平合理的承认，得到公平合理的报酬。因此，根本不存在追逐利润的问题。

经济工作者的任务，是怎样更好地来完成计划生产任务。完成好坏，取决于实现计划的措施。措施不落实，不论钢、粮怎样需要，都会落空。怎样完成？抽象地讲有两种方案，一是多投人力，少投设备，降低有机构成；二是少投人力，多投设备，提高有机构成。如果说还有第三种方案，就是新办企业按原有企业原封不动地翻版——有机构成不变。这种情况不大可能。因为原来同一行业各个企业的有机构成就不齐，你按哪一个翻版？

说这三种方案，很简单；要具体化，就非常复杂。如工业多投劳动力少投设备，就涉及劳动力的进城、下乡问题。农业多投设备，就牵涉把基础工业放在什么地位，重工业要增长多少，重工业先装备本身，或是先装备轻工业、农业，或者三方面都要装备等问题。如果三个都要装备，又要分清轻重缓急。假定已经决定要以100万吨钢装备农业，然而怎么用这100万吨钢也是问题：从地区来说，先南方或先北方？从作物来说，先粮食还是先经济作物？同样的粮食作物，是先旱地还是先水稻？是先从水利装备起，还是先从化肥装备起，还是先从拖拉机装备起？等等。只有这些确定之后，才能确定有机构成。

  总之，社会主义计划经济中各部门生产产品使用价值是根据需要决定的。这是社会主义不同于资本主义的地方。我们不能根据生产价格来转移投资方向。但从少花钱、多办事这个原则考虑，投资方向还是可以改变的。使用价值不可比。但是这里不是比使用价值，而是比少花钱、多办事，比经济效果。如果农业中多投劳动力更能节约，使粮食更能增产，就多投劳动力。中央，特别是计划部门，一再号召要作经济比较，这个比较并不是同一产品才可比，不同产品也是可比的。

  这里我要插一段话。同一产品的比与部门之间的比是两个不同的范畴。上次学部会议把我围攻一通，使我哭笑不得。樊弘教授也是"围攻者"之一，第一个就提出，我们有个平均利润还了得，我们只能多价值中心，不能一个价值，一个价值就要关厂。朱剑农教授接着说，中南有个热水瓶厂，保暖性能差，而价格比北京、上海高，北京、上海的商品一进去就要关厂，社会主义怎么能关厂呢？因此只好不要外地的商品进去。我真不好说，这是为落后辩护。这样连社会必要劳动消耗都否定掉了！戴园晨同志也是主张多价值中心的。

  超出一个部门范围，在部门与部门之间，在使用价值不可比的前提下，在完成各项指标的前提下，可不可比？我认为可比。经济比较是整个国民经济的比较。在部门之间比先进，就要承认平均利润率，承认生产价格。1961年我在香山就说，可比性是投资经济效果，肯定了生产价格，部门之间才有可以比较的理论基础。要把这些问题一个个摸了之后,也才能说明资金利润率。这不仅是为经济建设服务,而且也为阶级斗争服务。这个任务我还没有完成,今天是打遭遇战。

生产价格的客观基础,很多人都从大生产讲起。暮桥同志说这是马雷舍夫的观点。不管是不是马雷舍夫的,我们还是看本质。从本质上看,恐怕不能说与大生产,即社会化的生产没有联系吧!资本主义以前,主要是手工劳动,用于劳动工具的资金很少,谈不上投资效果的问题。资本主义以后,"迂回的生产"多了,第一部类在生产中的比重越来越大,要生产就要投更多的资金,才产生了这个问题。特别我国是个穷国,资金很少,怎么能不讲究投资效果?所以,不能简单地说,是马雷舍夫的观点就反对。赞成与反对生产价格的文章,我发现,都从主观需要出发,讲客观条件只讲了一个社会化,没有说清生产的物质基础。承认生产价格,以生产价格定价,就势必发生有机构成高的部门通过生产价格取得的利润,超出它所创造的价值,有机构成低的部门通过生产价格取得的利润,低于它的活劳动创造的价值。为什么会高会低,只能像马克思说的,要从客观中发现,不能从主观上发现。"高于"或"低于"的客观基础,即劳动生产率的提高。企业劳动生产率总是不断提高的,而计划价格只能定期调整,产品的实际价值与计划价格之间,总是有距离的,劳动生产率提高快的部门,它的实际价值就超过活劳动所创造的价值,而劳动生产率提高慢或停滞的部门,就小于它的活劳动所创造的价值。这就是社会主义从价值形态发展为价值的变异形态——生产价格的客观基础。生产价格在资本主义是通过竞争自发形成,在社会主义是通过计划形成的。

最后,综合利润指标,生产价格是否鼓励大家追逐利润?大家对我的发言议论纷纷,但不从我的范畴出发,就说孙冶方为利别尔曼辩护。虽然我事先有思想准备,听到也不免有点受刺激。

我讲的利润是什么样的利润？利别尔曼是什么样的利润？我之所以写一个内部报告，正是因为风风雨雨。这种讲法对我并不要紧，但是使得搞实际工作的也不敢谈利润，这就不大好了。我们要区分资本主义利润和社会主义的利润。大家把观点摆出来，展开讨论，但是不要扣帽子，不要一谈到利润就谈虎色变。在一次计划会上，谈到成本要有可比指标，而可比指标就是利润指标，就是利别尔曼，于是大家就不敢再讲了。这不是实际工作者的责任，是我们理论工作者的责任。

我强调利润在计划中的作用，我不回避。我也主张把利润作为考核企业的综合指标。利别尔曼要的是修正主义的利润，走向资本主义，我要的是社会主义的利润。除了我与利别尔曼有相同的两点外，实行我的利润指标，还有三个先决条件：（1）严格遵守国家计划；（2）严格遵守企业间的合同；（3）价格与价值相符（实际是通过生产价格使价格与价值相符），这点特别重要。

现在，我们不仅存在两个价格、两种市场，而且存在3对剪刀差6个价格：（1）集市贸易价格和牌价；（2）粮食作物和经济作物之间的差价；（3）工农业产品差价。

按照我的思路，我的逻辑，在我说的条件前提下，不可能发生追逐利润。除了勤勤恳恳地少花钱多办事外，没有别的办法多得利润。有的人也不看你的文章，就一天利别尔曼、利别尔曼。人都是有感情的，就这样来刺激你，怎样贯彻呢？就是解决刚才我说的先决条件。在这些条件之下，不存在有的产品有利可图，有的产品无利可图的问题。他只有努力生产降低成本才能获得利润。像这样的追逐利润我是赞成的。这哪一点是修正主义、右倾机会主义呢？

现在问题在哪里？还在于价格与价值不符，现实生活中3对剪刀差6个价格正是问题的来源。我是反对剪刀差的，只有我刚才说的生产价格的那个理论基础，剪刀差才能解释。但是很多同志还不承认剪刀差。

有人说保留剪刀差是为了积累,这和积累有什么联系?我主张经济学就要讲范畴,不要讲不通就借助于修辞学。帝国主义正是搞剪刀差剥削殖民地。在"四清"中,我发现很多"四不清"与追逐利润有关。为什么追逐利润?因为客观上自由市场与牌价有落差。这是新资产阶级分子产生的基础。这种利用落差获得的利润和我说的利润不同,是不劳而获的,是流通中的利润。追逐这样的利润我反对。我赞成的是生产利润。有的人以为实行我的办法国家会减少收入,其实我是最忠诚的社会主义财神庙的看门人,绝不减少国家收入。

有人不承认不等价交换,我不同意。照我看来,解放以后都是不等价交换。农民缴纳的公粮不过××亿斤,而通过价格杠杆向农民取得的,比这多得多。我们可以向农民说清楚,征收××亿斤公粮,而其余的××亿斤,可以提高到相当于现在××亿斤粮食的价格。这样,就改间接税为直接税。如果影响城市人民的生活,采取工资补贴或别的办法,这样就可以消灭剪刀差,解决两种牌价的差距,取消滋生新资产阶级分子的基础。

我从主张抽象劳动时起,就是有所指的。我的看法是有联系的。有的同志认为剪刀差一定要粮食多少亿斤才能消灭。我觉得现在就可以解决,那就是变间接税为直接税。粮食是最重要的,而现在种粮食的没钱用,种经济作物的有钱用。为什么会这样?就是价格形成的。现在农民不愿种粮食愿意种经济作物、搞副业。河北省有的地方种粮食亩产 500~600 斤,种棉花产量很低,但是人们也愿意种棉花。总之,价格差别(剪刀差)造成了追逐利润。我认为,用我的办法就可以消灭剪刀差、消灭新兴资产阶级分子、消灭追逐利润。

我认为,社会主义生产的目的是使用价值,但是不能片面强调使用价值。要想增加财富,增加使用价值,就要强调价值,同时重视使用价值。只听说"价值规律是一所伟大的学校",就没听说"使用价值是一所伟大的学校"。千规律,万规律,价值规律第一条。

(何畏插话:你说价值规律是第一条?)

是的,这可以记录在案。我就是主张要把计划工作建立在价值规律基础上。这也可以记录在案。但请座谈会主席作证,我讲的是产品的价值规律,不是商品的价值规律;是价格与价值相符合的规律,不是价格与价值相背离的规律。

要全面体会毛泽东同志关于价值规律的论述[*]

几句说明

这篇东西是我在不久以前清理旧稿的时候找出来的。我自己已经完全把它忘记掉了。从内容和文章末尾所记的写稿日期看来,这篇东西是在原中国科学院经济研究所"四清"的时候写的。根据当时的情况,我写这篇东西绝不会幻想把它在刊物上发表的。显然,这是作为我对于陈伯达所策划的《红旗》编辑部"座谈会"对我的理论观点(主要是我对资金利润率和价值规律的看法问题)的批判的答辩写的。但是,这篇答辩好像也没有交出去。因为经济所"四清"正式开始以后不久,由于批我的所谓"修正主义"经济学思想实在批不下去了,于是就以"不纠缠学术问题"为借口,无中生有搞我的所谓"政治问题"。运动的"温度"天天上升,对于我的经济学观点的批判也好,我的答辩也好,除了我自己以外,没有人感兴趣了。接着"文化大革命"开始,林彪、陈伯达、"四人帮"一伙选定我作为最早的点名批判的对象之一,先后在全国性的报刊上对我进行了两次所谓"批判"。名为批判我的修正主义经济学思想,其实是"帽子公司"

---

[*] 本文写于1964年12月至1965年3月,文前的"几句说明"写于1978年10月30日,原载《经济研究》,1978(11)。

和"棍子公司"大开张,除了捏造和断句取义(就是"断句取义"而不是"断章取义")以外,根本没有接触到他们宣布要加以批判的经济学观点本身,而且在搞所谓"批判"的同时,林彪、陈伯达、"四人帮"一伙就以莫须有的罪名把我投入了监狱。于是再也不和我谈什么经济学思想问题。我也就把这篇答辩完全忘记掉了。

因此,如同我在前面《在关于社会主义再生产问题座谈会上的发言提纲》一文的注解中已经说明的那样,我认为曾经被称作是经济研究所"四清"序幕的《红旗》编辑部座谈会还是值得怀念的。因为尽管在这次座谈会之前,陈伯达已经给我内定了"中国最大的修正主义者"这顶大帽子,所以座谈会上的某些批判发言已经"上纲"很高,但是座谈会上的批判还是环绕着政治经济学的基本理论问题进行的,这也就促使我自己和出席座谈会的其他同志对资金利润率问题(即价格问题)以及价值和价值规律理论,做较深入的探索。

现在主张资金利润率(即生产价格)的人越来越多了,尤其是价值规律已经被公认为社会主义建设中不可违反的客观经济规律了。但是,不同的经济学者笔下的价值规律,其含义仍然是很不相同的。据我看,大概有以下三种不同的含义:

1. 指的是通过价格的调整,即是通过提价或压价来调节供求关系,从而间接地来调节生产。当经济学家从这角度来谈价值规律的时候,即使不再用(经过斯大林批判之后)"改造"或"限制"之类的字眼,但是总是讲如何"利用"价值规律,以达到什么什么目的。这时,经济学者的语言总是要充分表示自己的主观能动作用,好像价值规律是一个可以随便听从使唤的"丫头""小厮"。苏联的斯特鲁米林院士所说,价格不背离价值就没有价格政策。正是这种价值规律理论的典型表述。

2. 从工农业产品的等价交换的角度来谈价值和价值规律。从这角度来谈价值规律，就不是宣传价格对价值的背离，而是相反，强调价格对价值的相符、相一致。

3. 指的是"时间经济以及有计划地分配劳动时间于不同的生产部门"的规律。❶

我认为，以上三种不同含义的价值规律，实际上是价值规律的三种不同的作用。前两种作用发生在交换中，发生在流通过程中，对生产过程的调节作用是通过流通过程间接地发生的，而且这两种价值规律的作用，都以商品交换作为前提，因此，都可以称为商品价值规律的作用。

第三种价值规律的作用直接发生在生产过程中，它不仅在社会主义的商品生产过程中起着作用，而且在非商品性的产品生产过程中也起着作用。例如，今天的军工生产是单纯的产品生产，因为这些产品是不进入商品交换过程的，但是在那里，节约劳动和有计划地分配劳动于不同生产部门的作用照样存在着。在未来的共产主义社会中，没有商品交换了，但是价值规律的第三种作用也将存在着，而且照恩格斯的说法，价值规律的这种作用"也是它的真正的活动范围。"❷

我认为，只有同时承认价值规律的以上三种作用，才是正确的、全面的认识。我认为，在价值规律的以上三种作用中，最后一种是最重要的。因为前两种价值规律的作用，不论它今天多么重要，它们都是暂时性的，只局限于不同所有制并存的阶段，只局限于存在商品交换的阶段；尤其是通过提价和降价来调节供求关系，从而调节生产的作用，只是在生产和需求的关系不完全协调的情况下起着作用。因此价值规律的这种作用只能是作为计划

---

❶ 参见马克思：《政治经济学批判大纲（草稿）》，第 1 分册，第 112 页，北京，人民出版社，1975。

❷ 参见恩格斯：《反杜林论》，见《马克思恩格斯选集》，第 3 卷，第 326—327 页。北京，人民出版社，1972。

的补充。计划第一，价格第二就是在这意义上讲的。

现在大家对于价值规律的评价与12年以前大不一样了。但是对于价值规律含义的不同理解，仍然与12年以前差不多。因此我把这篇东西发表出来，请经济学界的同志们批评指正。这篇"答辩"所用的语气在今天看来，未免尖锐了一些，然而这是当时处于被"围攻"状态下的我的真实情感。为了保存当时的真实的情况，我还是按照原样把它发表出来。

我承认，我和批判我的同志，对毛泽东同志所说的价值法则"是一个伟大的学校"这句名言的体会，是有出入的，而且这是我和批判我的同志之间许多分歧的起点。当然，我对毛泽东同志的著作学习得很不够，马列主义的水平还很低，对毛泽东同志的经济学思想的理解，未必完全是正确的。但是我觉得批判我的同志认为他们对毛泽东同志的经济学思想的理解就是百分之百的正确，而我的思想就是对毛泽东思想的曲解，就是"各取所需"或者就是修正主义等，似乎根据还不足一些。

马克思主义者对于价值法则在社会主义计划经济中的作用或意义，以及它发生作用的机制等，还远远没有研究透彻。经济学界应该在毛泽东思想指导之下，根据党的百家争鸣的政策，根据理论与实际密切结合的原则，在既反对修正主义，又反对教条主义的斗争中，把这问题逐渐具体地深入地研究透彻。但是，像目前这样，对于毛泽东同志在1959年3月间就价值法则所说的那两句名言的体会，如此众说纷纭，意见如此针锋相对（而且首先是在党员中间），我想是不能允许长期存在的。我希望能够在党中央直接主持之下，通过讨论（而不是通过武断和压服）把大家的认识迅速统一起来；然后，大家根据统一的认识来广泛宣传毛泽东同志的这个十分重要的经济学思想。

毛泽东同志说："价值法则，等价交换，这是客观规律，客观法则，违反它，要碰得头破血流。"又说："这个法则是一个伟大的学校，只有利用它，才有可能教会我们几千万干部和几万万人民，才有可能建设社会主义和共产主义，否则一切都不可能。"我认为对于社会主义社会中价值法则，价值规律的估价，不能比毛泽东同志这些估价提得更高了。

批判我的同志却说，我是曲解了毛泽东同志的这些名言，是夸大了价值规律的作用。例如，何畏（原财贸办理论研究组组长）就说：他和他的机关里的同志曾经议论过，认为毛泽东同志所说价值法则"是一个伟大的学校"这句话，是针对1959年当时下面农村干部的共产风而说的。批判我的同志还说，毛泽东同志在另一场合还说过，价值规律只能作为计划工作的工具，不能作为计划工作的主要依据，而我却故意不提毛泽东同志在后一场合讲的这些话，因此我对毛泽东同志的话是"各取所需"的。现在，我谈谈自己的看法，作为自己对党的思想交代，同时也和批判我的同志做进一步的商榷，请大家继续批判指教。

毛泽东同志关于价值法则是"一个伟大的学校"和"不能违反的客观规律"这些话，是在什么时候，什么场合，针对着什么而说的

是的，毛泽东同志这两句话是1959年3月，在我们遇到经济困难的时候，在农村中大刮"共产风"的时候，针对着国家、集体和个人之间的相互关系而说的。但是毛主席提得这么高的这个价值法则的"伟大的学校"的意义是不是仅仅局限于这样的时期，这样的场合，而且仅仅局限于不同所有制之间的关系而说的呢？是不是像何畏所说的那样，仅仅是针对下面农村干部的"共产风"而说；因此，对于城市干部，对于广大干部，就不需要这个"伟大的学校"了呢？我是不同意这种看法的。我认为，如果毛泽东同志是仅仅针对着当时下面农村干部的"共产风"而说

的，那就不会把问题提得那么高。因为"一平二调"的"共产风"尽管在当时是非常严重的，然而这种错误终究是比较明显的，经过党中央指出是比较容易改正的；仅仅针对这个，毛泽东同志就不会把价值法则说成不仅是建设社会主义，而且是建设共产主义的一个伟大学校。同时毛泽东同志的话本身讲得也很明白，他指的不是、至少主要不是指那种赤裸裸的无偿剥夺即所谓"一平二调"的"共产风"，而是指的不等价交换，即通过价格杠杆，从农民那里取得的那一部分价值。

据我所知，早在1959年之前，至少是在1956年左右，毛泽东同志就注意到了工农产品不等价交换的问题。那时我还在国家统计局工作，富春同志曾经向国家计委和国家统计局交办过毛主席提出的一个研究任务。据富春同志说，毛泽东同志不相信5亿多农民对社会主义建设的贡献只限于200亿斤左右的公粮。因为这200亿斤左右的公粮，按征购价格计算，只同国家每年贷给农民的贷款差不多。因此，富春同志要我们计算一下，农民的实际贡献到底有多少。后来，计委和统计局的同志经过种种试算，估计农民对国家建设资金的贡献，远远超过200亿斤的公粮数，要占到财政收入的百分之××到百分之××（当时有过好几种试算方案，因为时间相隔已久，手头没有资料，数字可能有出入）。那时，并没有刮"共产风"，所以毛泽东同志在那时提出这问题来，绝不是针对"共产风"的；他是从国民经济综合平衡的角度来提问题的。

何畏这几年来提倡过一种学说，叫作等价交换要去掉了马克思在《哥达纲领批判》中所说的各种扣除以后再算，否则就是不要国家积累，不要社会主义建设。

集体所有制经济必须把自己所生产的产品的一部分，无偿地贡献给国家，作为全社会的扩大再生产、文化、教育、卫生建设，维持国家行政开支以及国防建设的需要，这是不成问题的。

这一部分产品根本可以不采用交换形式的,所以不存在等价不等价的问题。(至于国家对农业对集体经济的物质支援,那又是另一回事,而且那也不是我们在这里所说的这个意义上的交换)然而就是集体经济无偿地贡献给国家的这一部分产品也不能等于,而应该是小于马克思在《哥达纲领批判》中所说的扣除。因为在马克思所列举的那些扣除之中,不仅补偿生产过程中消耗掉的生产资料的这部分扣除应该仍旧留给集体经济,就是用于扩大再生产的积累,一部分文化、教育、卫生事业的开支等扣除也应该留在集体经济中。除了无偿地贡献给国家的那一部分扣除以外,凡是留给集体经济的产品,都必须根据等价交换原则同全民所有制经济进行交换。毛主席和中央一再讲的等价交换原来就是指的这一部分,而不包括集体经济应该无偿贡献给国家的那部分产品的。

何畏以马克思在《哥达纲领批判》中所说"扣除"为借口,来否定等价交换的原则,这是因为他主张国家应该在工农业产品的交换中,即全民所有制与集体所有制之间的商品交换中通过价格的杠杆作用,来取得集体所有制对国家的一部分或大部分无偿的贡献,即是说,他主张把商品交换和税收工作二件事合而为一。按照何畏以及中外许多抱有相同观点的经济学者们的想法,价格在社会主义社会中要执行几种任务:它除了反映物化在产品中的社会必要劳动量以外,还要担负国民收入再分配的杠杆作用,即担负收税任务,还要担负调节供求关系(实即调节生产)的任务。

我认为,价格要担任这么多的任务,结果是一个任务也完成不好。通过旧时代遗留下来的,工农业产品的不等价交换,即通过价格杠杆来取得财政收入的办法,并不是一个很好的办法,因而只能作为一种过渡的暂时的办法。从长远来说,社会主义国家的财政收入,应该通过国营企业的利润上缴和集体所有制的直接税收（公粮）两种形式来取得。只有这样，才能使价格更好地反映社会平均必要劳动量，更好地反映价值、反映部门间、地区间和企业间的相互关系（即所谓"比例关系"），才能正确反映积累和消费的关系，才能真正实行等价交换。

在社会主义社会，通过价格来调节供求关系（实即调节生产）也不是长久的办法。当然供求关系的绝对平衡是不可能的。但是在计划方法逐渐改进，尤其在国家储备充足的条件下（中央和毛主席是一再讲要"留有余地"的），是不必依靠价格的涨落来调剂供求关系，调节生产的。

但是我的很多批判者，一方面宣扬价格不背离价值就没有价格政策（这理论的发明权，实际上是苏联斯特鲁米林院士的）；另一方面又积极宣传"扣除"以后，再等价交换的理论（记不得这是不是何畏的发明权，好像这发明权是属于骆耕漠同志的，但是何畏是积极提倡的）。这些主张到底同毛主席上述名言，是不是符合呢？据我看是不符合的。如果说，等价交换是要去掉了"扣除"再讲，那么粮食照0.1元收购是等价的，压低到5分钱收购也是等价的（因为需要多扣除），反之提到0.12元，或0.15元还是等价的（因为不在粮价中扣除或少扣除了）。既然农产品不论按什么价格收购总是等价的，那么这里只有扣除多少的问题，没有等价不等价的问题了。如果是这样，那么毛泽东同志强调等价交换，不变成多余的了么？从毛泽东同志提出上述名言以来，已经足足5年了，可是何畏等人总认为像他们这样宣传"扣除"掉以后讲等价交换，是既符合马克思《哥达纲领批判》中所说的原则和毛泽东同志思想，又符合社会主义实际，因而他总是那么理直气壮。在他看来，不主张"扣除"了以后再讲等价交换，就是既不符合马列主义，又脱离了实际，而且是对党的价格政策的全面否定，是攻击党的价格政策，等等。这是不是太武断了一些？

价值法则是一个伟大学校的说法和价值规律只能作为计划工作的工具,不能作为计划工作的主要依据的说法,二者如何统一?

国内外经济学界的传统意见,向来把价值规律看作是自发势力的代名词,所以过去经济学家常用"泛滥的洪水""脱缰的野马"等说法来形容它。他们讲到价值规律的经济内容那就是指:由于市场供求关系的摆动,通过物价的涨落来调节生产和需求的那个自发过程。

被毛泽东同志称为"伟大的学校"的价值规律,价值法则,难道是指这种自发势力的行动吗?我想不是。毛泽东同志说的"违反它要碰得头破血流"的客观规律,客观法则,也是意味着这个自发势力么?我想也不是。如果被毛泽东同志称作"伟大的学校"的价值法则,不是指商品市场上这种自发的价格波动,那么是不是指社会主义国家自觉地、有计划地通过调整价格来刺激或是抑制生产和需求的措施呢?我认为也不是。因为第一,毛泽东同志讲的是等价交换,而通过调整物价来刺激或是抑制生产和需求的办法是以价格背离价值(或生产价格)为前提的,是以不等价交换为前提的。第二,用"主动"调整价格的办法来刺激或是抑制生产和需求,实际上是并不"主动"的结果。这如同我在前面所说过的一样,是供求关系失调和国家没有充分储备,即并未"留有余地"的结果。苏联大多数经济学者笔下的价值法则以及苏联科学院经济研究所出版的《政治经济学教科书》(以下简称《教科书》)中所说的价值规律就是指的这种价值规律。《教科书》讲的这种通过调整物价,来刺激或是抑制生产和需求的办法,是以他们的物质刺激论思想为指导的,所以我曾经称为物质刺激论的价值规律。其实,国家或是垄断组织主动地通过调整物价来刺激或是抑制生产和需求的办法,在资本主义社会中也很盛行的。我想毛泽东同志所说"伟大的学校"绝不会是指的是这种价值规律。

但是，我国大多数经济学者笔下所说的价值规律，不是指前一种商品市场上自发的价格波动对生产和需求的调节作用，就是指后一种由国家主动调整物价，刺激或者抑制生产的办法。1959年以前，大家是如此写、如此说的；1959年主席讲过价值法则是"一个伟大的学校"，提倡"等价交换"之后，还是如此写、如此说的。例如，薛暮桥同志在1963年第7—8期《红旗》合刊上发表的《价值规律和我们的价格政策》一文中有这样两段话：

"在某些主要生活资料供不应求的时候，我们究竟是依靠价格规律，通过涨价的办法来恢复供求的平衡呢？还是依靠国家计划，通过计划供应的办法来保持供求之间的暂时的平衡，然后通过增产计划来达到更好的平衡呢？"

"……不坚持通过国家计划来调节物价和市场供求关系，盲目地顺从价值规律。在市场供求不平衡的时候，不采取计划供应，计划收购等办法来尽可能保持物价稳定，而放松对物价的计划管理，听凭价值规律影响物价，甚至企图通过物价的涨落来恢复供求的平衡……是对社会主义制度下价值规律的作用缺乏正确认识的结果。"

从暮桥同志上面这两段话，我们可以看出，他心目中的价值规律的内容，就是我在前面说过的，商品市场上自发的价格波动和国家主动调节物价这两个方面的混合物。如同他历来的主张一样，他在这里仍然是把价值规律作为计划经济的对立物提的。如果价值规律在社会主义社会中，果然像暮桥同志等所说的一样，是计划经济的对立物，二者是互相排斥的，那么毛泽东同志能把它说成是建设社会主义和共产主义的伟大学校的吗？

此外，从暮桥同志这两段话，我们还可以看出，他和何畏的提法有一点不同，这就是：何畏认为毛泽东同志提倡价值法则这个"伟大的学校"的意义只局限于经济困难和刮"共产风"的时候；而暮桥同志则相反，认为在经济困难的时候，即"在某些主要生活资料供不应求的时候",是不能依靠价值规律的。然而毛泽东同志和党中央特别强调等价交换的问题,不恰恰是在1959年以后,我国经济遇到极大困难,国家手中没有工业品来同农民交换农产品的时候吗?不正是在某些生活资料供不应求的时候吗?到底是毛泽东同志、党中央提倡价值法则和等价交换不是时机呢?还是暮桥同志和何畏的"时机论"都有些问题呢?

我的看法还是要强调毛泽东同志的话,客观法则就是客观法则,不论在什么时候,违反它,就要碰得头破血流。不过,这个客观法则在资本主义社会中的行动规律和在社会主义社会中的行动规律,的确是完全不同的;甚至可以说,资本主义商品经济的市场价值法则和社会主义计划经济的价值法则,根本是两种价值法则。

我认为,毛泽东同志在讲"等价交换"和"伟大的学校"的时候,他所说的价值法则是指社会主义计划经济的价值法则。我们现在讲价值法则和价值规律的时候,一般地总是指的社会主义经济的价值法则。但是当毛泽东同志说价值规律只能作为计划工作的工具,不能作为计划工作的主要依据的时候,他指的是商品经济的市场价值规律,因为他是在批判苏联科学院经济研究所主编的那本《教科书》的时候讲这些话的。在后一场合之下,他用的是《教科书》口径的价值规律。

《教科书》第28章《社会主义制度下的商品生产、价值规律和货币》,其中有一节,《社会主义制度下的价值规律的作用的性质》。这一节开头就说:"既然在社会主义制度下存在着商品生产和商品流通,价值规律也就继续发生作用。"很明白,这里讲的价值规律,仅仅是"商品生产"和"商品流通"的市场价值规律,按照《教科书》的口径,除此之外,也就不再有别的价值规律了。

《教科书》这一节对于价值规律的作用的解释是:"国家利用价值规律来刺激某些产品的生产调节它们的需求。"又说:"价值规律的作用在生产领域中是通过经济核算制表现出来的,经济核算制建立在价值及其形式的作用上。由于有了经济核算,就能够利用价值规律的作用来刺激提高劳动生产率,采用新技术、降低成本和提高赢利。"

所以《教科书》主张的是通过价格背离价值(即是说,是以不等价交换)来刺激或抑制生产和需求,这是我所说的"物质刺激论"的价值规律。这就是主席所说只能作为计划的工具,不能作为计划的主要根据的商品市场价值规律。难道这与主席讲的"等价交换"和"伟大的学校"是一个内容的规律么?我认为不是。

可是批判我的同志心目中却只有《教科书》口径的一种价值规律,即资本主义商品经济的市场价值规律,正因为如此,所以他们对于价值规律是采取既尊重又要加以"控制"的态度("控制"价值规律实际上就是斯大林所批判的"改造"价值规律)。正因为如此,所以他们对于毛泽东同志所说价值法则"是一个伟大的学校"等这些话不是绝口不提,就是很少提到,因为按照他们那个口径的价值规律是很难同毛泽东同志这些话调和的。正因为如此,只听到批判我的同志宣传变相的不等价交换,却不大听他们宣传等价交换。到底谁对毛泽东同志话采取了"各取所需"的态度呢?我请批判我的同志也自我检查一下。

仅仅商品经济有价值规律么

薛暮桥同志在《红旗》座谈会上批判我的时候说过这样的话:"马克思主义经济学者历来都承认价值规律是商品经济的规律,我还没有听说过有什么不是商品的价值规律"。(见33次座谈会,暮桥同志发言稿)暮桥同志把价值和生产价格、利润,都算作是资本主义的范畴,因而他认为"推崇"价格规律就是"推崇"资本主义的范畴和规律。

我觉得暮桥同志以"历来"的马克思主义经济学者的名义讲

话，似乎根据不足一些。我不想在这里全面展开关于价值规律的学术讨论。但是既然薛暮桥同志以"历来"马克思主义经济学者名义来讲话，我就不得不引证两位最有权威的马克思主义经济学者，即马克思、恩格斯本人的几段话来证明，他们不仅承认未来的非商品经济的公有制生产关系中（他们所说的公有制是指的共产主义全民所有制生产关系）还有价值范畴和价值规律，而且他们还很"推崇"价值范畴和价值规律在未来社会中的作用。

马克思主义经济学的第一篇著作，即是1844年恩格斯在《德法年鉴》上发表的《政治经济学批判大纲》，就指出过，在私有制消灭以后，在没有了商品以后，仍然存在着价值范畴。原话如下：

"价值是生产费用对效用的关系。价值首先是用来解决某种物品是否应该生产的问题，即这种物品的效用是否能抵偿生产费用的问题。只有在这个问题解决之后，才谈得上运用价值来进行交换的问题。如果两种物品的生产费用相等，那么效用就是确定他们的比较价值的决定因素。"

"……不消灭私有制，就不可能消灭物品本身所固有的实际效用和这种效用的决定之间的对立，以及效用的决定和交换者的自由之间的对立；而在私有制消灭之后，就无须再谈现在这样的交换了。到那个时候，价值这个概念实际上就会愈来愈只用于解决生产的问题，而这也是它真正的活动范围。"❶

有些经济学者认为恩格斯写这篇文章的时候，还不是一个成熟的马克思主义者，他的上述意见都不是马克思主义创始人的最后意见。但我们不能同意这种看法。因为恩格斯后来在《反杜林论》一书中又提到了他在《德法年鉴》中所讲的上面这段话，他

---

❶ 恩格斯：《政治经济学批判大纲》《马克思恩格斯全集》，第1卷，第605页，北京，人民出版社，1956。"确定"二字原译文为"决定"，我觉得改译"确定"为好。在以后引文中凡原译本译作"价值决定"或"价值规定"的均统一改为"价值的确定"（着重号是引者加的）。——作者注

认为他的这一见解在《资本论》出版以后已经得到了科学的证明。同时,马克思是很推崇恩格斯的这篇著作的,他曾经在《政治经济学批判》一书的序言中把它称为"经济学范畴的天才的批判大纲"。后来,马克思在1868年1月8日给恩格斯的信里,亦提到了恩格斯的这个见解,而且再次给予肯定。

恩格斯在《反杜林论》中的话是这样的:

"在决定生产问题时,上述的对效用和劳动花费的衡量,正是政治经济学的价值概念在共产主义社会中所能余留的全部东西,这一点我在1844年已经说过了(《德法年鉴》第95页)。但是,可以看到,这一见解的科学论证,只是由于马克思的《资本论》才成为可能。"❶

马克思在1868年1月8日致恩格斯的信是这样的:

"至于说到杜林先生对价值确定所提出的温和的反对意见,那么,他看到第二卷将会惊奇,价值确定在资产阶级社会中'直接'发生的作用是多么小。实际上,没有一种社会形态能够阻止社会所支配的劳动时间以这种或那种方式调整生产。但是,只要这种调整不是通过社会对自己的劳动时间所进行的直接的自觉的控制——这只有在公有制之下才有可能——来实现,而是通过商品价格的变动来实现,那么事情就始终像你在《德法年鉴》中已经十分正确地说过的那样。"❷

此外,马克思在《资本论》第3卷所讲的与这问题有关的一句话更是大家引证得比较多的:

"在资本主义生产方式消灭以后,但社会生产依然存在的情况下,价值决定仍会在下述意义上起支配作用:劳动时间的调节

---

❶ 参见恩格斯:《反杜林论》,《马克思恩格斯选集》,第3卷,第348、349页,北京,人民出版社,1972。着重号是作者加的。

❷ 马克思:《致恩格斯(1868年1月8日)》,见《马克思恩格斯书信选集》,第211页,北京,人民出版社,1962。着重号是引者加的。

和社会劳动在各类不同生产之间的分配,最后,与此有关的簿记,将比以前任何时候都更重要。"❶

以上几段引文足以说明:马克思和恩格斯都认为资本主义商品经济消灭以后的公有制经济中还存在价值,而且他们还非常"推崇"价值范畴、价值概念在公有制生产关系中的作用。恩格斯说:"到那个时候,价值这个概念实际上就会愈来愈只用于解决生产的问题,而这也是它真正的活动范围。"马克思则说,在公有制社会中"价值决定……比以前任何时候都更重要"。

总之,暮桥同志以历来马克思主义经济学者名义发言说价值规律只"是商品经济的规律",没有什么"不是商品的价值规律",根据还不足一些。

是"抽象继承"还是"抽象批判"

当然,从总的来说,马克思和恩格斯是联系着资本主义商品经济来研究价值范畴和价值规律的,因此,我们可以从他们的著作中找到更多的引证来证明,马克思和恩格斯曾经认为这样的价值范畴和价值规律将随同资本主义商品经济的消亡而消亡掉。例如,恩格斯在前面引证过的《反杜林论》一书同一处有这样一段话:

"社会一旦占有生产资料并且以直接社会化的形式把它们应用于生产,每一个人的劳动……从一开始就成为直接的社会劳动……人们可以非常简单地处理这一切,而不需要著名的'价值'插手其间。"❷

但是恩格斯对《反杜林论》正文中这一段话,同时就加了上

---

❶ 参见马克思:《资本论》,《马克思恩格斯全集》,第25卷,第963页,北京,人民出版社,1975。

❷ 参见恩格斯:《反杜林论》,《马克思恩格斯选集》,第3卷,第348页,北京,人民出版社,1972。

面讲过的那个脚注,在这脚注中他又提到了1844年他在《德法年鉴》上面所讲的那段话,即"在私有制消灭之后……价值这个概念实际上就会愈来愈只用于解决生产的问题,而这也是它真正的活动范围",而且加以发挥说:"在决定生产问题时,上述的对效用和劳动花费的衡量,正是于政治经济学的价值概念在共产主义社会中所能余留的全部东西。"

正文说"不须使产品带上什么价值……再不必求助于有名的'价值'",而在脚注中则说,到了共产主义社会还保留着价值概念。这两种不同的说法,如何协调呢?

显然,有些同志对此产生了困惑。他们感觉到这里有解决不了的矛盾。怎么办呢?他们采取了"各取所需"的办法:他们强调了马克思和恩格斯所说价值范畴和价值规律将随着资本主义经济一同消亡的说法,而抹杀了马克思、恩格斯所说,在另一个意义上,在共产主义社会仍"有支配作用"的价值范畴和价值规律将继续存在的说法,而且臆造了种种解释。如说这是恩格斯早年的意见。又如说,马克思、恩格斯只讲过在共产主义社会还存在价值规定和价值概念,没有讲价值规律。照这些同志的说法,好像世界上可以存在没有规律的经济概念或经济范畴的,等等。这同他们不提或是尽量少提毛泽东同志关于价值法则"是一个伟大的学校"这句名言是同一个用意和同一种手法。

但是,用抹杀或回避矛盾的办法,是解决不了问题的。要解释马克思和恩格斯这些话,就必须不是从字面上来理解,而是从本质上来分析问题;就必须不是用"各取所需"的办法,即不是用片面强调马克思和恩格斯在一种场合下讲的话而抹杀在另一种场合下讲的话,而是把他们在不同场合下讲的话,尤其是表面上看来有矛盾的话,加以全面仔细的分析研究。

如果我们这样做了的话,那么我们就不难得出结论:马克思和恩格斯所说,随着资本主义生产方式的废止,将不再存在的那个价值规律,是指资本主义商品经济的价值规律,指市场价值规律。按照这个价值规律,包含在商品中的社会平均必要劳动量必须通过商品交换,通过第三种商品表现出来,而不能直接通过计算来表达,因为这是私有制社会,是无政府状态的自发性经济,在这里,商品的价值所借以表现的形式(或形态)是交换价值。

至于马克思和恩格斯所说,"在资本主义生产方式消灭以后,但社会生产依然存在"的条件下,在共产主义社会中,仍然有"支配作用"的,或者说"在共产主义社会中所能余留的"那个价值或价值规律,那是另一个意义上的价值和价值规律,那是全民所有制计划经济的价值范畴和价值规律。在全民所有制的生产关系中,包含在产品中的劳动不必再通过商品交换和第三种商品来表现,价值也不再采取交换价值的形态(或形式),而是可以直接通过统计报表和计划指标来表达。马克思和恩格斯所说在资本主义生产方式废止之后,在商品消灭之后,劳动不再用迂回曲折的道路,或不再用间接的形式表达,就是指的不再用"交换价值"的形式来表现,而不能做别的解释。至于作为实体的价值,以及创造价值的社会必要劳动量,是不能因为资本主义生产方式的废止而加以否定的。

这个意见,我曾经在1959年第9期《经济研究》上发表的《论价值》中同暮桥同志商榷过。暮桥同志曾经认为在非商品经济中"价值规律"将消亡,"价值形式"则可保留。我在那里引证了马克思《资本论》的下面一段话来证明:表达资本主义生产关系本质的东西,偏偏不是产品的价值,而是交换价值,即商品经济社会中的价值形态(或译作"价值形式")。因此我认为暮桥同志主张在全民所有制国营企业中可以保存"价值形式"而不要价值规律的说法是错误的。马克思正是在这一点上批判了古典派政治经济学的最好的代表——亚当·斯密和李嘉图,说他们虽然曾经分析过价值和价值量,但是由于他们的阶级局限性,把资产阶级生产方式当作永久的自然的形态看了,因此他们未能进一步

要全面体会毛泽东同志关于价值规律的论述

从商品价值引申出价值形态来。马克思的原话如下:"古典政治经济学的根本缺点之一,就是它始终不能从商品的分析,而特别是商品价值的分析中,发现那种正是使价值成为交换价值的价值形式。恰恰是古典政治经济学的最优秀的代表人物,像亚当·斯密和李嘉图,把价值形式看成一种完全无关紧要的东西或在商品本性之外存在的东西。这不仅仅因为价值量的分析把他们的注意力完全吸引住了。还有更深刻的原因。劳动产品的价值形式是资产阶级生产方式的最抽象的、但也是最一般的形式,这就使资产阶级生产方式成为一种特殊的社会生产类型,因而同时具有历史的特征。因此,如果把资产阶级生产方式误认为是社会生产的永恒的自然形式,那就必然会忽略价值形式的特殊性,从而忽略商品形式及其进一步发展——货币形式、资本形式等的特殊性。"❶

我想,上述马克思的话,对于反映资本主义生产方式特殊性的那个价值形态的重要性,阐述得非常明白的了。可是这次批判我的同志,对于我在1959年这篇文章中所宣传的马克思的上述思想却竭尽挖苦嘲笑之能事。例如,座谈会主席说我这个思想(即在全民所有制关系中以至在未来共产主义社会中,继续保持价值实体,而只改变价值形态的思想。)是"抽象继承法",说我把生产关系看成了某位民主人士的服装:穿上西装是资本家,换上人民装就成了国家干部,等等。

但是挖苦和嘲笑是不能解决学术争论问题的。在这里,我不想多做申辩,还是请马克思来讲话:

"……商品的'价值'只是以历史上发展的形式表现出那种在其他一切历史社会形式内也存在的、虽然是以另一种形式存在的东

---

❶ 参见马克思:《资本论》,第1卷,第98页注,北京,人民出版社,1975。

西,这就是作为社会劳动力的消耗而存在的劳动的社会性。"❶

"空谈价值概念必须证明,只不过是由于既对所谈的东西一无所知,又对科学方法一窍不通。任何一个民族,如果停止劳动,不用说一年,就是几个星期,也要饿死,这是每一个小孩都知道的。他们同样知道,要想得到和各种不同的需要量相适应的产品量,就要付出各种不同的和数量上一定的社会总劳动量。这种按一定比例分配社会劳动的必要性,决不可能被社会生产的一定形式所取消,而只能改变它的表现形式,这是不言而喻的。自然规律是根本不能取消的。在不同历史条件下能够发生变化的,只是这些规律借以表现的形式。而社会劳动的联系体现为个人劳动产品的私人交换的社会制度下,这种按比例的分工所借以实现的形式,正是这些产品的交换价值。"❷

这就是说,价值规律像"自然规律"一样,在任何社会化的大生产❸中都"是根本不能取消的"。如果说在资本主义商品经济,它所"借以表现的形式"是"交换价值",那么它在社会主义计划经济中所借以表现的就是统计报表和计划指标。所说劳动

要全面体会毛泽东同志关于价值规律的论述

---

❶ 马克思:《评阿·瓦格纳的〈政治经济学教科书〉》,见《马克思恩格斯全集》,第19卷,第420页。北京,人民出版社,1963。

❷ 《马克思恩格斯书信选集》,第222—223页,北京,人民出版社,1962。着重号是原有的。

❸ 在这次批判中,很多同志把"社会化大生产"这个条件也作为"生产力论",作为"修正主义思想"批判了。我请这些同志仔细读一下前面已经引证过的马克思在《资本论》第3卷所讲的这句话:"……在资本主义生产方式消灭以后,但社会生产依然存在的情况下,价值决定仍会在下述意义上起支配作用……"可见马克思正是把社会化的大生产作为共产主义社会和全民所有制国营企业仍将保留"价值范畴的原因"。"社会化的大生产"绝不仅仅是一个所谓"生产力"问题,或工艺技术过程问题,而是生产方式问题。批判我的同志无视这一点,正显示出了他们的"自然经济"论的本质。他们把社会主义社会同资本主义以前的"自然经济"(奴隶制或封建制庄园经济或个体小农经济)等同起来了。在"社会化大生产"这一点上,共产主义生产和资本主义生产有它的共同点,但与资本主义以前的各种社会是截然不同的。——作者注

量迂回曲折的表现和不迂回曲折的表现，其差别就在这里，而不是像有些经济学者想象的一样，这差别仅仅表现为计量单位——一种以元、角、分、厘来表现，另一种以劳动日、小时、分、秒来表现。

在马克思主义的传统用语中，"形态""形式"，向来不是被看作无足轻重的东西。这与我们所反对的"形式主义"的那个"形式"根本是两码事。在成为历史唯物论的经典著作的《政治经济学批判》序言中，马克思把生产关系看作是生产力发展的形式，把法律、政治、宗教、艺术、哲学等，称作是意识形态的形式，而把社会整个生产方式，包括上层建筑在内，又统称为社会形态或社会形式。而在政治经济学中，则如上所述，马克思把他关于价值形态（或形式）的学说看作是他的劳动价值学说有别于资产阶级古典政治经济学的重要内容之一。价值形态的发展反映着商品经济的发展，而交换价值本身则是资本主义商品经济特有的价值形态。我们怎能把"价值形态"看作是某位民主人士的衣着呢？

我关于价值和价值规律的看法，并没有任何创造发明，只是根据自己的体会阐明了马克思和恩格斯的上述思想，并试图根据这一思想来全面体会毛主席关于价值法则是建设社会主义、建设共产主义的"一个伟大的学校"和价值规律只能做计划工作的工具这两种说法，并且试图根据这个思想来认识当前社会主义建设中的许多现实经济问题。

我不承认我对于社会主义价值规律的看法是"抽象继承"，因为我从来不曾主张过抽象的、一般的价值和价值规律。相反，我总是试图分析资本主义商品经济的价值规律跟社会主义计划经济的价值规律的差别，说明不论从阶级本质或是从活动机制而论，二者是两种不同性质的规律（当然，不能否认这两种价值规律有它们的共性，即二者都是社会平均必要劳动量创造的。我想，要是完全否定了两个社会的不同的价值规律具有一定的共性，也就无从谈各自的特性了。正如生产关系跟生产力的矛盾，上层建筑跟经济基础的矛盾是一切社会所共有的基本矛盾，但是承认这一点，并不等于否定了这个推动人类社会前进的基本规律在各种不同社会中具有个别的特殊性）。

我认为资本主义商品经济的价值范畴和价值规律以及从它派生出来的其他范畴、规律，如价格、利润、生产价格等范畴、规律，跟社会主义计划经济中的同名称的范畴、规律二者之间的本质性的差异，除了前者反映阶级剥削关系，后者不反映阶级剥削关系以外，更在于前者是通过商品经济的市场自发势力起作用的。在这里，人们是盲目地受客观规律支配的，后者则是反映着占有生产资料的劳动者自觉的有组织的生产关系。社会主义计划经济中的这些范畴和规律是通过人们的自觉的计算（会计和统计）和计划来起作用的。这些范畴和规律不再统治着人们，而是为人们所自觉掌握了。这就是恩格斯在《反杜林论》中所说，是人类最后的"脱离了动物界，从动物的生存条件进入真正人的生存条件"，"这是人类从必然王国进入自由王国的飞跃"。❶

但是我认为，有些同志对于社会主义价值规律的批判，倒可以说是"抽象批判"。因为他们并不具体分析对方所主张的价值规律是什么内容，在他们思想中只有一个笼统的价值规律，而且是把它同资本主义商品经济联系在一起的。因此他们一听到强调价值规律在社会主义计划经济中的作用，就认为这是主张自由化，即主张自由竞争，主张资本主义复辟。正因为这种"抽象批判"的态度，所以他们对于马克思、恩格斯著作中以及毛主席批语中那些"推崇"价值法则、价值规律在社会主义计划经济中的作用的语句，只好抹杀不提了。

---

❶ 参见恩格斯：《反杜林论》，《马克思恩格斯选集》，第3卷，第323页，北京，人民出版社，1977。

价值规律和有计划按比例规律是不相容的吗？

我在《红旗》编辑部召开的座谈会上发言的时候，曾经和何畏有一次很有意思的即席对话。我在发言中说，据我体会，所谓管理经济不要用行政方法而要用经济方法，并不意味着完全不要行政手段，而是说不要违反客观经济规律的片面的行政手段。何畏问我，"你所说的规律是指什么？"我说："千规律，万规律，价值规律第一条（当然，我只是就各种经济规律而说，不包括阶级斗争的规律，不包括上层建筑和经济基础，生产关系和生产力的社会基本矛盾等规律，也不包括斯大林所说基本经济规律。因为一则这个所谓基本经济规律的表达本身还有争论，如他只把技术作为推进生产力发展的动力是值得怀疑的。其次，这与其说是基本经济规律，毋宁说是社会的基本制度问题）。"何畏认为，我这话就是以资本主义商品经济规律代替了社会主义计划经济的"有计划按比例规律"。他说，有计划按比例规律恰恰不是我所说的价值的比例，而是使用价值的比例。但是我认为在这问题上，错了的不是我而是何畏的观点。

使用价值规律的比例是什么比例呢？这就是指：发1度电要消耗多少煤，炼1吨铁要消耗多少焦炭，1吨钢可轧多少长的、一定重量的钢轨，制造多少辆一定型号的机车或别种机械需要多少吨钢材等，以及建立在以上各种技术定额之上的煤、电、钢铁、机械等生产部门之间的实物比例。

但是，这样的使用价值量的比例，实物的比例或实物定额，正是工程技术科学的研究对象；只有与这个实物比例相适应的价值量的比例才是经济学的研究对象。

我们现在来看一看马克思是如何看待社会主义计划经济中的部门间的比例的。他所指的，到底是使用价值比例抑或是价值比例。

我们在前面已经引证过马克思在《资本论》第3卷讲的话："……在资本主义生产方式消灭以后，但社会生产依然存在的情况下，价值决定仍会在下述意义上起支配作用：劳动时间的调节和社会劳动在各类不同生产之间的分配，最后，与此有关的簿记，将比以前任何时候都更重要。"❶ 此外，马克思在《政治经济学批判大纲（手稿）》《货币论》中也说过："共同的生产既然已经作为前提，时间的确定自然就成为主要的了……一切经济都归结为时间的经济……时间的经济和有计划地分配劳动时间于不同生产部门于是就成为共同生产基础上的第一个经济规律。甚至可以说这是程度很高的规律。"马克思以上所说的都是关于共产主义社会中各生产部门间的比例问题，即现在所谓"有计划按比例规律"问题；但是显然，他所说的不是使用价值比例，而是劳动量比例，是价值比例。

当然，价值量的比例并不排斥使用价值量的比例。因为马克思的劳动价值学说是以产品的价值和使用价值的二重性为前提的，价值是相对于一定的量和质的使用价值而说的价值，或者如恩格斯所说："价值是生产费用对效用的关系。"也就是价值对使用价值的关系。然而这同单纯的使用价值比例完全是两回事。

有些同志似乎把社会生产的目的问题同经济问题或经济学对象问题混淆起来了。资本主义社会生产的目的是价值而不是使用价值（以价值为目的也就是以剥削无偿劳动为目的）；社会主义社会生产的目的是生产满足整个社会需要的使用价值，即物质财富本身，而不是价值。这些都是完全正确的。然而这只是说明了社会制度的不同，但是并没有讲到经济本身。社会制度尽管不同，生产的目的或任务尽管不同，但是毛泽东同志说得好，"不

要全面体会毛泽东同志关于价值规律的论述

---

❶ 参见马克思：《资本论》，第3卷，《马克思恩格斯全集》，第25卷，第963页，北京，人民出版社，1974。

解决方法问题,任务也只是瞎说一顿。"为了达到满足社会需要的目的,为了完成这一任务,还得发展经济,而马克思说"一切经济都归结为时间的经济",即如何以较少的时间生产较多的物质财富。资本主义社会通过雇佣劳动的剥削和市场商品交换的手段来达到这目的;在社会主义社会,基本经济法则是社会主义计划经济的价值法则。因此资本主义社会也好,共产主义社会也好,或是作为二者之间过渡阶段的社会主义社会也好,都要讲价值规律、价值法则;尽管如上面所说,这是本质上完全不同的两种价值规律或价值法则。因此即使在社会主义社会,只有说价值法则"是一个伟大的学校",而没有说使用价值"是一个伟大的学校"的。专门研究使用价值的是商品学而不是经济学,是技术科学而不是社会科学。

在经济学者中间,像何畏那样,把"有计划按比例规律"只看作是实物比例或使用价值比例,不重视或者根本否认价值的比例,这种观点相当普遍。例如,薛暮桥同志曾经以余霖笔名在《经济学动态》1963年17期发表了一篇文章《从经济核算来看我们的价格政策》。他在这篇文章里主张:"产品的价格应当同它的实物量(使用价值量)保持固定的联系,不应当随着它的价值下降而相应地下降。也就是说,价格应当基本上体现产品的使用价值,如果使用价值不变,价格也大体不变。"人民币原来是劳动量和价值量的符号,如果照薛暮桥同志这个主张来定价,那么人民币就变成使用价值量的符号了。这样一来,经济生活中就只剩下了使用价值量的计算,没有劳动量和价值量的计算了;因为用实物计算固然是使用价值量,用货币计算也还是使用价值量,于是国民经济的"有计划按比例"就只剩一个使用价值量的比例了。这才是彻底的使用价值的"伟大"学校或使用价值学派了

（在欧洲文字中，"学校"和"学派"恰好正是一个词）。❶

有些同志认为我对"有计划按比例规律"的解释是断章取义地曲解了马克思的话，是脱离社会主义经济建设的实际的。那么我们现在就来看一看我国社会主义经济建设的实际。

按照马克思在《资本论》中阐明的再生产理论，社会总产品分为三大部分：第一部分是补偿生产过程中所消耗的生产资料的（这就是马克思用"c"来代表的那一部分产品）；第二部分是补偿职工所消耗的生活资料的（这就是马克思用"v"来代表的那部分产品）。以上两部分产品都必须等价补偿，否则就会破坏社会再生产过程中的物质代谢，就会连简单再生产也维持不下去。只有余剩下来的第三部分，即国营企业职工为社会创造的产品（就是马克思用"m"来代表的那部分产品），在社会主义社会里是可以无偿上缴给国家的（在资本主义社会为资本家所剥削）。

要全面体会毛泽东同志关于价值规律的论述

---

❶ 我曾经把20世纪初以来就在马克思主义政治经济学界存在着的一种学术思想，称为"自然经济论"或"实物经济论"，这种思想认为商品经济消亡以后，商品拜物教的物质基础，也就不存在了，人与人之间的生产关系就一目了然，不需要再成立一门科学（政治经济学）去研究它，社会财富就直接以一大堆使用价值的面貌出现，产品不再具有使用价值和价值的二重性，劳动也不再具有具体劳动和抽象劳动的二重性，价格、利润、生产价格等从价值派生出来的经济范畴更是不会再存在。对于这种观点，我在1964年10月7日的《关于经济学界同志对我的批判给中宣部、中央理论小组和国家计委领导小组的报告》中有过比较详细的介绍和批评（此报告稿已遗失）。有同志在批判我的会上说，"自然经济论"的说法是孙冶方反党、反社会主义的"黑话"，说我们经济学界根本不存在"自然经济论"的观点。我请同志们看一看，上面何畏的，尤其薛暮桥同志的观点是不是可以算得上根本否定价值而只承认使用价值的"自然经济论"观点？"自然经济论"到底是孙冶方的反党反社会主义的"黑话"，还是政治经济学界客观存在的一种思潮。试问如果不是经济学界确实存在着这种根深蒂固的否定社会主义社会的价值范畴的"自然经济论"思想，那么为什么以毛主席这样高的威信，提倡价值法则"是一个伟大的学校"已经五六年之久，可是经济学界却还是把价值法则只当作资本主义商品经济的法则，试问，如果价格成了使用价值的计量单位，那么等价交换原则将如何实现，难道这是指同等使用价值的交换？——作者注

通过上面的分析，我们可以说：第一，不仅在不同所有制之间的商品交换，要讲等价交换，要尊重价值法则；就是在全民所有制内部，各部门之间，各国营企业之间的产品交换，也要讲等价交换，也要尊重价值法则。所以不仅像何畏那样把价值法则起作用的范围局限在刮"共产风"的农村基层干部中是不对的，就是像大多数中外经济学者那样，把等价交换、价值法则限制在不同所有制之间的商品交换范围内，也是不对的（当然，这里所说的不是商品经济自发势力的价值法则，而是指社会主义计划经济的价值法则）。

第二，各生产部门间的联系或比例关系，包括生产资料生产部门和生活资料生产部门之间，即所谓两大部类之间的比例关系在内，归根结底是价值的比例关系，或与一定的技术定额相适应的价值量（社会劳动量）的平衡关系。因此，在这里如果不讲等价交换，不尊重价值法则，就会破坏国民经济的按比例发展。

第三，《资本论》对于社会主义政治经济学，不仅它的方法论是有用的；而且有许多基本原理，如果去掉对于资本主义生产关系的剥削本质和商品市场自发势力的作用的分析，那么对社会主义政治经济学也是适用的。我们在上面列举的生产资料和生活资料的等价补偿就是其中重要的一个实例。关于这一点，列宁在批判布哈林否认社会主义政治经济学的观点的时候就说过的。列宁认为到了共产主义社会也还要政治经济学，首先就是为了研究生产资料生产部门的（v+m）和生活资料生产部门的"c"的比例关系以及积累和消费的比例关系。这两种比例关系正是马克思《资本论》的再生产理论的重要内容。可见许多批判我的同志把社会主义政治经济学接受《资本论》中的这一部分基本原理说成是修正主义倾向是不对的（何畏这种观点是完全违背列宁的上述意见而倒是和布哈林的意见完全相吻合的——作者1978年注）。

除了上述观点以外，我认为1963年9月14日中央工作会议提出的《关于工业发展问题（初稿）》也足以证明我的看法。这《初稿》虽然不是中央正式通过的文件，只是发给各省、直辖市的讨论稿，然而至少证明是可以如此提问题的。在这初稿所列举的管理工业的同志要注意的几条工作方法之中，第四条就是："必须学会用价值规律。毛泽东同志在1959年曾经指出，价值规律是一个伟大的学校。他说'只有利用它，才有可能教会我们的几千万干部和几万万人民，才有可能建设我们的社会主义和共产主义'。我们管理经济工作的干部，管理工业企业的干部，都要在这个价值法则的学校里学习，进一步地学会管理工业企业。"（着重号是我加的）《初稿》的全部内容不是讲的全民所有制和集体所有制之间的关系，即不是指的商品关系，而是讲的国营企业内部的生产关系。从《初稿》这一段话来看，何畏把价值法则这个"伟大的学校"说成只对下面农村干部需要，对城市干部，对高级干部不需要，这看法显然是不对的。

夸大真理走到了反面

列宁说过："这是无可争辩的真理。然而，只要再多走一小步，仿佛是向同一方向迈的一小步，真理便会变成错误。"❶

据我们所听到的传达，毛泽东同志在批判苏联科学院经济研究所编的那本《政治经济学教科书》的时候，也几次讲到片面夸大事物，会走到它反面去，毛主席屡次讲到了"物极必反"的道理。

我觉得在我们讨论的这些问题上，也充分证明了列宁和毛主席所强调的这条真理。

譬如说，资本主义生产的目的是价值而不是使用价值，社会

---

❶ 列宁：《共产主义运动中的"左派"幼稚病》，《列宁全集》，第31卷，第85页，北京，人民出版社，1958。

主义生产的目的是使用价值而不是价值。应该说，"这是无可争辩的真理"。然而只要把这条真理说得"过火"了一些，夸大了使用价值在社会主义社会经济生活中的作用，从而夸大了它在社会主义政治经济学中的地位，特别是在社会生产目的这个范围之外去加以夸大，那就会把使用价值法则当作"伟大的学校"，代替了价值法则这个"伟大的学校"，就会把商品学代替了政治经济学，于是诚心诚意的"生产力论"反对者，变成了道道地地的"生产力论"的拥护者。

譬如说，按照计划自觉地来安排社会生产，根据恩格斯的说法，这原来是人类最后的"脱离了动物界，从动物的生存条件进入真正人的生存条件"的标志，是"人类从必然王国进入自由王国的飞跃"。我们可以说计划经济和社会主义是同义语，离开了计划经济就没有社会主义。这也是"无可争辩的真理"，这似乎是再强调也不会"过火"的。然而，如果主观的计划不尊重客观规律，如果离开了马克思主义经济学的劳动价值学说，离开了等价交换原则或等价补偿原则，离开了价值法则，离开了这一切来谈所谓"有计划按比例规律"，把这"有计划按比例规律"绝对化，使它凌驾于一切之上，尤其是把部门间的比例不看作是社会必要劳动的比例，价值的比例，而只看成是或主要看成是使用价值的比例，那么结果是以工艺技术定额代替了各生产部门之间的社会必要劳动的平衡（包括物化劳动和活劳动的平衡），代替了价值平衡，于是就会违反等价交换原则。结果是走上了"有计划按比例发展规律"的反面，走上了破坏计划和比例失调的道路。

譬如说反对按照资本主义的经济规律办事，反对经济自由化，对马克思主义来说这本来是天经地义的责任，也是"无可争辩的真理"，似乎是无论如何强调也不会错的。但是由于不承认在资本主义商品经济的价值规律以外，还会有社会主义计划经济的价值规律，把宣传或强调社会主义计划经济的价值规律同宣传或强调"自由化"等同了起来，而价值规律的存在又是客观现实，你不管它，它就会来管你，于是就只有或者继续闭塞眼睛否认客观规律的存在，使得实际工作蒙受损失，或者在不得不承认这客观规律存在的时候，就在"利用"和"限制"的借口下承认并引进资本主义商品经济的价值规律，即是我所说的物质刺激的价值规律，即通过提高或压低物价来刺激或是抑制生产和需求的那种价值规律，就是说，又走到了事物的反面。

譬如说，我们在价值论方面，要维护马列主义和毛泽东思想的学说，这更是"无可争辩的真理"。但是如果我们不全面体会马克思、恩格斯、列宁、毛泽东他们关于这个问题，在各个不同场合所说的一切话，而只是抓住了他们在某一种场合，某一种意义上所讲的一个方面的话，那么尽管我们在主观上是出自好心，想维护他们的学说，想来解说他们的学说（例如说，恩格斯说这句话的时候，他还不是成熟的马克思主义者，他后来自己已经否定了这个思想；又如说，马克思说的是价值确定，而不是价值规律；又如说，毛泽东同志讲价值法则是"一个伟大的学校"是在某一个特定时期，对某一特殊情况而说的，只是对刮"共产风"的农村干部说的，等等）。实际上都是从维护出发走到了反面，变成了真正的"各取所需"，即是歪曲了马克思、恩格斯、列宁和毛泽东同志的原意。

夸大真理，走到了它的反面，因为把相对真理绝对化了，因为没有全面来认识问题，真理就变成了非真理，变成了形而上学。

要全面体会毛泽东同志关于价值规律的论述

给李昭复信[*]

李昭：

你5月27日给洪妈妈的信我看到了。我记得是前年或去年年初你曾经来信问起过同志们对我的批判（那时你听说的是学术辩论）的内容，并且要我把受批判的文章寄给你看看。记得当时我曾经给你回信说过，这些文章主要是内部研究报告（给中央同志送的），不是公开发表的文章，因此不能寄给你。但我不记得曾经说过你还年轻等话。如果我说过了这样的话，那是不对的。你们青年大学生，真如毛主席所说是早晨八九点钟的太阳，正在兴旺时期；何况那时你已经是一个候补党员（好像是的），是我的党内同志。你们在毛主席思想教育之下，充满革命的朝气，是值得我学习的（我回来后也读了你的思想小结，写得很好）。要是你在这里，我是非常愿意详细同你谈谈，得到你的帮助。但是要我在信上谈谈我的问题，的确使我有些为难，一则三言两语说不清楚，二则我自己还没有认识到同志们所批评的那些错误。因此，要我来谈自己的问题，就不免无意中为自己辩解，对你散布了坏影响。

你现在既然对我提了意见而且再次问起此事（我很感谢你对我的关心），我就尽可能客观地向你介绍一些情况，另外也说说我自己的看法。

---

[*] 此信写于1966年6月5日。李昭即孙冶方养女。标题为编者后加。

今年三月，中央出版的一个内部刊物《内部未定稿》为了组织"讨论"（批判）登出了我的一部分研究报告和一个发言提纲、一篇公开文章。在这些文章前面有一个"编者按"说我的"一套经济观点和主张，中心内容是社会主义经济应以利润带动一切，国营企业应该独立自治"。"编者按"的这句话也就是我们机关社教运动的总结报告中对我的经济学思想的概括。

给李昭复信

我也认为"利润带动了一切"和不要中央统一领导，不服从全国统一计划的"企业独立自治"，肯定是修正主义观点，应该加以批判，应该反对。来信对物质刺激的批判我完全同意。你在重钢展览会上看到的用物质刺激办法造成的那些弊端，我在别的厂子里也看到过很多，听到的更多。所以我对于物质刺激是一向反对的。我也写过一些反对物质刺激的文章，自以为对于批判物质刺激思想还有一些独创见解。但是我认为社会主义企业也不能没有利润。为了辨别社会主义利润和资本主义利润的差别，我对两者的界限下了些定义。我又认为在中央统一领导和服从统一计划的前提下，企业应该有一定的职权。于是我又对这些职权做了些规定，而且对这些职权范围内的计划方法做了些建议，我的这些见解的理论基础就是我对价值法则的见解。一般经济学者认为价值法则就是商品经济的法则，我则认为法则有两种社会形态，一种是资本主义商品经济的，我称之为物质刺激的价值法则；另一种是社会主义商品的价值法则，就是我们提倡的等价交换（产品交换）的价值法则。我的这些看法的确同传统的见解大不一样。现在批判我的同志说，我所提倡的产品交换的价值法则就是资本主义价值法则；我所主张的利润就是资本主义的追逐利润；我主张的企业职权就是修正主义的企业自治。如果我的见解的确如批判我的同志所说的那样，那么对于反党反社会主义的修正主义经济学说的任何批判都是适用于我的，但是现在我还没有认识到这些。去年我们机关社会主义教育运动总结时，领导组织（工作组）根据党章规定，允许我保留自己的意见，而且说可以给我准备条件，以便把我计划中的一本书稿作为批判材料，作为反面教材写出来。

今年3月《内部未定稿》登出了我的文章，4月一期发表了两篇批判文章，同时又继续发表了我的一篇手稿。现在又过去一个多月了，《内部未定稿》没有继续出版，可能要转为报刊上公开批判了。

李昭！这两年来我在精神上是很痛苦的。两年来我同批判我的同志，在见解上的距离基本上没有缩小。难道我真是顽固不化的反面教材吗？革了一辈子命，难道要作为反面教材而结束自己的生命么？同志们，包括你洪妈妈在内，劝我放弃自己的见解，承认错误。但是我自己还没有认识到错误就承认错误，这岂不是做假检讨来欺骗党么？我想，如果我的思想的确是一个反面教材而我自己还没有认识到，那么我就应该原原本本向党组织暴露自己的思想，不应该有所隐瞒，不应该做假检讨。如果因为自己的顽固思想而受到什么组织处分的话，这也是罪有应得，不应回避。只有向党暴露自己的思想，党才能进一步来帮助我。因此，今年三月间《内部未定稿》发表我的文章，要组织批判时，我是衷心拥护党的这一决定的。因为我想真理总是越辩越明的。如果我的思想的确是修正主义的，那么通过广泛的讨论和批判，总会使我明白过来的；如果我的思想不是修正主义的，那么也只有通过讨论才能搞得清楚。以上就是我所能告诉你的一切，希望你提出批评。

敬礼！

冶方

1966.6.5

关于大字报所说我在中央一级领导机关中的"根子"问题[*]

临时支委会请转临时总支、工作组：

6月20日贴出一张大字报说，有六七个部长和市委书记以上的干部支持我关于固定资产折旧基金下放企业的主张。大字报认为这些人就是我在中央财经领导机关的"根子"，并把他们比之于"三家村"黑帮在中央的"根子"，认为必须把它挖掉。现在我把这情况详细向党交代，顺便把《内部未定稿》"编者按"所说"散发"一系列"内部报告"的问题也说明一下，因为这两件事是有连带关系的。

一

我先一般地说一说在我来到经济研究所前后，同财经业务部门的关系。

我原来在国家统计局工作，由于业务需要，我同工业部门的关系原来就是比较密切的。来到经济所之后，经过李富春同志的批准，我成为国家计委党组会议的列席人。我也列席过好几次全

---

[*] 1966年7月9日孙冶方将7月5日信，和李立三信及批语（作者抄件）一并交临时支委会。

国计划会议和国家经委召集的各大区和各省、市、区经委主任会议。我也参加过国家计委的好几个文件起草小组或专题研究组。1960年我参加了薄一波同志在钓鱼台组织的中央部长一级干部的政治经济学学习班，学习毛主席对苏联《政治经济学》教科书的评语。大家在一起同吃、同住、同学习有一个多月之久。从1961年起我个人研究的主要课题是固定资产问题，特别是折旧费的管理问题，这是李先念、李富春、薄一波三位副总理在1961年和1962年间先后交代给我的任务。因此我有机会在许多次会议上或个别谈话中同许多部长、书记交换过有关折旧费管理制度问题的意见，并且向他们索要一些资料。我发现许多部长、书记（主要是管生产的）倾向于或完全赞同把折旧的一部分或全部下放给企业或下放给部和省市。

但是我不认为凡是主张把折旧下放的部长和书记就都是我的什么"根子"。因为把折旧费下放给企业的主张，在1963年9月中央工作会议发给各省市和中央各部委讨论的一个文件（《关于工业发展问题（草稿）》）中也提出过的。在这文件中说："工业的固定资金的折旧费不要当作财政收入，应尽可能留给企业，目的是利用企业的设备更新和技术改造，增加产品的数量和品种，提高产品的质量。"这个文件不是中央的正式决定，而是作为征求意见供讨论用的。但是我在1963年年底或1964年上半年国家计委党组的某次会议上听到传达说，主席认为伯达同志起草的《关于工业发展问题（初稿）》是一个好文件。

此外，1964年8月李富春同志批发的计委一个文件——陈伯达同志的一个谈话记录中讲到我们的财政制度的时候又说过："十多年来存在这样一种情况：建设新的企业就给钱，改造老的企业，在老企业中搞技术改造就不大给钱……"听说伯达同志的这个谈话记录后来也曾经由毛主席作为中央正式文件批发了（毛主席批的这个文件我没有看到，因为从那时起我就被禁止阅读中央文件了)。而在我认为把折旧留给原企业是对老企业技术改造给钱的最好方式。

可是就在1963—1964年,当我看到自己几年来研究固定资产管理体制的这点"一得之见"还符合中央上述文件精神,并且为生产部门许多同志所赞同,因而内心感到欣慰的时候,也是我的折旧下放企业的主张受到最猛烈批判的时候,认为我的主张是南斯拉夫的办法等。而且对折旧下放的这个批判正是能够看到上述中央文件的人发动的。

过去我曾经以为在这时期掀起的反对折旧下放的批判,其矛头不是针对我的,而是针对中央发出的《关于工业发展问题(初稿)》和伯达同志上述谈话记录的,下面这件事促成了我的上述想法。

在1964年9月间,即《红旗》编辑部和中宣部科学处共同主持的《生产价格问题座谈会》对我主张的资金利润率和折旧费下放企业的意见已经批判了一个多月,经济所内部第一次"文化革命"运动的序幕已经揭开之后。我接到人民银行总行一位同志的电话,他说总行的同志正在学习伯达同志的谈话记录,大家觉得中央和伯达同志对银行工作的批评是对的(指"改造老企业,在老企业中搞技术改造就不大给钱"),因此认为我(孙冶方)很早就提出的把折旧费下放给企业,改变固定资产管理体制等意见还是有先见之明,因此他们正在把我过去写的内部研究报告加以研究,云云。我当时就在电话中告诉这位同志,我的关于固定资产管理休制的内部研究报告正在受到批判,希望总行的同志注意不要再散布我这个报告中的思想。同时我又说富春同志批发的伯达同志的谈话记录是作为计委文件下发的,我当然是同意伯达同志的意见的,但是这只能算是伯达同志的个人意见,还不能算是中央的最后意见。可是总行那位同志告诉我,伯达同志的谈话记录已经由主席批示作为中央文件发下来了。

关于大字报所说我在中央一级领导机关中的"根子"问题

如前面我已经说过，因为从那时开始，我已经被停止阅读中央文件，我没有看到主席的批语，也不知道总行和别的财经机关讨论折旧下放这个问题的结果如何。但是两年来经济所的"文化革命"运动始终是把我的折旧下放企业的主张当作修正主义观点批判的。

《内部未定稿》二期的"编者按"说我主张"国营企业应该独立自治"。接着《内部未定稿》三期发表了刘森同志文章，对我提出的把折旧下放给企业并相应地改变固定资产管理体制的意见直接提出了批判。

根据以上情况，现在对于折旧费下放企业的主张到底如何看法，我的确还没有想明白。我猜测（因为我已经两年没有看到中央的有关文件了，所以我只能猜测），这大概有两个可能：第一个可能，根据《红旗》社论，《内部未定稿》的"编者按"和刘森同志的文章，以及经济所同志的批判，看来中央已经否定了《关于工业发展问题（初稿）》所提折旧下放的意见。我过去听到的主席对这个文件的评价可能是误传。第二个可能是，折旧下放的主张还是对的，但是我的提法以及我所建议的折旧下放后固定资产管理办法是错误的。

如果中央认为折旧费下放企业的主张是根本错误的，那么我是最早提出这个主张的（据我所知，好像苏联经济学者也没有提过折旧下放企业的主张），我散布这个主张，应该受到批判。但是我认为这只是思想影响，同"三家村"黑帮的"根子"是不能相提并论的，请组织审查。

二

下面我就交代我在研究固定资产管理制度问题时，同中央部长和市委书记以上干部交换意见和得到他们支持的具体情况。这里交代的几个关系,有的是大字报中所提到的,有的没有提到。但是我自己认为他们在我研究固定资产问题时,对我的启发和帮助是比较大的。

我同李立三同志的往来——李立三同志和我都参加过薄一波同志领导的钓鱼台政治经济学学习班,学习毛主席对于苏联《政治经济学教科书》的评语。1961年我们在香山饭店写书时,李立三同志在那里休养,他问起我们的书如何写。因此,我和编写组的同志曾经专门向他汇报过一次。1964年1月25日我从昌黎回北京(那时经济所1/3左右的干部在昌黎参加农村"四清"工作),车过天津时,李立三同志在那里上车,同我坐在一个车厢。他又问起我们的政治经济学教科书编写情况以及我个人的研究课题。我就把前一年9月写的关于固定资产更新基金管理制度问题和利润指标问题这两个内部研究报告的内容说了一下。他对我的折旧基金下放企业的主张很赞同,他要我把这报告送他一份。我回北京后就给他送了去。过了几天他给我来了一个电话说(大意,原话记不完全了),我的报告他已经看过,而且召集华北局计委、经委的同志在一起研究过,大家都同意报告中的意见。他(立三同志)想附上一些意见之后,把我的报告转送给富春、一波同志看。因为我原来送给他的一份已经搞脏了,因此希望我再送他一份,于是我又送了一份给他。不久我就接到了他写给富春、一波同志的信的抄件,他在这信中除了完全同意我的报告以外,对于折旧下放企业的意见还提出了一些补充的理由。李立三同志在这抄件上还批注了几句话,说他出差回来之后想找我面谈一次(见本报告末尾附件)。但是后来他并没有来找过我,我也没有同他再联系过(因为此后我也出差了,前后达半年左右,下半年就开始对我的观点进行批判)。

我和石油部余秋里、李人俊等同志的往来——大字报只谈到

我和李人俊同志的关系，其实我在研究固定资产这个题目的过程中，也向余秋里部长和康世恩副部长请教过，而且得到过他们的帮助。但是我和李人俊同志的确谈得多一些，因为我们不仅是老熟人、老同事，而且过去他担任华东财委秘书长、我当华东工业部副部长的时候，我就知道他对于苏联搬来的设备大修理不准变形、不准增值等阻碍技术革新的规章制度反感很深。我又知道石油部在遵守国家财政制度，不向国家伸手要钱的前提下，从实际出发，打破了苏联一套固定资产管理制度的旧框框，做了一些有助于革新技术、发展生产力的改革。李人俊同志也知道几位副总理曾经要我研究固定资产管理制度。1963年冬一次全国经委主任会议期间，我参加了国务院各部部长的小组。在这小组会上，我和李人俊同志和其他部长在一起研究过这个问题。因此，我在研究过程中曾经经常向他请教，他也给我提供过一些资料。我的《固定资产管理制度和社会主义再生产问题》这个内部研究报告中引证的关于石油钻头那个材料，就是李人俊同志给我的。我的报告末一段关于试点的建议，也的确如大字报所说，是李人俊同志提出的。有一次，在我同他谈起这个问题的时候，他说折旧费下放企业会不会出乱子，光是文章上讨论是不够的。像这样的大改革，一下就全面推广也有风险，应该先试点。我原来也有这想法，因此，就把这意思写进了报告。

据我所知，李人俊同志在我研究这问题时给我的材料，是报告过余秋里同志和部党组的；而且我也同余秋里同志本人就固定资产更新问题交换过意见。他同我说过：带兵的人没有不关心部队换装备的；同样，管工业的人也应该关心设备更新。他还向我介绍了石油部所属企业设备更新的一些情况。我的关于固定资产管理制度和利润指标这两个内部研究报告也送给余秋里同志看过。1964年年初，我和经济所同志去大庆参观学习，除了学习大庆人学解放军活学活用主席著作、两论起家的经验外，大庆的固定资产管理制度也是我们学习的重要问题之一。在这次学习中，石油部党组和大庆领导人康世恩副部长等也给了我们很多帮助。

我和第一机械工业部部长段君毅同志和副部长汪道涵同志的关系——关于我和一机部这两位部长的关系，大字报没有提起，但是我觉得也应该在这里交代一下。1961年我开始研究固定资产的时候，我曾经组织了一个调查组去上海做调查研究。我记得当时调查提纲的题目是企业经济核算问题，但重点是固定资产核算问题，特别是固定资产更新和折旧费管理体制问题；并且试图通过这个问题的研究来阐述生产资料生产部门和生活资料生产部门的相互补偿问题。我们选择调查的行业是机械工业和棉纺工业。我们去上海时，除带有国家计委的介绍信以外，还带着一机部和纺织部的介绍信。去上海之前，我把调查提纲向汪道涵同志简略谈过。由于我的建议，一机部也派了两位同志参加了我们的调查组。调查结束，我向上海市委书记马天水同志和市计委副主任、机电局局长、纺织局局长等汇报时，汪道涵同志也出差在上海，我也请他出席，听取了我的汇报。当时汪道涵同志和马天水同志对于我提出的折旧下放的建议基本上是同意的。在上海调查之前和之后，我还曾找汪道涵同志就固定资产管理体制问题交换过几次意见。我在《固定资产管理体制和社会主义再生产问题》这个内部报告中，把"大权"和"小权"的划分称作"管"和"办"就是借用汪道涵同志的说法。

1964年我在大庆参观学习时和段君毅同志是同一批，因此我们在一起参观学习的时候，也常有机会交谈一些问题（我记得他还是我们参观队队长）。在大庆参观完毕，我就请他介绍到一机部所属哈尔滨几个工厂参观学习。从哈尔滨参观完毕到长春汽车厂参观学习时，段君毅同志正在那里蹲点。在这时期我有更多机会同段君毅同志接触（在去大庆之前，在1963年冬季的全国经

委主任会议期间，段君毅同志是中央各部部长那个小组的召集人，我是列席这个小组会的。在这个小组会上也讨论过折旧费下放的问题，但是讨论没有展开）。段君毅同志也是主张折旧下放的，但是他主张下放给部，由部统一调配，而不主张下放到企业。他说他只同意我50%，但是他也不同意国家计委财务成本局局长赵帛同志坚持现行制度不变的意见。

我同上海市委书记曹荻秋同志和马天水同志的关系——1961年我去上海调查时，带有国家计委给市计委和市生产办公室的介绍信（曹兼计委主任，马兼生产办公室主任）。我和曹荻秋、马天水同志是老同事，但是因为他们都很忙，我有事都是找下面同志接头。我们调查结束后向市计委和市委生产办公室汇报时，是马天水同志主持的，曹荻秋同志没有到。我记得当时马天水同志对于我提出的有关企业核算和固定资产管理体制的意见基本上是赞成的。1963年冬全国经委主任会议时，马天水同志在小组会上也提出了折旧下放给企业的主张（我不同他一个小组，但看到了大会秘书处印的发言记录）。我记得就是在那次会议期间，我就把我写的《固定资产管理体制和社会主义再生产问题》这个报告送给了他一份。大概也就在1963年下半年全国计划会议上，我把这报告也送给了曹荻秋同志。因为在这以前，我曾经读过国家计委转发给我的曹荻秋同志提出的把折旧费下放给省市的意见。我是不赞成把折旧费下发给省市或部的，因为下发给省市或部，仍是把固定资产更新基金打乱重分，对促进技术革新和企业经济核算都没有好处。我认为下放给省市或部，还不如财政部统一掌握好。所以我把我的研究报告送给他时，简单地申说了一下我的意见。因为他急着要去开会，我们没有详谈，大家仍保持各自的看法。

我和内务部部长曾山同志的关系——曾山同志是我的老上级，但是自从到了北京以后，由于不在一个部门工作，很少接触。1964年9月21日内务部办公厅主任张锡昌同志给我打了一个电话,说是曾山同志读了《经济消息》登载的我在《红旗》编辑部召开的关于生产价格问题的座谈会上的发言记录,他对我的平均利润的提法有怀疑,希望我去他那里谈谈。第二天我就带着自己写的座谈会发言提纲和《固定资产管理制度和社会主义再生产问题》《社会主义计划经济管理体制中的利润指标》两个内部研究报告去看曾山同志。他表示:他除了对我的观点有怀疑以外,还认为我发言的态度不冷静、不谦虚。我说记录同我原话有出入,希望他看我自己写的发言提纲和两个内部研究报告。第二天他又来电话叫我去,他告诉我他已经读了我写的东西。他认为关于固定资产的那个报告基本上可以,但是关于利润指标的那个报告是有问题的。他说,根据他多年财经工作的经验,如果领导抓利润,下面就会追逐利润,破坏计划,有利可图的就干,无利可图的就不干。我告诉他,在现在条件下抓利润的确是不行的,要使利润真正能够反映企业经营管理的好坏,必须具备我所说的几个先决条件,尤其必须使价格符合价值,买和卖都必须严格按国家计划价格进行。他说,一则要使价格与价值符合不容易办到;二则用利润来评价企业总有副作用,因此他在商业部工作的时候,对下面就不提上缴利润的任务,而只提减低流通费用的任务。

以上就是曾山同志同我谈话的情况。

关于我同国家计委长期计划局副局长陈先同志的关系——还在国家统计局的时候,我就参加过由李富春同志指定的,由薛暮桥同志和杨英杰同志领导,以国家计委长期计划局和国家统计局工作人员组成的各种专题研究小组和文件起草小组的工作。我到了经济研究所以后,仍旧继续参加这些小组的工作。因此,在工作关系上我和陈先同志的关系一向是很密切的;而且我们是邻居,因此在过去,在工作之暇也常互相往来。但是大字报说陈先

是我的什么"高级情报员""高级参谋"等说法是完全不符合事实的。因为在国家计委来说，我是出席党组会议的；陈先同志作为一个局的副局长只出席党组扩大会议。因此对于国家计委的决策，我只有比他知道得多，不用他来做我的情报员；至于具体的资料，凡是对于我的研究有用的，可以通过正式手续向办公厅或有关局索取或借阅，根本用不到通过什么非法的"高级情报员"来取得。

  陈先同志是一个很稳重的人，对我的经济学观点，从1956年（编者：原文为1965年，应为笔误）我发表第一篇关于价值的文章起，他就持保留态度。对于我的折旧下放企业的主张，据我记得他从来没有表示过赞成或是反对的意见。对于我的利润观点，他是向来抱怀疑态度的。1964年八九月间，即《红旗》编辑部召开的座谈会已经开始对我的平均利润率和生产价格进行批判的时候（记得座谈会原来邀请他参加的，可是他没有去），我有一次同他谈起在座谈会上仍保留我的意见，而且把我的发言稿（《红旗》编辑部印的）指给他看，他看也没有看就说："你要继续坚持自己的意见，那也好，毁了个人，弄清一个问题也有好处。"我曾经把这句话告诉了有关同志，但是很明显这是一句反话，好像是赞成我坚持自己的意见，实际上则是说，如果再继续坚持下去，是会搞到身败名裂的。我认为无论如何不能把陈先同志这句话理解为"完全赞同"我的利润观点的。

三

  1966年第二期《内部未定稿》在发表我的四篇报告和文章的时候加的"编者按"说我"散发一系列的研究报告"。关于这个问题，我也在这里顺便说明一下。在过去几年中，我写的一些报告，一般只打印二三十份，送文教系统和财经系统领导机关，有的甚至只用复写纸打几份,送中央理论小组和中宣部有关负责同志或李富春、李先念、薄一波三位副总理;只有《固定资产管理制度和社会主义再生产问题》和《社会主义计划经济管理体制中的利润指标》这两个内部研究报告,铅印了一百几十到两百份。但是分发单位还是限于文教系统和财经系统的领导机关,即:中央理论小组、中宣部、科学院党组、哲学社会科学部分党组、国家计划委员会党组、国家经济委员会党组、国务院财贸办公室和国家统计局党组(国家统计局和经济研究所没有领导被领导关系,但是当初在中央批准中宣部和财经领导机关对经济研究所的双重领导关系时,就说明经济研究所与国家统计局挂钩,以便于交换资料)。

前面已经说过关于折旧基金管理体制问题的研究是李先念、李富春、薄一波三位副总理先后于 1961 年、1962 年两年之间亲自交代给我的任务。我的研究报告就是向他们交卷的。而我自己知道,我的关于折旧费下放给企业的建议以及关于利润指标的看法,不仅在经济学理论研究工作者之间,而且在实际工作者之间也会引起大争论的。因此我在把研究报告送给三位副总理的时候,曾经给计、经委党组各送了几十份,建议除党组成员外,可否分发各局局长,以便征求批评意见。

除了上面说的几个领导机关以外,这两个报告一印出来,我就送石油部李人俊同志并转余秋里同志一份,一机部汪道涵同志一份。后来我又给上海市委书记曹荻秋、马天水二位同志各一份,市计委党组两份。我给他们送的原因就是因为我这两个报告是在调查研究了这两个部和上海市所属企业和某些现成资料的基础上写成的。我在研究过程中也同他们交换过意见。因此报告写成后我送给他们,请他们批评指教;同时也作为在他们那里做了调查研究之后的汇报。

我的两个研究报告都是 1963 年 9 月写的,在把报告送给薄

关于大字报所说我在中央一级领导机关中的『根子』问题

一波同志的同时和以后，我为了一位干部的事情，曾经先后给他三封短信，在信里我请他对我的报告提出批评。10月30日他给了我一封简单的回信，大意是说他第二天就要出差，没有时间同我面谈，我的两个报告他还没有来得及看，但准备带在路上看，回来后再找我谈。他说，他十分希望经济学界把这两个问题研究清楚，他准备召集一次学术讨论会来讨论一下。他建议我把这两个报告多送几个同志，征求一下意见。因此，在哲学社会科学部第四次扩大会议期间，上海经济所姚耐同志问起我这两个报告的时候，我送了他两份。1964年我陪外宾去广州市，遇见中南局政策研究室王琢同志，他告诉我他在中南局某次会议上，听到说骆耕漠同志赞成利别尔曼的利润论和南斯拉夫的企业自治，他问这到底是怎么回事。我告诉他骆耕漠同志根本不研究这两个题目，不谈这些问题。但是关于这两个问题，我倒写过两个报告，人家就说我是利别尔曼的利润论和南斯拉夫的企业自治，但是我自己觉得不是这么回事。我回北京后就把这两个报告各寄了一份给他。

此外，在1964年，大概已经是《红旗》编辑部座谈会初期，我见到物价委员会副主任刘岱峰同志。听说他没有见到我写的这两个报告，我也给他补发了一份。

所说"散发研究报告"的情况就是如此。可能有个别记错或遗漏的，但这两个报告的印数和发送单位份数，办公室都有登记，请审查。

在1959年反右倾运动中，我对于自己给上级领导机关送审的"内部研究报告"在分发上是控制很严格的。我请求组织审查我分发这两个"内部研究报告"的情况，是否犯有组织错误。（完）

孙冶方
1966.7.5

附　李立三同志为推荐我的研究报告给富春、一波同志的信的抄件和立三同志在这抄件上的批语[*]

冶方同志：

　　关于你的研究报告问题写了一封信给富春、一波同志，现抄送一份，请你考虑，是否有不妥之处。我现在天津工作，回来时当找你一谈。

立三　2月25日

富春、一波同志：

　　关于孙冶方同志写的《固定资产管理制度和社会主义再生产问题》的研究报告，我找华北局经委和计委的几个同志座谈了一次。我们都很赞同这个报告中提出的主张，即把企业固定资产的全部折旧费（包括基本折旧费和大修理折旧费），不作为国家收入，而划归各个企业管理，作为大修理费和设备更新、技术改造的资金，在上级业务主管部门和计划机关的监督下，由企业有计划地使用（上级领导机关在必要时，也以调拨一部分给其他企业，或做其他用途，但必须得到该企业的同意）。我们觉得这个问题不但是有关计划工作改革的非常重要的问题，而且是有关工业发展的一个非常重要的问题，很值得有关方面予以重视。

　　我们所以要这样推荐这个报告，除了报告中申述的理由以外，我们还认为这是关系到我国工业发展的一个方针性问题。这

---
* 此信写于1964年2月25日。

就是我国发展工业既要建设新的企业，并且进口成套设备，也要对原有企业不断进行技术改造。但以何者为主才符合多快好省的要求呢？我们的看法是，在我国已经具备了工业化的初步基础同时技术还很落后的条件下，恐怕应当二者并举，而以对原有企业的技术改造为主。这是因为：

第一，工业产品和工业利润主要是依靠原有企业提供，增加生产和积累，首先应当依靠原有企业。这就需要除对原有企业按时进行大修理（消除欠账现象）以外，还必须有计划、有步骤地进行设备更新和技术改造，以便不断提高质量，增加品种和产量，提高劳动生产率。

第二，原有企业，特别是老企业（新企业都会逐渐变成老企业）比之新建企业能够较快地试制和生产新产品，较快地掌握新技术，在工业的发展中，首先应当充分利用它们的这种长处。

第三，技术是日新月异的，要使我国工业的技术水平和劳动生产率高速度地赶上并走在国际水平的前列，就不能只靠每年新建的少数企业，而必须对占绝大多数的原有企业及时进行技术改造。因为技术改造并不是要求在有了完整成套的新技术和先进装备之后，再进行对企业的全部改建，而是利用技术革新与技术革命的成果，利用可能获得的新装备，通过对固定资产的及时更新，一个环节又一个环节，对企业设备不断地进行技术改造。因而这永远是花钱少、见效快、收效大的发展工业的办法。而企业也就能在相当长的时期内保持"长生不老"的状态，为国家做出逐年增多的贡献。

第四，实行这种办法，会更有利于调动企业干部和职工群众的积极性、创造性，与科学研究工作相结合，用自力更生的精神，开展技术革新和技术革命运动，在一切经过试验的条件下，不断改造生产技术，甚至可以创造出国际上所没有的最新技术。这是要使我国工业发展迎头赶上工业先进国家的一条重要的道路，甚至是一条比较可靠的捷径。当然，毫无疑问，实现这个目标的首要工作是政治挂帅，加强对干部和群众的政治思想工作。但是，我们觉得实行孙冶方同志的建议，会加强企业工作革命化的物质基础，会使英雄有更多更好的"用武之地"。初看来，这个办法会减少国家财政收入和基建投资，实际上不仅不会减少，而且会更快、更好地发挥投资效果。

当然，这是一个比较重大的改革，牵动的方面较多。首先是国家财政和工业建设的计划体制和管理制度，因此，必须做全面深入的研究才能做出决定。我们对这些方面研究很少，所提意见只是作为你们的研究参考而已。

李立三　2月25日

关于《工业企业管理经验汇编》有关问题的检查报告[*]

中共四支部、第四文革小组、总队经济所分队部：

今天我看了工业组革命同志写的大字报，他们揭发的都是事实。薄一波和李立三的确曾经在1960年接见过我和陆斐文，谈了《工业企业管理经验汇编》一书的编辑计划，以及这本书汇编好以后召开一次会议来讨论工业管理经验的问题，可是在没有看到这大字报之前，我的确把他们两人的这两次接见都忘记得干干净净了。因此，8日上午几个战斗队的代表来问我的时候，我就肯定地说，薄一波没有单独接见过我，因为不记得有过单独的接见。昨天，有同志又来问我，李立三是否单独接见过我。我只记得在香山饭店时，李立三问起我们的《社会主义经济论》如何编写法。我曾经和编写组的几个同志（我记得有孙尚清、何建章、桂世镛，有没有别人记不得了）去他住的房间里专门汇报过一次。但是仍旧没有记起有关《工业企业管理经验汇编》的这次接见。

我之所以把这两次接见完全忘记掉了，是因为《汇编》这本书根本没有编起来，从而以讨论这本书的文章为目的的讨论会也

---

[*] 1966年11月15日贴出几张大字报，公布了1960年9月1日作者在中央工业工作部同李立三的谈话记录，9月9日薄一波对作者转送的立三谈话记录的批示，以及10月8日薄一波在沈阳北陵的谈话记录后，写的"检查报告"。标题为编者后加（"检查报告"四字来自作者日记记录）。

就没有召开成功。于是这件事在谈了一阵之后就搁了起来。直到这次运动以前6年来没有人再提起过。其次，不论是《工业企业管理经验汇编》也好，以及后来的《工业企业管理教科书》也好，我在接受任务之前就同陆斐文同志讲好，这一任务完全由他们工业组承担，我只是为他们创造条件。需要我出面时，我还开玩笑地说过："我可以为你们跑跑龙套。"我自己的精力主要集中于搞《社会主义经济论》。因此，关于《工业企业管理经验汇编》一书的许多事，在我记忆中印象较淡漠。我这样说不论在过去或现在，都没有逃避我的政治责任的意图。因为两次编书任务都是我去接下来的，同薄一波以及他所领导的经委挂钩是我极力争取的；同李立三并且通过他与中央工交工作部挂钩也是我极力争取的，编写计划和提纲的讨论我是参加的。后一本书在付印前我也翻阅过几章，并且参加了好几次审稿讨论会。我曾经同陆斐文和工业组别的同志说过："关于《工业企业管理》一书，你们大胆负责，出了纰漏我陪你们打屁股就是了。"因此，我对于同志们揭发出来的有关《工业企业管理》一书中的一切错误绝不会逃避责任的。同薄、李建立关系或如大字报所说勾结问题更与别人无关。

我看了大字报以后，暂时只能补充交代一点材料，就是当时李立三是以中共中央工业交通工作部的名义同我们谈这本书和这个会议的计划的。当时中共中央工业交通工作部长我记得是李雪峰同志，当时李立三同我谈这件事时好像还同我们说过，这件事在部务会议上谈过，得到雪峰同志同意的。此外，我的印象里和陆斐文为了编书事去过李立三那里可能不是一次而是两次，另一次谈些什么现在也记不清了。

至于薄怎么会在沈阳北陵接见我和陆斐文的，我一时也记不清了。记得当时经委在那里开什么会。在薄去东北之前，我们好像曾经就编书及开会之事又写报告请示过他。但是，他对书如何

编，会如何开，在何处开，指示都不明确。那时大家把编书看得比较容易，因此，预备在第二年年初就开会。我们感觉任务比较紧，于是我们就决定去沈阳找他，一则在离开北京开会时他比较有空，我们容易被接见；二则可以趁各地工业书记在那里开会，请薄在会上动员大家写稿并确定开会地点，以便同当地工业书记当面接洽并落实。关于选定大连为开会地点，据我记得就是在这次会议时经薄批准后，与旅大第一书记胡明同志谈妥的。

至于有关《工业企业管理经验汇编》的其他一些问题，我还要继续回忆。例如，这个编书计划是薄一波发起的，还是李立三发起的？如果是薄一波发起的，那么李立三又是如何参与进来的。据我记忆，编《经验汇编》这一任务是我在钓鱼台学习时，薄一波向各部党组书记提出，并指定要经济所负责集稿并总编辑的。那次学习李立三是参加的。但是薄并未向中央工交工作部提出过什么特别任务，也还可能薄和李原来都有编书打算，那么双方又如何联合起来的呢？会不会还是我和陆把他们拉在一起的呢？

又如，《汇编》计划失败以后，又是谁提出改为编写《教科书》的？关于这一问题上次工业组同志来问过我以后，我也常想这个问题，但是记不清具体经过情形了。对于这一切，都值得大家来回忆一下。

敬礼！

孙冶方

1966. 11. 15

已抄《红卫兵》联队经济所分队部

关于一九六一年我去上海做工业企业经济核算问题调查时同上海市计委和市委生产办公室几位负责同志的交往情况[*]

1961年我去上海做工业企业经济核算问题的调查，主要是研究固定资金的核算问题。我想通过调查解答的主要问题是：为了加强企业的经济核算，特别是为了加强企业固定资金的核算，为了促进技术革新和生产力的发展，建立最合理的固定资产（设备）的更新制度，固定资产折旧费是归企业自己掌握好，还是像原来制度规定的那样，作为财政收入，一律上缴中央财政部好。因为设备更新问题牵涉到重轻工业两个部门之间的相互关系问题，所以我们计划重轻工业两个部门各选一个厂来调查，至于具体的调查什么厂是到上海同市委生产办公室和有关工业局的同志商量以后确定的。

我们去上海时带有中宣部办公厅给上海市委宣传部的介绍信和国家计委办公厅给市计委的介绍信，另外还有一机部给上海机电工业局的介绍信和纺织部给上海纺织局的介绍信。我们到上海后，生活方面由市计委接待，但是调查工作由市委生产办公室安排。

[*] 本文是按上海市计委来人要求写的"交代"材料。

在我们初到上海时,我曾将我们的调查计划以及我自己对这问题已有的一些看法(倾向于把折旧费下放给企业)向马一行、刘志诚二位同志谈过,后来也向马天水同志谈过。在同生产办公室和机电、纺织两局的同志交换意见之后,我们确定到上海机床厂和国棉一厂(可能是二厂,记不清了)做调查。下厂之后,我们就忙于调查工作,同时也怕耽误市委和市计委负责同志的时间,很少去找他们。

在调查结束后,我请马天水同志和市计委负责同志约了机电、纺织两局的负责同志在一起开了一个汇报会,由我向他们做了汇报。

这次汇报会由马天水同志主持,我记得马一行、刘志诚二位同志都参加了,但机电、纺织两局是哪些同志参加的,我记不得了。除上海市的同志以外,一机部汪道涵副部长当时因公出差到上海,由于我的建议,他也出席了我们的汇报会。我记得汇报会就在汪道涵同志住的锦江饭店举行的。

在这次汇报会上,我进一步肯定了把固定资产折旧基金下放到企业的主张。为了加强企业管理人员的固定资金核算观念,我主张企业多占用固定资金就应该相应地向国家多上缴利润,把固定资产的无偿占用改为有偿占用。为了论证我的主张,我在汇报中介绍了我们调查的两个企业以及在上海参观访问过的其他企业中普遍存在的一种情况,那就是所有的厂长甚至财务科长,对于本企业的固定资金总数,都要查了账才能回答得出,但是对于本企业的流动资金数字以及当年和前几年新投资的数字,一般都能记得。我认为这就是固定资产无偿占用造成的结果。

马天水同志承认了我所指出的现象,他还补充说,计划指标不抓的数字,就是问过了也不会记得的。从马天水同志在我汇报时的许多次插话看出,他基本上是同意我所提出的折旧基金下放到企业的主张的。后来在1962年(或1963年)的全国工业书记会议上，他就正式提出了这样的建议。马天水同志是原来有这样观点的呢，还是受了我的宣传的影响呢，这就很难说了。很可能，他是原来有这样想法，但是不明确，经过我宣传之后，他这看法就明确了。

在我这方面，经过上海调查之后，我对固定资产管理体制问题的一些看法就更肯定了，而且也逐渐形成了一个观念，那就是对于折旧下放的主张，地方的同志，特别是基层的同志容易接受；管生产和技术革新的人赞成的多，管财务的人反对的多。

在我们初到上海向马一行、刘志诚同志介绍我们的调查计划时，我就向他们透露过，我对固定资产管理体制的一些看法。那年国庆节，我随马一行同志去南通参观时，我又向他宣传我的这些主张。1963年冬马一行、刘志诚同志到北京开会时，我当面把我的《固定资产管理制度和社会主义再生产问题》那个研究报告送给他们，请他们批评指正。在我印象中，马一行、刘志诚二位同志总是很客气地听我的讲话的，但是他们二位从不表示肯定的意见。留给我的印象是他们二位讲话很稳重。

大概是1963年冬的全国计划会议时，我也找曹荻秋同志谈过这个问题，而且把我的上述研究报告送给他，请他指正。在这以前，我读到了国家计委党组印发的曹荻秋同志提出把折旧基金下放给省市的书面建议。我是不同意下放给省市的办法的。我认为下放给省市对企业来说，仍然是把固定资产更新基金当作财政收入上缴，而由上级打乱重新分配。这对促进企业职工固定资金核算观念，更重要的是对提高企业职工技术革新的积极性没有好处，反而会促成地方分散主义。我认为，如果仍旧把折旧基金作为财政收入上缴，则下放给省市还不如原来的集中在中央的办法好。我把我的这个意见简略地同曹荻秋同志谈了。他很坚持他的意见。因为他急着要出去开会，我们没有多谈。

末了，我说一说我同上述几位同志的私人往来情况。我认识曹荻秋同志最早，我同他在 1937 年抗战初期曾经有过短期的（约两个月时间）同事关系（上海地下党工作）。但此后，我们就不曾再发生过工作关系，也没有什么私人来往。

我同马一行同志在什么地方相认识的已经记不确切了，我记得我是在抗战胜利后，在苏皖边区政府工作时听到他的名字的。那时他好像在苏中负责财政部门工作，我在边区政府货管总局工作，也可能在那时就见过面（他到边区政府开会时）。我同他往来较密切，就是 1961 年我在上海做工厂调查时。我记得是那年国庆节前夕，他来上海大厦看我，他想趁国庆节假期去南通老家看看，问我有没有兴致同去看看。我因为原来就有计划于上海调查结束后到苏北老解放区从前打过游击的地方去看看，听了他的建议，就欣然附和了。在来回途中，我又曾向他宣传过我关于固定资产管理体制问题的主张。

我和马天水同志大概是 1952 年在华东工业部认识的，但是他到华东工业部时，我已经病在医院，他来医院看过我。我病未好华东工业部的机构就撤销了，我也调至北京工作，实际上我们没有同事过。我同他真正发生接触是在 1961 年上海调查时。我同刘志诚同志是在上海调查时认识的。

孙冶方
1967 年 1 月 26 日

一九六一年我在上海作工厂调查时与市财政局局长顾树桢同志的往来[*]

以前我并不认识顾树桢同志，我们原来也没有计划要访问市财政局。大概在我们到达上海之后不久，即1961年八九月的某一天（日子记不清了），《解放日报》发表了一篇关于企业经济核算的社论。我记得这篇社论还谈到了会计的重要性。当时我觉得这篇社论不论从内容还是从文字来说，写得都很不错。因为企业核算问题正是我们调查研究的问题，而根据我的主张，会计在社会主义计划经济中的作用是应该加强而不是削弱的；可是当时财务会计工作很被忽视，会计人员不安心工作，财经院系中会计不被认为是一种科学。因此，我读了这篇社论之后，觉得社论的看法很符合我的观点。别人告诉我，这社论是市财政局副局长顾树桢写的，于是我就请市计委也可能是市委生产办公室的同志介绍我同顾树桢同志见见面。

我记得是我到他办公室去见他的，谈话也是由我先开始的。首先我称赞了他起草的那篇社论，然后我谈了一下我对于企业经济核算问题的看法。我记得我曾经向他宣扬了加强固定资产核算的重要性，对于这一点，他基本上是同意的。我是否向他宣传过

---

[*] 本文按上海市财政局来人要求写的"书面交代"材料。

折旧下放到企业的主张，我记不得了。如果我向他谈过这个观点，那也没有着重地谈，因为我知道搞财政工作的同志一般是不赞成折旧下放的主张的，而且因为职务关系，对这个问题也不大肯表示态度。因此我也记不清顾树桢同志关于这个问题的观点如何。

我和顾树桢同志谈得最多的是关于如何加强并改革企业成本会计的问题。在这问题上，我们二人的看法可以说是基本上一致的。

我记得是他告诉我说，关于加强财务会计工作问题，李先念副总理已经亲自做了具体的指示。因此财会人员的工作积极性今后会高起来的。据他告诉我，我们现在的（指1961年）企业会计制度基本上是苏联式的。苏联的企业会计制度着重在按期迅速地向领导提出报表。这套会计制度的成本核算并不高明。

他告诉我的这个情况，对我来说非常重要。因为，第一，对于苏联党政领导不深入基层，依靠会计、统计来发号施令等情况，这是我在国家统计局工作时就有所体会的。我们党中央，特别是直接领导计划统计工作的李富春同志经常向我们指出并批评的，顾树桢同志介绍的情况证实了这一点。第二，苏联企业会计的成本核算不高明，这是他们在理论上和实践中不重视固定资金核算和不重视价值规律的反映。在我看来，这两点都证实了我对这些问题原有的看法和我们的调查提纲的设想。

我征求过顾树桢同志对美国企业成本会计的看法。他告诉我，从成本核算来说，美式企业会计比苏式的高明，但是美国的会计制度又是在私有制基础上形成的，反映资本主义生产关系，也不完全适合社会主义计划经济需要（我记得顾指出的美式企业成本会计的缺点好像是：由于对雇员的不信任，着重于互相牵制，造成繁琐。但这一点记得不很清楚，可能有出入）。我对于顾树桢同志的这一论点很欣赏，因为它证实了我的一个论点，即会计学不是一门技术科学，而是反映一定的生产关系的。

我们的共同结论是：我们要取苏美企业会计之长，创立我们自己的社会主义企业的成本会计制度。因此，我建议请他约几位有经验的会计工作人员和会计学教授来谈一谈苏美企业成本会计制度的优缺点。出席的人要既有做实际工作的，也有教书、搞会计理论的；既有熟悉现行会计制度（即基本上是苏式的），又有熟悉美式工业成本会计的。因此，我建议从过去在美英日企业或中国资本集团中担任会计工作的人员中找一些有经验的人来出席。这个座谈会是举行了，但并不很成功，发言的人不是很踊跃。我记得为现行会计制度说话的较多，但也有人说苏式工厂会计相当繁琐。

在这次座谈会以后不久，我就离开上海。此后我没有再与顾树桢同志发生往来。

附记：关于顾树桢是否到我住的旅馆来看过我，我记不起来了。

一九六一年我在上海作工厂调查时与市财政局局长顾树桢同志的往来

孙冶方
1967年2月2日

关于我认识张有萱的经过和薄一波在钓鱼台组织的政治经济学学习班情况[*]

我不记得张有萱曾经参加过薄一波在钓鱼台组织的政治经济学学习班。参加这个学习班的主要是工交口各部的党员正副部长。非工交口的人，我记得只有内务部部长曾三和华北局的李立三。我记得在我们学习中途曾经有人来参加，但是谁，我也说不上了。我记得，我和张有萱认识还是在钓鱼台学习之后第二年春天，在香山饭店。那时，我和经济所几个同志住在那里讨论一部书稿，他在那里养病。我和张有萱在香山饭店时也没有什么交往，我们忙于开会，双方也很少有机会接触。

钓鱼台学习的是毛主席在南方读苏联《政治经济学教科书·下册》时，对此书的评语。学习方法是每天下午及晚上各人自己先读《政治经济学教科书·下册》中指定的章节，第二天上午集体阅读。先由薄一波指定一人读，待读到毛主席所评论的有关段落、句子时，薄就把毛主席的评语介绍出来。记得在开学时，他曾经向大家说过，在学习这本教科书时，在有关段落，他将介绍一下别的同志在读这本书时发表的一些评语，他并没有说这是毛

---

[*] 本文是1967年5月2日按国家科委来人要求写的"书面交代"材料。根据作者有关记录，1960年2月4日至3月14日在钓鱼台举办"政治经济学学习班"。作者是以"学术干事"身份参加该学习班的。

主席的评语。但参加学习的人，大家都知道他介绍的是毛主席的评语。后来在学习中，当别人读完一段时，他就直接插进去讲，并不说明哪些是他所介绍的"别的同志"的评语，哪些是他自己的发挥。在学习班将结束时，曾将毛主席的评语铅印成两册《读政治经济学笔记》发给参加学习班的人员（此《笔记》后来收回）。我们把自己记的笔记，即薄所介绍的，同这两册铅印《笔记》校对过，知道他基本上就是照本宣读的。参加学习的人急于要听薄的传达，所以讨论时发言不多，即或有些议论或插话，大家也不大注意听。

对于薄一波在钓鱼台学习班所讲的《政治经济学教科书·下册》的评语，我过去是深信不疑，认为都是正确的，认为这都是毛主席的话。但自从1965年全国展开了对"老三篇"的学习运动后，特别是最近对刘少奇展开了揭发批判之后，在我头脑中产生了两个问题。

一个是关于公和私的关系问题。在薄的传达中曾说过（大意）：公和私是对立的统一，公是对私而说的，私是对公而说的，不能有私无公，也不能有公无私。我们历来讲公私兼顾，先公后私，没有什么大公无私。又说，个人是集体的一分子，集体利益增加了，个人利益也随着改善了，等等。记得在1965年时，报纸上发表的关于"老三篇"学习心得的文章就强调大公无私的提法，而反对公私兼顾的提法。起先我还以为这是个别文章作者的意见，是不完全符合毛主席思想的。但自从"文化大革命"以来，所有报纸上关于公和私的提法，都是同薄传达的上述意见针锋相对的。

另一个问题是对于《政治经济学教科书·下册》一书的总评价。据当时薄一波传达，毛主席认为这本书似乎基本上还是马列主义的，是讲社会主义计划经济的书，虽则有许多错误的修正主义观点。

以上两点，不仅薄在口头上如此传达，后来印了出来的《笔记》也是这样说的，而这笔记据说是照邓力群的笔记抄录，又根据陈伯达同志的笔记核对过的。我想如果《笔记》上的这段话确是毛主席所说的，那么现在报纸上关于公私关系问题是不会这样提的。

孙冶方
1967.5.2

关于刘少奇《答宋亮同志》的经过[*]

我用宋亮这名字给刘少奇写的信和他的回信是在1941年我刚到苏北抗日根据地,在中共华中局党校担任马列主义问题教员的时候。在这里我先说一说,我是如何到苏北去的。

1940年上半年我得到中共江苏省委的通知说,上海租界的环境可能进一步恶化(当时太平洋战争尚未爆发,日本侵略军尚未占领租界,但形势已经很紧张)。为了上海地下党组织的安全,中央有指示,党员中凡是有可能暴露了关系的都要撤退,中央指定调我去延安工作。我当时因为要处理一些个人的事情,直到下半年九十月间才离开上海。当时沿海地区已经沦陷,要绕道香港、广东东江、梅县、韶关、衡阳、桂林、贵阳,然后到重庆找到八路军办事处,才能坐飞机或汽车去延安。一路交通很不方便,走了两个多月才到达重庆。而在我到达重庆的前几天就发生了皖南事变,因此我一到八路军重庆办事处,周总理就告诉我:现在重庆很紧张,去延安的公路交通已经断绝,日内还有最后一班飞机去延安,但重庆有不少暴露了关系的党员要撤退,飞机座位应该尽量让给这些同志。我初到重庆,住在亲戚家,关系并未暴露,如果我不去延安就可以回上海,转新四军工作。总理又告诉我中央已经决定在苏北成立新的新四军军部和华中局,那里正需要干部,我去那里很合适。总理问我自己的意见如何,我当然

---

[*] 本文是1967年9月1日按经济研究所群众组织要求写的"交代"材料。

是同意了。于是我又转回上海再经过敌占区和游击区，于1941年7月1日才到达新四军军部（因为到达的一天晚上，我就出席了党的20周年庆祝大会，所以记得比较清楚）。

我到达军部以后，华中局先分配我在宣传部工作（部长彭康），好像是担任理论科或干部教育科科长的工作。但记得开头并没有叫我兼党校的工作。因此我曾有好几天比较空闲，只是熟悉科的情况，好像还草拟了一个什么提纲或工作计划的东西。但是不多久，领导就叫我兼任党校教员和教育科科长，讲马列主义问题这一课。因为马上要开课，于是我才紧张地开始备课。党校的主要课程除马列主义这一课以外，还有党的建设和政治经济学。课程的安排和教育提纲都是照搬当时中央党校和延安马列主义学院的一套（其实也就是搬的莫斯科中大的那一套）。我从未教过马列主义问题这门课，虽然学校里有一份延安马列学院的这门课的提纲，但是整个党校只有少数几本斯大林的《列宁主义问题》和凯丰同志照斯大林这本书的几个问题编辑的马克思、恩格斯、列宁、斯大林的有关语录。因此，教员必须自己编写讲义，而开课时间又很紧迫，所以备课工作很紧张。

在我去党校时刘少奇（好像他兼有党校校长名义，记不清了）曾亲自同我谈过一次话，除问了我的简历以外，他还交代我说：党校学员中除一部分参加革命不久的知识青年以外，有参加过长征和三年游击战争的旅团级的主要是工农出身的老干部，他们身经百战，有丰富的革命斗争的实际经验，但是过去由于游击战争环境关系，读书少、理论学得少。党校的主要任务就是要给他们一个读书提高理论水平的机会。给这些同志上课是一个非常光荣、严肃的重要任务。他又交代我，讲课要联系中国的实际，但是要按照马克思、恩格斯、列宁、斯大林的经典著作和党的文件讲，不能自由发挥。如果在讲课中发生疑难，自己不能解答，应该随时报告请示，不准乱说。

我到党校以后了解到，工农出身的老干部和知识分子出身的干部对讲课的要求很不同：知识分子对抽象的理论原则容易接受，但并不一定真正体会马列主义理论的精神实质，其中有些人则有脱离实际，钻概念定义的偏向；工农老干部则不喜欢讲空洞的大道理，而喜欢联系中国革命的实际来讲。他们喜欢用中国革命历史和当前实际斗争的实例来说明马列主义的原理，对马列主义理论的精神实质容易体会。但是其中也有少数人不安心学习，希望早日毕业回到前方去杀敌。我由于自己也缺乏革命实际斗争的经验，尤其缺乏根据地斗争的经验，过去接触的主要是知识分子，对工农老干部的特点和要求体会不深，不善于适应他们的需要，用中国革命的实际例子，尤其是根据地斗争的实际例子来说明马列主义的基本原理。

关于刘少奇《答宋亮同志》的经过

当我按照斯大林的《论列宁主义基础》一书的顺序，对第三个问题，即《理论》一节备课的时候，我就想引证一些中国的例子，来阐明斯大林在书上所批评的学院式的教条主义的学习方法和轻视理论的自发论的倾向。关于学院式的教条主义的学习方法的例子是容易找的，因为一般知识分子包括我自己在内，都有这种偏向。至于在中国党内是不是有轻视理论的自发性倾向，我由于对党的历史知道很少，无从判断。从我个人亲身经历来说，觉得1925年我初到莫斯科学习时，那个归陈独秀的中共中央直接领导的"中国留学生旅莫支部"的做法很明显是轻视理论甚至反对一般干部学习理论的。他们说理论研究是党的领袖的事。因此，他们不让学生预备和复习功课，也不鼓励学生学俄文，凡是在课余时间用功读书的人都被称作是"学院派"。

那时"旅莫支部"的领导规定，每个党员每天要向小组长汇报自己的生活和自己同别人的谈话，晚上则要开生活检讨会。但是当时学生们既不接触苏联社会生活，又不读书，所以谈话、汇报和生活检讨会的内容就只是些日常生活细节问题。由于天天要汇报、要开会检讨，就是日常生活细节，也没有那么多材料，于是党员积极分子、小组长就拼命找人谈话，从对方一言半语、一举一动中找岔子，提到政治原则高度来批判，并责令党团员做检讨。所以当时我们虽然不读书，但是生活仍然很紧张，特别是积极分子，往往熄了灯还不能睡觉。清早则还要争取做模范，早起上朝操。当时"旅莫支部"领导称这种紧张生活为"军事训练"（有过一个三个月或半年的"军事训练计划"，这计划除了说明训练的宗旨等以外，把谈话、汇报、生活检讨会等细节规定得非常琐碎具体）。这个训练计划的中心思想就是反对"学院式"的学习。

因此，我认为旅莫支部这种轻视以致反对理论学习的主张和做法，很明显就是斯大林在《论列宁主义基础》中的《（三）理论》一节中所指出的那种否认理论对实践的指导作用，崇拜自发性的机会主义。但是"旅莫支部"这种态度在多大程度上反映了当时陈独秀的党中央的方针政策呢？对此，我就没有把握了。因为刘少奇交代过我，在讲课中不要随便发挥，有疑问应随时请示。于是，我就给他写了一封信，并且很快得到了答复。这就是《答宋亮同志》的经过情形。

我的信指的是以大叛徒任卓宣（叶青）为首的"旅莫支部"的领导和陈独秀的右倾机会主义的党中央的事情，因此在这次大批判之前，我没有像革命群众在大字报所揭发的那样看出刘少奇在这里是影射和攻击毛主席。

我在接到刘少奇这封信以后，就把它转交给了党校领导，后者决定把此信油印发给全体学员。后来在我讲课时也就把"旅莫支部"这一例子作为陈独秀右倾机会主义轻视理论的自发论的证据了。至于此信后来如何编入《论党》一书中去的，我就不清楚了。

孙冶方
1967.9.1

关于1927年莫斯科中国留学生中所谓"江浙同乡会"案件[*]

1927年夏莫斯科"孙大"(以孙逸仙命名的中国劳动大学的简称)第一期学生(1925—1927年)毕业。在毕业前学校总结工作时,在苏联工作人员中间,同样也在中国学生(主要是毕业班)中间发生了激烈的争论,这是一场非原则的争论,但这是后来中共党内以王明、博古为首的机会主义宗派集团形成的开始。

这已经是40年以前的事了,而且在学校总结会议之前,我就被调到"东大"(东方共产主义劳动大学)办的中国学生的暑期军事野营做翻译工作。关于这次总结会议的情况是后来听别人告诉我的。

据说,在总结工作时,负责党支部局(支委会)工作的苏联工作人员和负责教务工作的苏联工作人员之间,发生了意见分歧,互相把工作中的缺点和错误推给对方,而把成绩归于自己。在这争论中,中国学生也分成了两派,站在支部局方面的后来就被称为"支部派",站在教务方面的后来就被称为"教务派"。

这场非原则争论的结果,从苏联工作人员的人事变动来看,所谓"教务派"是失败了。因为原来在教务处负责的人全部撤换了,原来负责党务工作的只是撤换了个别的人,基本上是原来的

---

[*] 本文是1967年12月4日应经委来人要求写的关于"江浙同乡会"的材料。

班子,是第三国际东方部负责人米夫所培养的人(米夫是王明、博古宗派集团的后台)。参加支部工作的中国学生也是第二期学生中原来就站在"支部派"方面的人,如:博古、杨尚昆等人。但是在1927年暑期开学后,学生对学校领导特别是对支部领导的官僚主义、不民主作风很不满意,经常有所谓"学潮"发生,学生不断向第三国际、联共中央、中共代表团等领导机关告状。但是"支部局"领导不从改进自己的工作作风,加强对学生的思想教育来解决问题,而是一方面用高压政策来对付学生,另一方面则捏造是"教务派"的幕后鼓动来欺骗上级。碰巧在暑期开学后不久的一个星期日,有几个被说成是"教务派"方面的第一期毕业生到我宿舍来做中国饭吃,这几个人主要是江浙人,于是就被说成是"教务派"。这一天在我宿舍成立了"江浙同乡会"。

关于这次事件的经过如下。1927年夏,"孙大"毕业的学生除回国的以外,大部分留在苏联学军事。他们之中绝大多数是进的初级军事学校,士兵待遇,伙食比"孙大"差。我当时在"东大"做翻译,领有工资,生活较好。因此暑期开学后的某个星期天,就有几个老同学相约来看我,要我出钱买菜做中国饭吃。这几个人大多数是所谓"教务派"方面的,而且是江浙人。正在我们吵吵嚷嚷做饭的时候,有人(记得姓王)在我的房间外面走过,但没有看清是谁在我房间里。后来他就向支部局的同志做了反映,说某天有好些人在某人房间里集会,听口音都是江浙人(其实不全是江浙人,如陈启科烈士是湖南人),好像是开同乡会似的。于是支部局的中国同志又向当时中共中央代表团负责人中共中央总书记向忠发(叛徒)做了汇报。向忠发有一次在向全体留苏学生做报告时就不指名地说:"有人在共产党内组织同乡会,这是反革命,该枪毙。"

从这以后,支部局领导人,便经常用"江浙同乡会""反革命"这些大帽子来压那些批评支部局并告他们状的学生。但这只是更激起了群众的不满,风潮闹得更大了。大约在1927年年底或1928年年初,即在那次做中国饭吃之后半年多时间,联共中央监委会、第三国际监委会、中共中央代表团三方面联合召开了一次会议,审查所谓"江浙同乡会"案件。当时向忠发已经回国,中国代表团参加审查的除周恩来同志以外,还有瞿秋白和余飞。会议由联共中央监委会主席耶罗斯拉夫斯基主持。被通知出席的有"中大"(国共分裂后"孙大"改称"中国共产主义劳动大学")支部局书记(苏联人)和组织部负责人王云程(后为叛徒),所谓"教务派"的三个首脑(周达文、俞秀松、董亦湘)和我以及王某。会议主席首先叫王某提供关于在我住的房间成立所谓"江浙同乡会"的证明材料。王某说,某天他到"东大"宿舍看人,路过我的房间外面,听到里面人声很多,都是江浙口音,只听着有一个熟的口音是"教务派"的某人(记不得他说的是谁了)。因此他对人说过好像是开同乡会似的,但他不能证明到底有多少人在我房间,是谁,在干什么,等等。主席问支部局负责人还有别的证明材料没有,他们说没有了。于是主席叫我说明那天在我房间聚集那些人是做什么的,有些什么人,于是我把那天在场的人名及怎样聚集起来的经过情形说了一下。在我讲话之后,记得周、俞、董三人也讲了话(三人中只有董一人参加了那次吃中饭)。我们发完言以后,就叫我们退席,审查委员会单独开会交换意见,后来又把我们叫了回去,向我们宣读了委员会的审查结论,大意是说,所谓成立"江浙同乡会"一事是没有根据的,但是在莫斯科学习的某些中国同志之间存在着建立在私人感情基础上的结合,这种关系发展下去对党的团结是不利的,等等。这就是所谓"江浙同乡会"案件的经过。

孙冶方

1967. 12. 4

一点说明[*]

在上次写王、许二人的证明材料时，我在口述并自己记录的王、许二人的材料提纲上，写下了许多有关国民经济发展速度的计算数字，这违反了不准利用写材料的纸作别的用途的监规，我以为这仅仅是指那些没有用过的白纸。对于这些纸，我是非常爱惜的，有一张夜间压在被下揉皱了，我还在第二天用湿布衬着，花很大工夫把它压平了仍旧使用的。那个材料提纲我以为在材料写完后就没有用了，以为这不在"不能移作别的用途"的范围以内。有一天（这是在写完材料以后，那两份材料我是在拿到笔和墨水以后两天就写好的）在反省我的经济学思想时，想到了几个数目字，过去因为没有纸和笔，心算老是算不清，于是就顺手把那张材料提纲取来，一面计算一面用笔记下了一些数字。

事情是这样的：1956年薄一波在八大会议的发言中就说过：国民经济的积累不能超过国民收入的25%，他这见解实际上是从苏联那本修正主义"教科书"（政治经济学）抄来的。根据我们在苏联中央统计局所收集到的材料及后来我们回国后的分析研究，知道教科书这种说法是错误的，也与苏联的实际情况不符的。于是我就给李富春副总理写过一个简单的报告说明我的看法。1961年全国计划工作会议上，积累不能超过25%的说法又很盛行，把三年困难的原因之一又归罪于过去积累太高。我不同意这种看法，于是我又写了一个较详细的报告给李富春副总理说明我的意见，并且做了具体的计算，说明积累是可以超过25%的。

---

[*] 写于1968年8月4日。标题为编者后加。

我当时的计算是以工业每年发展速度为25%、农业为5%作为假定的前提的。我证明：只要工农业的发展能保证这个速度，那么在消费水平每年提高5%条件下，积累在几年之间就可以超过25%。我在报告中又提出：问题在于国民经济的发展数字是否有浮夸和虚假，特别是财政收入有没有浮夸和虚假。李副总理把我的报告批给会议参考之外，还要财政部副部长王学明专门找我研究这个问题。他认为我的计算的前提，即工业每年增长25%，农业每年增长5%是浮夸的（特别是农业），他对我指出的财政收入浮夸、虚假的事，倒也认为不合具体情况。但与他相反，别的经济研究工作者也有说我是反对高速度大跃进的。

最近几个月，我在考虑我的别的问题的同时，也考虑到我那时以工业年发展25%，农业年发展5%为出发点是否的确太乐观了一些，因此又以每年发展20%甚至10%做了试算，结论是：不论怎样，修正主义"教科书"所说积累不能超过国民收入的25%不是一个定律，是不正确的，25%是可以超过的。

因为在我入狱前不久，读过《人民日报》上一篇国际时事短评，说日本工业现已跃居世界第四位，钢铁生产已跃居世界第三位。读了这短评所报道的消息之后有些不服气，当时我曾写了一张有关发展速度的卡片。因此这次计算每年增长10%，我计算到了四十年；每年增产20%，我计算了23年。经过计算我不仅对于赶上并超过日本深具信心，而且深信经过"文化大革命"之后，全国人民革命化了，都起来响应毛主席的"抓革命、促生产"的号召，我们赶上并超过苏修、美帝也不是很遥远的事。

以上就是那个提纲边缘上几排数字的内容的说明，以及我计算这些数字的动机。无论怎样，我违反监规是不应该的，但的确出于无心，请原谅。

孙冶方

1968.8.4

我与经济学界一些人的争论[*]

我希望能够得到已经公开发表的毛泽东同志的全部著作（包括诗词在内），《马克思恩格斯全集》《列宁全集》，斯大林的《苏联社会主义经济问题》和其他已译出的著作。如不能一下都给我，则希望最近先发给我以下几部书：

（1）毛泽东：《论农业合作化问题》《中国农村的社会主义高潮》上、中、下三册；

（2）马克思、恩格斯：《共产党宣言》《马克思恩格斯通信选集》；

（3）马克思：《资本论》《政治经济学批判》《政治经济学手稿》；

（4）恩格斯：《家庭、私有制和国家的起源》；

（5）斯大林：《苏联社会主义经济问题》。

经过最近一次审讯，我了解到你们对于我屡次请求多发些马、恩、列、斯、毛的著作有疑虑——担心我要利用马、恩、列、斯、毛的著作来为自己的错误辩解甚至翻案。这种担心是不必要的。马、恩、列、斯、毛的著作是不能为任何反马克思主义、反革命的目的利用的。中国革命和世界革命历史的无数事例

---

[*] 本文是在1972年3月坐冤狱时写的，1984年收入《孙冶方选集》，太原，山西人民出版社，1984。

证明，那些想歪曲马、恩、列、斯、毛的著作，来为自己的反革命目的服务的人，最终只是搬起石头砸自己的脚。至于翻案之说更拉扯不上。在审讯初期，我对于经济研究所接待×××、×××、×××这批人的经过情形是的确记不清了。然而我知道经济研究所每次接待外宾都有详细的文字记载和档案可查，而且经办的人都在。但是对于我在这次接待中所犯的错误，现在竟会上了"里通外国"和"特务"这条纲，非但当时我没有想到（当时就不认为是错的），就是现在我也没有想通。

现在我的最大奢望就是想在死以前（这也没有几年了，我已经64岁了）多读些马、恩、列、斯、毛的书。活一天，总要学习一天，改造一天思想。领导或许认为我这个顽固头脑的改造是没有指望的了，但是我对自己还没有绝望。我还想在死以前对自己的经济学思想做一次清理。除此以外，我还有一个意图，甚至可以说是一个野心，过去我是没有向你们说的。因为连请求多发给些马、恩、列、斯、毛的书读还不能得到批准，别的就更不用说了。等判决以后再提出吧。但是现在看来，判决是遥遥无期的了。我应该现在就把这个意图向你们报告，我的这个意图或野心就是想经过对马、恩、列、斯、毛的著作的一番系统深入的学习，在死以前，在监牢里写出一部既是我的自我批判，又是对假马克思主义政治骗子的揭发和批判的政治经济学书稿，希望能够得到经济学界对我的进一步的帮助，即对我的进一步的批判。

我在1956年写的一篇文章❶中提出，在社会主义社会，价值规律也在起着作用。但这是和资本主义商品经济的价值规律有完全不同本质的价值规律。我这个标新立异的两种价值规律的说法会引起争论和批判是意料中的，而且这也是我写这篇文章的目的。但是一直到1963年前后，这种争论和批判没有超越学术讨论

---

❶ 指《把计划和统计放在价值规律的基础上》一文，载《经济研究》，1956（6）。

的范围。1958年年底毛泽东同志在郑州会议上提出了要尊重价值规律和工农业产品等价交换的问题。接着又在中央文件的批语中提出价值规律是一个伟大的学校。只有利用它,才有可能教会我们几千万干部和几万万人民,才有可能建设社会主义和共产主义,否则一切都不可能。我反复学习了毛泽东同志的这些意见,觉得我关于价值问题的提法在总的方向上(社会主义建设也要尊重价值规律),还是符合毛泽东同志的上述意见的。可是当我正在这样自我安慰的时候,对我的批判却一步一步升级了。

大概在1959年或1960年,毛泽东同志对工农业产品等价交换问题提得更尖锐了。他批评了商业部压价收购农副产品的政策。在此以前,我们在经济研究所讨论价值规律问题时是很学院式的,就是不与价格问题挂钩的。因为当时中宣部有人对此曾有严厉交代:价格问题是政策问题,不是什么理论问题,而党的政策是学习和执行的问题,是不能讨论的。因为他这交代是在经济研究所的党的领导小组会上作为中宣部的正式命令提出的,所以我虽然很不同意,然而还是执行了。但是在毛泽东同志批评了商业部之后,大约在1960年或1961年,那时已成立了全国物价委员会,经济研究所一些研究物价问题的同志也参加了物价委员会的工作,一位代表国务院财贸办公室来对我们实行挂钩领导的同志要我约几个对物价问题有研究的人座谈一下等价交换问题(工农业产品等价交换问题)。我倒很高兴,我想他大概是学习了毛泽东同志的上述意见以后改变了自己的看法,来听取经济学研究工作者的意见的(我知道他是一向很讨厌我关于价值规律和等价交换等意见的)。可是这位同志在座谈会上先是否定当时存在工农业产品的差价。他说,经过解放以后物价调整,这种差价缩小或不存在了。可是接着他又说实行工农业产品等价交换就要减少财政收入,就是不要积累,你们这些靠财政拨款开支的文教机关和所有行政机关的人都要饿饭。因为参加座谈会的人比较多,而毛泽东同志有关等价交换的意见并未公开发表，我不能引证这些意见来驳他。因此，我问他对毛泽东同志的有关意见如何体会。他说，毛泽东同志说的等价交换是指等价格交换，我们商业部门就是按照这个原则做的。他又说马克思说的等价交换也是指的等价格交换，因为在资本主义社会里商品的价值是多少根本无法知道，商品是按价格互相交换的。

这不仅是诡辩，而且完全违背了政治经济学关于等价交换的起码常识，也是对毛泽东同志提出社会主义社会要实行等价交换的严重歪曲。因为如果等价交换是指等价格交换，那么不论价格如何涨落，如何背离价值，都是等价交换，因而再提等价交换就等于是无的放矢或无病呻吟了。例如：甲乙两产品，价值各为0.10元，那么1个甲产品换1个乙产品固然是等价交换，明天把甲产品价格升为0.20元，乙产品价格不动，变成1个甲产品换2个乙产品，还是等价交换。马克思把资本主义社会按价格进行的商品交换称作等价交换，那是因为资本主义社会实行自由竞争，价格不断涨落，今天价格高于价值，明天就会跌到低于价值，两相抵消的结果，还是等价交换的价值规律起着调节社会生产的作用。因此，列宁说，价值规律在资本主义社会是通过不实现来实现的。

难道这位同志不懂得这点起码的经济学常识吗？不是的。他是为了替主观主义的价格政策辩护，他这样做，实际上是违抗毛泽东同志关于等价交换的意见，是歪曲马克思的价值学说，并把社会主义计划经济的价值规律偷换为资本主义自由竞争即市场自发势力的价值规律。

不久前《人民日报》有篇文章说，假马克思主义政治骗子最初是否认社会主义社会的价值规律，后来则为资本主义自发势力大开方便之门（原话记不得，大意如此）。这个意见非常对。否认计划经济下的价值规律的人，在不以人们意志为转移的客观规

律面前碰了钉子之后，必然会转而向盲目的资本主义商品价值规律屈服。因为他们只认得后一个价值规律。

1964年，曾经举行了一系列会议专门批判我的经济学思想。会上，财贸办公室的那位同志又宣扬了他的攻击等价交换的假理由，如说实行等价交换要影响财政收入，出现赤字预算，引起物价和生活费用轮番上涨，等等。他还歪曲说，毛泽东同志提出等价交换和价值规律是在三年经济困难背景下针对下面刮的"共产风"而说的，后来他也没有再提了；"价值规律是伟大的学校"一语也是针对社员群众和基层干部而说的，不是对高级干部而说的。这简直是狂妄透顶：他把毛泽东同志提得那么高的一条经济规律说成是一时权宜之计，还居然宣称像他这样的人是不必学习毛泽东同志的有关意见的。至于他说"毛主席后来也没有再提等价交换了"这句话背后是大有文章的。关于这点，我留在下面说。

1965年，派驻经济研究所的"四清"工作队领导小组在哲学社会科学部一二千人的大会上做了关于经济研究所"四清"工作总结报告，其中也有一段攻击等价交换的话："大家都知道价值规律只是通过价格对价值的背离才起作用，而孙冶方却提倡什么价格与价值相符合的价值规律。这是天下最荒唐透顶的奇谈怪论（文字可能有出入，意思保证不错，可以查对记录）。"这种观点同上述那个人主张等价（格）交换，而反对等价（值）交换的荒唐的观点同出一辙。

全国解放不久，毛泽东同志对改革企业管理制度就提出了意见。到第一个五年计划时期又提出了社会主义工业建设的一整套两条腿走路的方针，而且特别强调了中央和地方这两条腿的问题，主张发挥两个积极性，特别是发挥企业的工人、技术人员和干部的积极性。这个中央和地方两条腿走路的问题也就是一般称作财经管理体制的问题，其中包括计划管理体制、财政管理体制、工业管理体制、物资管理体制,等等。当时,我还在国家统计局工作,一年总有好几次听到上级领导人传达毛泽东同志关于这个体制问题的指示,所以给我的印象比较深刻,使我认识到了这个问题的重要性。我体会到这是社会主义社会生产关系的一个重要方面。所以从那时起,我就对这个问题做了一些调查研究。可是到了经济研究所以后,却发现很多研究人员甚至不知道什么叫体制问题。到后来我才知道,原来有人把诸如体制问题,企业管理问题,直接生产过程中的生产关系,如班组之间和工序之间的分工协作问题(即马克思在有关协作和工场手工业那一章以很大篇幅去进行研究的问题),等等,都称作"生产力组织学"。他们认为这些问题不是生产关系问题,因而不是政治经济学的研究对象。他们认为热衷于研究这一类问题是从业务部门带来的"业务挂帅"倾向和"生产力论"倾向。我不同意他们这种意见。因此,我到经济研究所不久,就为制订研究规划问题,好几次同他们争得面红耳赤。

我在这里着重说一下体制问题的内容。先说问题的矛盾表现在哪里。

从中央一级的角度来看体制问题,矛盾突出地表现在每年两个会议上的"争"——全国计划会议上的争投资和全国物资分配会议上的争物资。由于这两个"争",国家计委的年度计划方案,迟迟不能提出,于是理应前一年年终开的全国计划会议,会期越拖越迟,到当年下半年才召开,而且开过之后,许多部门和单位的计划仍不能定案。年度计划到年终才下达,成马后炮。由于地方各级、各企业都要争物资,于是全国物资会议规模越开越大(万人以上),被称作"骡马大会",时间越开越长。

从企业的角度来看体制问题,矛盾表现为两点:一是由于计划下达迟,使计划由促生产的动力,变成扯生产的后腿;二是由于体制不合理,把群众的积极性限制得死死的,造成人力物力的大浪费，阻碍了技术进步和生产力的发展。为了说明后一点必须介绍一下第一个五年计划时期从苏联原封不动地搬来的一套固定资产管理制度，因为它是代表那条少慢差费路线的整个财经体制（包括计划、财政、企业、物资等管理体制）的最集中表现。这套固定资产管理制度的要点可简单归纳如下：

（1）固定资产无偿使用制——企业利润上缴任务根据生产指标确定，与固定资产的实物量或资金量不发生联系。增加非定额流动资金还要负担银行利息，而增加固定资产是连利息也不要负担。这是鼓励争投资的。

（2）固定资产折旧率非常低（只算实物的有形磨损，不计算由于技术进步而引起的经济价值的下降）。因此计入产品成本中的折旧费微乎其微，而多要到设备，备而不用，对企业来说就是自己有，自己方便，这就造成设备的浪费，利用率低。

（3）固定资产折旧作为财政收入上缴财政部门。企业设备和建筑物的更新，作为新的投资，由企业向财政部门申请，并作为新的基建项目处理。即按惯例，对老企业的设备更新的投资总是抓得很紧，不容易批准。

以上三条是明显的矛盾，一方面鼓励争投资，鼓励设备和资金的浪费；另一方面对花钱少收效快的设备更新，亦即技术革新、技术革命的费用，却是卡得死死的。然而这个管理制度中最不合理、最落后的是下面第四条：

（4）财政部门按规定比例从折旧基金中拨给企业一定款项作为固定资产的日常维修和大修理费用；但附有严格规定，大修理不准增值变形（即不准技术革命和技术革新），如要增值变形，就要由企业作为新的基建投资，向上级打报告，请求审批，而这是很难被批准的。因此，本应成为技术革命和技术革新的最好机会的大修理，就成了"古董复制"。

压制广大群众的技术革命和技术革新的积极性，也就是压制了生产力发展最活跃的革命因素,把技术,从而把生产力冻结在建厂初期的水平上——这就是从苏联搬来的这套固定资产管理体制最落后的本质。

这套体制虽在1958年及以后几年中,曾经经过一些修补,但基本上没动,因此,当这套落后的固定资产管理制度仍然束缚着企业工人群众、技术人员、干部的手脚的时候,固定资产管理制度问题——这个从表面上看来似乎完全是一个事务性、技术性的问题,实际上是整个不合理的财经管理体制的集中表现,是少慢差费路线的物质化身。所以,中央和省、直辖市地方领导人以至企业的干部和群众对改革财经管理体制的意见,逐渐地都集中到固定资产折旧费问题上来了。大家的意见可以归纳为三种:①折旧费上缴财政部,维持原制度,另外做一些不伤害这套原制度基本精神的修补工作。②留在省、直辖市地方统一分配。③留在企业。我赞成第三种意见,认为第二种意见最不好,因为这既不能发挥企业群众技术革命、技术改造的积极性,也不如中央统一分配能照顾全局。

大概在1960年下半年或1961年上半年,李富春副总理在上海市计委提出的主张折旧费由省、直辖市统一分配的一份报告上批示,让我和别的几个研究政治经济学的人,对折旧费处理问题提出一个意见,我就把我上面的意见告诉了他,并说我正在就这问题做调查研究,以后我再向他提出较详细的报告。

1961年八九月间,我在北戴河列席全国计划会议,在洗海水澡时遇见李先念副总理,他问我:折旧费能不能算财政收入。我说,折旧是固定资产价值转移到产品中的部分,是老本,不能算财政收入。他说,那么你为什么不写文章。我说这个问题能在刊物上公开讨论吗?他说,有什么不可以呀!我说,那么我写了文章请你看看。这一年,我在全国计划会议和全国工业会议的小组会上都陈述了我对这一问题的看法。我提出这个"折旧是老本,把折旧当财政收入上缴是吃老本"的论点（并从这论点出发进一步论证了"吃老本"会损害老企业、老工业基地的生产力的理由），动摇了旧的固定资产管理制度的理论基础，因此，引起了这个旧制度的维护者的憎恨。但是由于种种原因，我答应两位副总理的详细报告或文章却很久没有写出来。

稍迟些时候，薄一波副总理也曾捎口信给我，要我快些把自己对固定资产管理制度的详细意见写出来。我始终不知道两位李副总理对我的论点的看法如何，但是至少可以断定，他们认为这个问题是应该研究讨论的。

1961年年底或1962年年初，中宣部的一位同志发起恢复北京党员经济学家的双周座谈会。在筹备会上讨论座谈题目时，我就提出"社会主义再生产问题"这个题目。那位同志不赞成，但由于会议主持人赞成我的意见，所以这个题目还是通过了。我在发言中，说明了讨论"社会主义再生产问题"的意义，特别是生产资料的不断补偿，尤其是设备更新对社会主义再生产的重大意义，以及当前在这问题上存在的不同看法（高等院校来的一些经济学家不接触这些问题）。这个题目在双周座谈会讨论很久。有时我和他们（特别是那位财贸办公室来的同志）争得很激烈。这就逼着我写出了《固定资产管理制度和社会主义再生产问题》这份内部研究报告并向两位李副总理交了卷。

我在这个内部研究报告中根据毛主席发挥两个积极性和大权独揽小权分散的指示，提出了以下几点改革意见：

（1）固定资产折旧基金全部下放给企业，从而设备和建筑物的更新任务也交给企业；上级业务部门从技术政策方面，上级财务部门从财政制度方面进行监督检查。只有在某种特殊情况下（如由于资源枯竭），需要紧缩生产时，才按预定计划抽调老本。

（2）取消固定资产无偿占用制，企业利润上缴任务按占用资金量来规定，多占用资金应多上缴利润。利润是企业为社会生产的产品（即马克思所说的 m 部分），全部上缴。❶ 产品定价必须符合社会平均必要劳动量（价值量），从而各种产品的利润率基本上一致，就不会有利大利小之别，从而铲除了追逐利润的物质基础。企业只有厉行增产节约才能为社会、为国家多生产利润。

（3）国家计划的编制按两种不同程序进行：老企业的计划采取自下而上的程序编制。由企业根据国家指定的协作关系（即原有的供、产、销三方的合同）由供、产、销三方自己平衡，在原有协作关系范围内平衡不了时，才由上级计划部门和物资部门或商业部门协助解决。这样，每年的全国物资分配会议就不会变成"骡马大会"了。

新建企业的计划和老企业的新投资部分的计划由国家计委和省、直辖市计委（对地方企业）采取自上而下的程序编制。这就可以改变上下交困的局面。

（4）企业必须遵守以下纪律（大权）：①按国家规定的生产方向生产（即不准自作主张地改行）；②不准改变国家规定的协作关系；③产品购销执行国家规定的价格（实行等价（值）交换）。

我这份内部研究报告大概是在 1963 年八九月写成的。大概在这年下半年或年底，中央发出了一个关于工业发展（草案）文件。这个文件也主张把折旧基金留给企业。不久，我在计委党组听到在一次中央讨论工业问题的会议上，毛泽东同志曾说，这个文件是个好文件。

然而就在这时候，原来讨论再生产问题的双周座谈会，改为对我的批判会，我的《固定资产管理制度和社会主义再生产问题》（以下简称《内部研究报告》）是主要批判对象，被安上了

---

❶ 孙冶方同志 1978 年 8 月 18 日写的《要理直气壮地抓社会主义利润》（载《经济研究》，1978（9））一文，对这个观点做了一定的修改，认为否定企业利润留成是错误的，不利于促进生产。

"修正主义的企业自治论"这顶帽子。

还有更巧合的事。这是在"四清"工作队已经进驻经济研究所以后。这时,我已经被取消了阅读中央文件的资格。我也主动向计委党组做了报告,说我不再去参加党组会议,党组文件也不要再给我发了。有一天,我接到人民银行总行一个电话,打电话的人说,总行的同志觉得我过去在《内部研究报告》中对改革固定资产管理制度提的那些意见还是对的,他的意思似乎想再要几份供他们总行讨论用。因为据他在电话中说:毛泽东同志已经把那个工业问题的文件批下来了。我告诉他,我现在正在受审查和批判,说我对固定资产管理制度所提的意见是"修正主义的企业自治论",剩下的《内部研究报告》已被封存起来了。电话就这样中断了,可是它很使我纳闷。

以后在一次"四清"工作队领导小组几位同志同我谈话时,我婉转地提醒他们,我关于固定资产管理制度改革的几条意见同中央文件的精神基本上还是符合的!他们立即转口说:"我们不和你纠缠这些'学术问题'!"

1958年北京经济学界为纪念毛泽东同志《关于正确处理人民内部矛盾的问题》发表一周年,举行了一次经济学讨论会。我在会上做了发言,内容是企图以毛泽东同志在《矛盾论》和《关于正确处理人民内部矛盾的问题》等著作中所教导我们的辩证法,来说明毛泽东同志关于社会主义建设中一整套两条腿走路的方针和他关于人的因素和物的因素的关系中要强调人的因素的思想。我说,在经济建设中我们有困难,这就是我们的国家还很穷,工业底子薄,资金和设备少,因而从物的因素来看,我们不如资本主义国家,这是我们的弱点,这和摆在我们面前的建设任务是有矛盾的。然而我们有解放了的、当家做主的、从而有高度革命觉悟的6.5亿人民。因此,从人的因素来说,我们比资本主义国家有很大的优越性。因此,我们在经济建设中要发挥我们的优越性——人的因素，克服我们在物的因素方面的弱点。如果我们不依靠人的因素，发挥群众的积极性，而想光凭技术设备，即物的因素来搞建设，那就是乞丐和海龙王比宝。如果发挥人民的积极性，依靠人的因素来和资本主义国家比赛，那么我们就处于优势地位，一定能够比过它们。接着我说，毛泽东同志的中央与地方并举，大、中、小并举和土、洋并举这一整套两条腿走路的方针都是为了发挥我们在人的因素方面的优势，克服我们在物的因素方面的弱点。接着我就对三个并举逐条做了分析和说明。最后，我归结到这样一点，研究社会主义政治经济学必须研究人和物这两个因素的辩证统一的关系，并用以阐述毛泽东同志的三个并举的方针。

为了宣传毛泽东同志关于人和物两个因素的关系和三个并举的思想，我曾企图以这次发言记录稿为基础，整理成一篇文章在刊物发表。为了征求批评意见，我把这个发言稿打印分送给一些经济学家和哲学家，也送给了中宣部的同志，请他们把意见批注在打印稿上退给我。别人都提了意见退给我了，中宣部的同志没有退，于是我去登门求教。一位同志很客气地、笑嘻嘻地对我说：马克思说政治经济学是研究人与人的关系的，你怎么说要研究人与物的关系呢！

虽然我认为毛泽东同志关于人和物两个因素的提法和马克思关于政治经济学研究对象的定义是不矛盾的，但是也觉得他提出的这个问题倒是应该在文章中加以阐明的，以免误会。当时我认为他提醒了我一个应该在这文章中加以阐明的重要问题，纠正了我的一个疏忽，应该感谢他。但因为这是一个新问题，要考虑一下，于是就把修改发言稿的事搁下来了。

一年半以后，即1959年下半年，我学习了毛泽东同志对苏联那本政治经济学教科书的一些批注。毛泽东同志在谈到政治经济学研究对象时说，政治经济学是研究生产关系的，但必须密切联系着上层建筑和生产力来研究。毛泽东同志的这个意见使我对中宣部那位同志所提出的问题豁然开朗，得到了解答：政治经济学要联系着生产力来研究生产关系，那就是说，不能离开了物来研究，但必须把重点放在研究生产关系上，即放在研究人的因素上，而不是放在研究物的因素上。因此，毛泽东同志关于人的因素和物的因素的关系中要重视人的因素这一提法，非但不与马克思关于政治经济学研究对象的定义相矛盾，而且对这定义做了非常重要的补充。我根据以上认识，于1959年9月18日将文章做了一些删节和修改，准备交刊物发表。

  但是由于我的拖沓作风，这篇发言记录还是没有发表出来。又过了很长一段时间，大约在1964年，《新建设》编辑部来约我写稿。于是我就把这篇保存了好几年的记录稿的经过情形告诉他们。我说，我自己觉得，把这个发言记录修改稿发表，对宣传毛泽东同志关于人和物两个因素的关系和三个并举的教导还是有用处的。至于研究人和物两个因素的关系与马克思关于政治经济学研究对象的定义如何统一的问题，我根据毛泽东同志关于这个问题的最新看法的精神，写一段按语加以说明就是了，免得文章全部重写。我说，你们如果同意这样处理，我就把按语写好后连同记录稿送给你们审查。审查后如果认为这稿子可以用，就请排出清样退给我，我将在清样上修改记录稿。编辑部同意了我的建议，而且很快把排出的清样送给了我。但是当我还没有动手改的时候，前述那位同志找上门来了。一见面他就声色俱厉地责问我：同你说过，你那个政治经济学要研究人的因素和物的因素的关系的说法，是反马克思主义的，可是你还要坚持发表那个发言稿，而且还加上那么个按语，这不是有意违抗领导吗！

  在1960年的一次反官僚主义运动中，我的发言稿成为批判的重点内容，除了说我反对马克思关于政治经济学的研究对象的定义外，还说我宣扬"生产力论"，把生产力塞进政治经济学研究对象里来了。1964—1965年"四清"运动中把这个发言稿也捎带批了一下。

我在这里要顺便做一点自我批判：我在上述记录稿前面写的按语是不对的，至少是不全面的。物的因素的问题不仅是生产力的问题，而且更是生产关系的问题。大家知道，在资本主义社会，每个商品以至于全部社会产品的价值构成是由：c（生产资料的转移价值或不变资本）、v（工资，即可变资本，即工人消费的生活资料）和m（剩余价值）三部分组成的。在社会主义社会，每个产品以至全部社会产品的价值仍然是这三部分组成的，不过c和v不再是剥削工人的资本，m也不再是被资本家剥削去的剩余价值，而是工人为社会而生产的产品。在社会主义社会，c和v的比例关系，仍然是反映着资金的有机构成的关系。如果把c里面包括的原料部分除去不算，那么二者的比例关系也就是毛泽东同志所说的"洋"和"土"的问题，有机构成高，即c的比重高，那就是"洋"，反之则是"土"；包括原料在内的c和v的比例关系也就是生产资料的生产部门和生活资料的生产部门的比例关系，而c和v+m的比例关系则又是过去的劳动成果（物化劳动）和活劳动的比例关系——凡此种种，也正是列宁在批判布哈林时所说，即使到了共产主义社会也还是要由政治经济学这门科学来研究生产关系。因此，我在按语中把c仅仅说成是生产力的因素是不对的。然而指出我的这点错误非但救不了批判我的那位同志，反而更进一步证明他要以马克思关于政治经济学研究对象的定义来反对毛泽东同志关于人的因素和物的因素的提法是何等荒唐。这只是暴露了他企图离开物质财富的生产过程、离开实践来空谈政治经济学的形而上学唯心论，而这种形而上学唯心论给中国的社会主义政治经济学是带来不小的祸害的。

要在社会主义政治经济学阵地上迈步前进，几乎需要在每一个重要的理论问题上，同各色各样的右的和形"左"实右的反马

克思主义思想搏斗。我只举出上面几个例子,不仅因为这几个问题是社会主义政治经济学,也就是社会主义建设中几个重大的理论问题,而且因为从这几个事例中可以看出我和经济学界的某些人存在着多么大的分歧。

下面我还要举出几个例子说明,我们还得加把劲,把假马克思主义骗子压在社会主义政治经济学阵地上的一些包袱,做进一步的扫除工作。

不久前,大概在去年年底或今年年初,我在《人民日报》上读到一篇关于城乡商品交流问题的,或者是关于城乡人民生活改善问题的,也可能是其他什么问题的(真糟!完全记不起来了!)综合报道,其中有几句话给我留下了较深刻的印象。原话我也记不清了,大意是说,工农业产品差价,经过解放后几次调整已经缩小不少,以后还要逐步做到完全实现等价交换。作者的意思似乎是说,完全实现等价交换还只能慢慢来。

我从这个报道得出两点结论:第一,是工农业产品等价交换仍然是党的努力目标,而不像财贸办公室的那位同志所说的那样,毛泽东同志已经不提了。第二,由那些反对工农产品等价交换的权威和专家所编造散布的,关于等价交换要影响财政收入,出现赤字预算,引起生活费和物价轮番上涨等耸人听闻的理由所造成的影响真不小。因此,认为实现等价交换只能慢慢来。但是毛泽东同志在1958年郑州会议上提出价值规律和等价交换这个问题以来已经14年了。再慢慢来,要等到何年何月呢?

如果认为实现14年前毛泽东同志提出的等价交换仍是我们努力的目标,那么我们必须以"只争朝夕"的精神去争取早日实现,而且实现毛泽东同志这一号召的客观条件,是早已存在着的。

以减少财政收入作为代价来实现工农业产品等价交换是绝对要不得的。因为减少财政收入就是减少积累,就是放慢社会主义建设的步子，而我们要实现工农业产品等价交换的目的却是为了发展生产、加快社会主义建设的步子。因此，以减少财政收入的办法来实现工农业产品等价交换，不仅今天不允许，就是慢慢来，再过14年，也不允许这样做的。我们必须在实现工农业产品等价交换的时候，不减少财政收入，而且在经过若干年之后，还能增加财政收入。

实现工农业产品等价交换，不是要免除或减少农民和集体所有制经济对国家的社会主义建设做出贡献的问题，即不是免除或减少他们的负担（征购任务）的问题，而是如何让他们做出贡献的问题，是负担（或征购）的方法问题，是全部用直接税的形式即公粮、公棉等农业税的方式，还是主要用间接税的形式，即用上述某些权威和专家最欢喜、最心爱的所谓价格杠杆，即不等价交换的方法。一种意见是说，马克思主义者一向认为间接税是落后的负担方式（为什么是落后的，下面再谈），直接税是进步的负担形式；因此，在社会主义国家更应该采用直接税形式，即公粮、公棉等农业税形式。一种意见是说，还是用不等价交换，既有把握，又很方便。因此，实行等价交换，就要影响财政收入，就要生活费和物价轮番上涨等。

下面我们用具体的数字来证明，如果用公粮、公棉等农业税的方式来代替不等价交换这种不合理的负担形式，那么我们即使立即实行工农业产品等价交换，也绝不会减少财政收入，而且可以做到每1分钱都平衡，绝不会出现财政赤字以及生活费和物价轮番上涨：

假定国家每年需要从集体所有制经济取得1000亿斤商品粮（据我记忆，10年前还用不到这么多），实际价值是每斤0.15元，共150亿元。又假定其中100亿斤是公粮，实际价值15亿元；另外900亿斤是按每斤0.10元的统购价格收购的，这就是说，国家对这900亿斤粮食只付了它的实际价值135亿元的2/3，即90亿

我与经济学界一些人的争论

元，国家少付 45 亿元。按实际价值计算，45 亿元折合粮食 300 亿斤。因此，农民或集体所有制经济对国家的农业税不是 100 亿斤粮食，而是 400 亿斤粮食，价值 60 亿元。

如果我们要在实行等价交换的同时，把通过价格杠杆即不等价交换的办法，亦即间接税的办法来取得财政收入改为农业税的办法，那么就发生了如下变化：

在国家需要的 1000 亿斤商品粮中，公粮部分从 100 亿斤增加到 400 亿斤，征购部分由 900 亿斤减少到 600 亿斤；但是由于征购价格由每斤 0.10 元增加到 0.15 元，所以 600 亿斤粮食价款需要 90 亿元。集体所有制贡献给国家的粮食仍然是 1000 亿斤，1 斤也没有减少；国家仍然只付出 90 亿元，1 分也没有多开支。

为了不使国家收购价格上涨以后影响城市居民生活，可用两种办法处理：一种办法是零售价格不动，形成价格倒挂形式，即国家用 0.15 元 1 斤的价格收购粮食，仍按原价 0.10 元出售，国家损失 50 亿元。但是因为增加了 300 亿斤公粮的收入，合人民币 45 亿元，另外原来的 100 亿斤公粮，过去在财政部账上作价 10 亿元，现在作价 15 亿元，多 5 亿元。45 亿加 5 亿共 50 亿元，正好同国家零售粮食贴补掉的 50 亿元平衡了。另一种办法是粮食零售价格也由 0.10 元增加到 0.15 元，但同时把这 50 亿元按职工及其家属的口粮比例，加到工资里去。这样，财政仍是平衡的，人民的生活并不受到影响。

其他农副产品，如棉花、油料、丝、麻、茶等，凡是收购价格低于价值的，都可以照此办法得到平衡，即凡是使用农产品做原料的工业部门因收购价格提高而减少的利润，从财政部门增收的农业税收入中完全得到补偿，使得工业品的价格和人民生活费用都不受影响。

于是就发生了一个问题：既然在实行等价交换之后，集体所有制向国家提供的农副产品总数和国家付给集体所有制经济的价款总额,二者都没有变化,那么何必多此一举,实行这个等价交换,搞这么多麻烦呢?

据我看,那些权威和专家们所以能够拒不实行等价交换的方针,是因为他们对等价交换在革命和建设中的意义认识不足。据我个人经验,我同这些权威和专家的争论,最后也总是归结到这一点上。因此,这里需要把实行工农业产品等价交换的意义说一说。

我们之所以必须以"只争朝夕"的精神争取早日实现毛泽东同志的这个工农业产品等价交换的方针,主要由于下面两个理由:

第一,因为工农业产品的不等价交换和由此造成的各种农副产品相互之间的比价高低不平(即有利、无利或利大、利小的差别),不利于农副业生产(特别是统购物资,如粮、棉、油料等)的按比例和迅速的发展。

第二,违反了党的稳定负担、增产不增税的政策。

几天以前(1972年2月24日),《人民日报》第1版登载了一篇题为《农村集体存款和社员储蓄显著增加》的综合报道,报道说,由于"对社队实行稳定负担,增产不增税的政策",农业和副业生产都发展了,集体和个人的收入多了,因此,集体存款和社员储蓄也显著增加了。这篇报道的作者之所以这样说,是因为他只看到公粮部分,即直接税部分的负担,而没有看到用所谓"价格杠杆"从集体所有制经济取得的那部分财政收入,而后者的数额远远超过公粮部分,而且是很不稳定的一种负担。毛泽东同志早在15年前就指出,只看到这一部分直接税负担就会大大缩小农民对国家财政收入的贡献。关于这点我们下面再谈。在这里需要指出的是,集体所有制经济向国家提供的全部财政收入中的这个主要部分,是一种很不稳定的负担。如果我们仍以上面引的0.15元钱1斤的粮食实际价值和0.10元钱1斤的征购价格的差额

我与经济学界一些人的争论

为例：那么就是说，生产队多生产并向国家多交售1斤粮食，就要多负担0.05元钱的税。所以，如果我们承认党的"稳定负担，增产不增税的政策"是正确的，那就应该承认所谓"价格杠杆"这种间接税是不合理的。如果把这种间接税改为直接税即农业税，那么，集体所有制经济的生产会有更大的增长，集体和个人的收入会更多，从而他们的存款和储蓄也将更多。

我和权威人士、专家们每次争论到这里的时候，他们就说，资本主义自发势力的嚣张，是由于阶级敌人的煽动和一部分群众的觉悟不高的缘故，因此解决的办法是发动阶级斗争以压倒敌人，加强社会主义教育以提高群众觉悟。把资本主义自发势力的嚣张归咎于农副产品的价格，是对党的价格政策的攻击，是为阶级敌人打掩护。用提高农副产品价格来刺激社员的生产积极性，是修正主义的"物质刺激论"，不能赞同！

我们且不说，这些政治帽子归根到底都是指向毛泽东同志提出的"工农业产品等价交换"这一方针的。我们先同意他们说的：为了反对资本主义自发势力，必须加强对这种势力的阶级斗争，必须加强对群众的社会主义教育。但是，我们同时提出三个问题向这些权威人士和专家请教：第一，我们在加强对自发势力的阶级斗争的同时，实行了毛泽东同志的工农业产品等价交换，堵塞了资本主义自发势力钻的空子，即工农业产品之间和各种农副产品相互间的差价（即各种比价的差额），岂不是可以使我们的斗争的效力更大些吗？第二，在对群众进行社会主义教育的同时，如果贯彻执行了等价交换的方针，使得任何一种农副产品的生产，对国家、集体、个人都一样有利，即不再有有利无利或利大利小的差别，使经济措施和社会主义教育方针一致起来。这样不是可以使社会主义教育收效更好些吗？第三，我们为什么一定要坚持这种不等价交换的价格政策，让国家最需要的粮、棉、油的价格定得低于其他农副产品呢？这岂不是抑制了粮、棉、油的生产发展吗？

话讲到这里的时候，他们或者是继续给你戴政治帽子，或者就对你说，这是因为财政有困难呀！实行等价交换要造成财政赤字……于是所有的话又要从头说起了。

现在我们就来看看那位财贸办公室的同志把毛泽东同志提出价值规律和等价交换说成是"针对下面的'共产风'的"一时权宜之计，"后来就没有再提了"，以及像他这样的高级干部是不必进毛泽东同志所说的价值规律这个伟大的学校的等狂妄言论背后所隐藏的一些活动。

我在对我的批判会上听到这些狂妄言论的时候，只觉得刺耳，很奇怪，不理解：他怎么竟会说出这样的话！只是隔了很久以后，我把他这些话同我听说的另外两件事联系起来，才恍然大悟，明白了这些话的全部意思。

我听说的第一件事：大概在毛泽东同志批评商业部以后，有关部门领导人就召集财贸部门的高级干部、理论权威和专家们，研究如何贯彻执行毛泽东同志关于价值规律和工农业产品等价交换的指示。大家就讲了许多上面我已经说过几次的理由，以证明不能实行等价交换。后来，他们就整理出了一份材料，说明完全实行等价交换，财政上就要多拿出多少钱，商业部门的存货要脱销，生活费用和物价要上涨多少等。有关部门领导人经过几次讨论后觉得确实有困难，也想不出别的办法，就把这些情况和材料转报了毛泽东同志。毛泽东同志只说了"知道了"三个字。

当初，我还听说过他们算的这笔账的几个主要数字。现在不记得了。我认为这些数字也有浮夸。但这不是主要的。主要的是如我上面所说，问题不应这样提。不是要赤字预算还是要等价交换的问题，而是要所谓价格杠杆即间接税制度还是要直接税制度即农业税的问题。实行工农业产品等价交换不仅不允许出现赤字预算，而且也不允许财政收入的任何减少。这些专家和权威是不是不知他们这样提问题的方法是不对的？至少我上面说的这位财贸办公室的同志是知道的，因为我是几次同他争论过的。可是他们不愿意放弃他们的老师傅传给他们的这根所谓价格杠杆，所以他们不愿意正确地提问题，并且以此来蒙骗领导，以抵制工农业产品等价交换方针的实行。

他们的老师傅是谁，我们下面再谈。

我听说的第二件事：时间大概在毛泽东同志说了"知道了"三字之后，财贸办公室的那位同志要我约几位研究物价问题的人在经济研究所开"工农业产品等价交换问题座谈会"之前。这位同志向我们研究所的人打听，孙冶方是不是还坚持他的等价交换和价值规律。我们研究所的人说，还是在宣传这个观点。据说，这位同志喊了声："哟！上面都不提了，可是他的嘴还没有堵住！"因此，当初，对我来说是极大误会，他要我约几位研究人员谈谈"工农业产品等价交换问题"，我当他已放弃了他那根价格杠杆，是来听取研究工作者的意见的，哪知他是来堵我的嘴的。这就怪不得我们在座谈会上一谈就"崩"了。我是在座谈会开过以后好久才明白他要我召开座谈会的真正意图的。

如果把以上两件事同他在批判会上的狂妄言论联系起来看，就会明白，为什么他竟说毛泽东同志关于价值规律和等价交换的有关指示只有下面的基层干部需要学习（而且也只是在刮"共产风"的时候才有这种需要），至于像他这样的高干是不需要学的。因为毛泽东同志看了他们的材料就不再提等价交换和价值规律了。

那么谁是他们这些理论权威人士和专家们的老师傅呢？在业务上直接传授他们这个衣钵的是第一个五年计划时期在中国工作过的那些苏联财贸专家。我曾认识其中的一二人，并且曾经同他们辩论过这个问题。在理论上，他们的老师傅是苏联的经济学院士斯特鲁米林。他就是那句流传很广的有名的格言——"没有价格对价值的背离，就没有价格政策"的发明人。1959年我在莫斯科会见过他，是他主动叫人来约我去的。他对许多经济学问题的论点是很糊涂的。最使我反感的是他的上述格言，他在20世纪20年代也曾反对过会计核算，因为据说现在全世界通行的簿记原理是梵蒂冈的一个主教发明的。

但是这套价格杠杆论的捍卫者是兹维列夫。他是斯大林时代的财政部长。赫鲁晓夫时代的财政部长仍然是他。这个人是很能搞钱的。然而也是毛泽东同志所批评的单纯财政观点的典型人物。他搞钱的办法就是依靠不等价交换。第二次世界大战以后，苏联国内的物价混乱已极。这是战争环境造成的，但斯特鲁米林的"没有价格对价值的背离，就没有价格政策"的理论，兹维列夫的不等价交换的财政工作实践，所起的恶劣影响是另一个重要原因。所以，在20世纪40年代后期，斯大林就开始注意政治经济学理论问题的研究，并提出了价值规律和工农业产品等价交换等问题。据说，斯大林开始着重提的是工业品和农产品的比价问题，是两个所有制之间的全面交换问题。后来，兹维列夫就向他陈述了全面实行工农业产品等价交换的实际困难。因此，后来斯大林的《苏联社会主义经济问题》在举例时，说的不是工业品和农业品的比价的例子，而是粮、棉比价的问题。这是斯大林对兹维列夫，也是对当时的实际困难的让步。

当时，苏联财经工作者和理论工作者，在内部讨论时也提出了间接税和直接税的问题。但是那时的苏联（更不用说是赫鲁晓夫时代的苏联了），要完全抛弃不等价交换，改间接税为直接税是有困难的。困难不在财政上，而在政治上，在于苏联多少年来就忽视农村中的思想教育，改革税制所遇到的阻力可能是很大的。

但是，在我们中国，情况不同。因此，有条件把间接税制改为直接税制，从而完全实现工农业产品等价交换的方针。

1970年第2期的《红旗》（即登有对我的批判文章的那一期）登有东台县贫下中农的几篇小评论。其中有一篇是说一位贫下中农（好像是一位老大娘）在向收购站交售农副产品时，收购站多给了他（她？）一角几分钱。第二天，她跑了十多里路又把这一角几分钱送回了收购站。她说："宁向土地争产量，不向国家争价格！"多么豪迈的气魄！这句话，不仅表达了中国广大农民的社会主义觉悟，而且简直可以说是一种共产主义风格〔这里说的情节可能有出入，可能是我把另一篇的情节纠缠在一起了，但这两句话只有土地的"土"字可能是"大"字之误。过去，我每个月默想到等价交换这一节政治经济学问题时，总爱翻这几篇小评论。这也就是一个多月前监狱领导把两本《红旗》（还有一期是登有"九大"文献的）没收去后，我心痛得半夜没有睡着觉的原因之一〕。

中国有了这样的农民，还不以"只争朝夕"的精神去实现14年前毛泽东同志就提出了的"工农业产品等价交换"，还是认为只能慢慢来，只能逐步实现（即永不实现），我看未免太稳了些。

在过去，一方面是从国营企业到集体所有制经济，到处泛滥着"有利就干，无利不干；大利大干，小利小干"；可是另一方面，却忌讳到连"利润"这两个字都不用，而以"赢利"，甚至以"积累""成本节约"等不同意义的概念来代替。于是如我在《社会主义计划经济管理体制中的利润指标》那个内部研究报告的附录材料中所说的一样，连国家计委召开的全国财务成本计划会议上都不敢制定"平均成本的定额"，因为这个定额的倒数就是一个"平均利润定额"。而在企业里，就有一位财务科长同我说（而且是很严肃地说的），上缴利润任务是一个硬任务，然而完成这个任务是只能做，不能说的！

宋朝的大词人秦观在嘲笑晋朝一个口不言钱而称"阿堵物"

的假"清高"时❶,说这是一种矫情,而"矫情者必大奸宄"。假马克思主义政治骗子就是一伙大奸宄。

这些年,就我个人来说,是身败名裂了。然而我却以万分喜悦的心情看到我所大力提倡过的两件事,竟然得到部分的实现。一件是我前面已经说过的企业固定资产更新任务和折旧费已部分下放企业。另一件就是报刊上不再忌讳"利润"二字,而是把它当作社会主义经济建设中的一个重要问题来研究、来批判,同时利润指标也经常作为衡量企业成绩的标志之一在文章和报道中出现。这些文章和报道一致指出,我们必须注意加强经济核算,厉行节约,完成并超额完成上缴利润的任务。我认为这些意思都非常对,非常好。但从"立"的角度看,我觉得还有两点美中不足的地方,现在大胆提出,以供批判。

从文章来说(从我能够读到的《人民日报》和《红旗》杂志来说),我觉得1970年春天《人民日报》《亿万人民都来做批判家》批判我的"修正主义"经济思想的一期专辑中发表的洪建功的短文是比较全面和深刻的。作者除指出了必须加强经济核算,完成和超额完成利润上缴任务这一点以外,还指出,我们不能笼统地反对一切利润,而要把为资本家生产的利润和为社会主义国家生产的利润分别开来(大意如此,话是如何说的已经记不清)。可是话说到这里就刹住了。

对我(我想对别的读者也是如此)来说,最想知道的是文章作者没有说下去的问题。从"文化大革命"一开始,我就在想我在利润问题上的错误有哪几点,我曾设想过有三点。第一点是:或许社会主义经济学中的确根本不允许有"利润"这个范畴概

---

❶ 晋朝王衍,其妻郭氏极贪财。王衍为了表示"清高",就采取了口不言钱的做法。有一天,郭氏开玩笑,用钱把王衍的床围了起来。王衍醒来下不了床,但又不愿亲自动手搬钱,也不说钱,而只是呼唤奴婢说:"举却阿堵物。"见《晋书·王衍传》。

念。对这一点我在从前也是怀疑的，自从报刊文章否定这一点以后，我已肯定这种观点是大奸究的矫情做作。第二点错误可能是，我强调政治挂帅不够，对思想教育工作提得不高。第三点就是我还没有把社会主义利润和资本主义利润的界限划清。我记得我在那份关于利润指标的内部研究报告中给这两种不同的利润画过好几道界限。第一道是为谁生产的利润：为资本家，为既得利益集团用留成和分红的名义来侵占，或是为上缴给社会主义国家。第二道是如何实现利润：是自由竞争和投机取巧，还是反对自由竞争和投机取巧、以厉行增产节约来创造利润。此外，我还为建立社会主义利润指标提出了一个不可缺少的前提，即价格必须与价值符合，不论在两个所有制之间，或是在全民所有制内部完全实现等价交换。上述短文作者只提了第一道界限：为谁生产利润。照这么说法，这第三点错误，我也没有了。我还不敢这么自信。

简言之，我觉得在利润问题上，现在的文章和报道，对社会主义利润的质的规定性所做的分析，还不够深入（在这方面的批判也不具体）。这是第一点美中不足的地方。

第二点美中不足的地方，是很多关于完成利润指标的报道没有说明年度之间或企业单位之间的可比性程度。由于现在各类企业，甚至同一类企业的不同花色品种的产品的价格高低不平，有有利、无利和利大、利小之别，即使对同一企业的不同年度，如果产品品种不同，那么利润指标的高低，不一定能反映生产经营情况的好坏。

我在一个棉纺厂做调查时就碰到过这样的情况：前几年这个厂生产的是19支、20支纱的内销的大路货纱布；在我去调查的前一年就改为生产一百几十支纱的出口货高档布。前一种产品利大，所以前几年利润上缴任务超额完成；从上年开始，上缴利润任务指标已经降低，可是还很难完成，虽然职工的思想政治水平和生产积极性是更高了。原因就是商业部门在定价时认为，出口货不在国内市场销售，而是给外贸部去换外汇的，外贸部出口这种布是亏本的，因此价格定得高无非是纺织部赚了外贸部的钱，即自己赚自己的钱，毫无意思。所以价格定得很低。因此，这同一个厂前后两个时期完成利润上缴任务的指标是完全不可比的。

我这段话的意思是：报道利润指标对促进企业工人、干部和技术人员对经济核算的注意有好处，但在没有按照等价交换原则定价，即价格背离价值的情况下，报道一定要注意可比性。

大概在1957年，即15年前，我国正在总结第一个五年计划的成绩和经验教训，着手编制第二个五年计划草案的时候，毛泽东同志看了国家计委或财政部门送审的一份材料，上面说，我们国家财政收入只有近10%是来自农业部门的，其余90%是来自工商交通业的。毛泽东同志说，我不相信5亿多农民对社会主义建设的贡献还不到1亿城市居民的1/10。你们再去算算这笔账，到底是怎么一回事。李富春副总理在计委传达了毛泽东同志这一指示后，就要计委和统计局共同组织几个人重算这笔账。我被指定参加了这一工作。

我们首先了解到，所说财政收入中从农业来的只有10%左右，只是指农业税部分，而没有把通过所谓"价格杠杆"从农业中取得的财政收入计算在内，后一部分是被转移到工商交通业的利润中去了。那么把这两部分合起来，在整个财政收入中应占多少呢？我们根据以下几种因素做了估算：

第一个因素是农业和工商交通业双方面实际参加劳动的人数。在这里还应该指出一点，即1亿多城市居民的职工人数中有很大一部分人（估计在1/3左右）或者是在行政机关、文教、医疗卫生和科研部门工作的，或者是在服务行业中工作的，这两部分人都不生产物质财富。因此，来自工商交通业的财政收入，仅仅是1亿多城市人口中的职工人数的2/3左右的劳动力创造的。

第二个因素是农业劳动和工业劳动的复杂程度不同。按马克思的劳动价值学说，复杂程度高的劳动比之简单劳动能创造更多的价值。

第三个因素是工商交通业中的现代化设备所起的作用。

第四个因素是国内外和解放前后工农业产品比价的动态指数，严格地说，这不是因素，而是作为研究用的参考材料。

根据这样的估算，在整个财政预算中从农业来的收入所占比重远远超过10%。我现在记不清楚，大概是30%、40%，来自工商交通企业的占60%、70%。

在这里还必须指出，如果不计算工商交通业中现代化设备，即固定资产在创造价值中所起的作用，那么来自工商交通业的财政收入绝不可能有财政收入的60%、70%这么多；就是说，如果只估计劳动的复杂程度的差异，那么1亿多人口中的职工人数的2/3的劳动力所创造的收入，绝不可能比5亿多农业人口的全部劳动力所创造的收入高出1倍左右（60%、70%和30%、40%），然而，这些现代化设备即工商交通企业的固定资产本身，又是用工人和农民共同的积累造成的呀！

从常识讲，在计算工农业向国家预算提供财政收入时，是不能不考虑工商交通企业的现代化设备，即固定资产所起的作用的。然而，这又牵涉到另一个争论问题，即社会主义政治经济学应该不应该承认生产价格这个范畴，不承认价值规律的人是更不会承认生产价格的。但如不承认固定资产在创造财政收入中的作用，那么就得承认来自农业的财政收入应该还不止30%、40%，而是例如在50%以上。因为这个争论问题和我们在这里讨论的问题关系不大，所以不再扯得太远了。

为什么我在这里又记起了15年前毛泽东同志所提出的这一关于农业在财政收入中所占比重问题的指示呢？

因为大概是在去年下半年，在《人民日报》发表的关于农业中经济核算的重要性或是别的什么问题的一篇综合报道中，曾经特别强调指出：不要忘记从农业来的收入要占国家财政收入的10%左右（又只是大意，不是原话；但作者的语气是很明白的，即为了强调这个来自农业的财政收入的重要性）。然而如上所说，如果真的只有10%左右，那么还不是那么重要的。更重要的是在于来自农业的财政收入远远高出10%这个比重。

我在这里丝毫没有责怪这篇报道的作者的意思。因为不可能要求任何作者在写这样内容的综合报道时，也像国家计委在15年前根据毛泽东同志指示所做的那样，也要组成一个专门的算账小组来核实这个10%的数字。我在这里是想指出不等价交换所造成的弊端之深和广。因为财政收入中来自农业和来自工交企业的比重直接反映着农、轻、重的关系，反映着马克思的再生产学说告诉我们的那个最重要的比例关系，即 I（v+m）和 II c 的关系（即生活资料和生产资料的关系），也就是列宁所说的到了共产主义时代也还要研究的问题。可是"价格杠杆"或不等价交换却搅乱了所有的比例关系，而比例关系是反映着社会生产关系的量和质的。

1964年，在一次批判我的座谈会上，我在发言中强调了必须尊重再生产的客观规律。财贸办公室的那位同志问：你说再生产的客观规律是什么？我知道他想抓我什么，我也脱口而出：就经济规律来说，那么千规律万规律，价值规律是第一条。于是他高兴了，认为抓到我的辫子了。于是说：你完全错了，再生产中的比例关系恰好不是价值规律决定的，而是使用价值规律决定的！他所说由使用价值规律决定，是指以下事实：炼多少钢、发多少电要用多少煤，铺一公里铁路要多少钢轨，等等；总之是指诸如焦比、煤耗、材料定额等比例关系。大家懂得这叫技术定额，是反映各生产部门之间的工艺技术关系，而不是指生产关系，是技术科学而不是政治经济学，后者所要研究的是在这样的定额基础

上，为了达到各生产部门的生产指标（实物量）需要投入多少活劳动和物化劳动。马克思的劳动价值学说并不排除使用价值，相反，他的学说是建立在商品二重性和劳动二重性基础上的，照恩格斯的说法，价值是生产费用对效用的关系（恩格斯在《反杜林论》中还肯定了他早年这一英明定义，说这句话只在马克思写了《资本论》之后才得到科学的论证，❶ 然而苏联《马克思恩格斯全集》出版委员会却说这是恩格斯早年的错误论断），但是，马克思的价值论却不是讲使用价值关系即工艺技术联系的，而是讲价值规律，即劳动关系，即生产关系的。所以这位权威又是搬起石头砸了自己的脚：他们从反对毛泽东同志的人和物的关系开始，说研究物的因素是"生产力论"，以生产力代替了生产关系的研究，结果却因为反对价值规律，提倡使用价值规律，竟然宣扬以研究工艺技术联系来代替对生产关系的研究。

总之，不破使用价值论，不丢掉那个不等价交换，就立不起社会主义政治经济学的再生产论，就搞不好社会主义再生产的综合平衡。

列宁说过（记不得原话，只是大意），任何一条好的政策，如果要破坏它的声誉，最厉害的办法莫过于把这条政策执行过头。他在另一处又说，任何真理如果强调过头，跨过了一定的界限，就会走到反面，走向谬误。假马克思主义政治骗子就是采取了这种最厉害，也可以说最恶毒的办法。我们说要发挥两个积极性，中央和地方并举，他们就来一个撒手不管；我们说要大、中、小并举，他们就来一个越小越好；我们说要土、洋并举，他们就来一个越土越好。他们的最后目的是回到他们的条条专政和大洋全那条老路上去。

那么怎样才算恰如其分呢？这不能用"二一添作五""三一

---

❶ 恩格斯：《反杜林论》，《马克思恩格斯选集》，第3卷，第348—349页注，北京，人民出版社，1972。

三十一"或各取50%的办法解决。这种办法是折中主义的办法。这里应该按照具体情况做具体分析,提出不同办法。

对中央和地方并举,上级和企业的关系,我过去已经说过,应该以简单再生产(原有投资规模)和扩大再生产(新建项目和增加投资的扩建项目)作为划分企业职权和上级领导职责的界限;以生产资料(主要是原材料)的供应和产品销售,即供、产、销协作的范围来确定中央和地方的分工,供、产、销协作关系主要在地方范围内,是地方企业,超过地方范围的就是中央管的企业。

那么大、中、小并举和土、洋并举如何能够做到恰如其分呢?那就是小而土的企业允许降低劳动生产率,即每一个劳动力在同一单位时间内所生产的产品量允许减少(这是不可避免的);但是每一元资金所产生的为社会生产的产品量和价值量(即"m")不能减少,就是说不能降低投资效果。如何能在劳动生产率降低的条件下,不降低投资效果呢?那就是在降低资金构成之后,同一数量的资金可以装备更多的劳动力来为社会生产产品了。

这可以用数字公式来证明,但我不能再多写了,不能举例了。但我认为提倡小土群的时候,必须记住这条界限。否则,如果随着劳动生产率的降低,投资效果也降低了,那就是说,国家的收入也降低了,积累率也低了。而我们提倡大、中、小并举和土、洋并举的目的,却正是因为我们缺少资金积累,是为了节约资金(物化劳动),而投资效果的降低,却是资金的浪费,而不是节约。

因此,要论证大、中、小和土、洋这两条腿走路的方针,划清真理和谬误的界限,又必须违反某些人的意志,从人和物两个因素的关系,即从资金有机构成,也就是从劳动力和劳动工具的矛盾统一的关系来说明。这矛盾就是:劳动者所使用的工具越多

越好,那么劳动生产率就越高,但是同一数量的资金所能装备的劳动人数就越少。因此,在缺资金而劳动资源富裕的情况下,就应节约资金,而多使用劳动力,用活劳动的量来弥补降低劳动生产率的质。

根据以上这个道理,我觉得在提倡大、中、小并举和土、洋并举两个方针的同时,必须注意以下的技术政策。这就是对于增产的技术措施和节约的技术措施,对节约活劳动的技术措施和节约物化劳动的技术措施,必须分别看待,根据不同的具体情况分别处理。在每一行业的少数甚至极个别的大、洋企业即骨干企业中,为了赶超世界先进水平,凡是最新的科学技术革命的成果,不论是属于增加产量的措施,还是节约的措施,是节约物化劳动的措施,还是节约活劳动的措施,只要是我们能够办得到的,都应该去办,为今后全面赶超世界先进水平创造出一个样板。因为从长远来看,节约和增产,节约物化劳动和节约活劳动是不可分的;节约就能增产(以节约下来的人力、物力办新的企业或扩建老的企业),节约物化劳动就是为了节约活劳动。但在一般企业中,在我们今天缺资金即缺物化劳动的条件下,应该把增产措施和节约物化劳动的措施放在优先地位。

举例说,放在我们面前有两种技术措施,所需投资都是一万元,一种是增产的或节约物化劳动的,另一种是节约活劳动的,可是我们手中只有一万元资金,二者不能兼得,我们采取哪一种呢?毫无问题应该采取前一种。

对于马克思主义的按劳分配原则的贯彻执行,也是有斗争的。在这个问题上,我不同意用所谓"贡献"来偷换马克思主义政治经济学中作为按劳分配原则基础的劳动的质和量,即复杂劳动和简单劳动的差别。用"贡献"来说明按劳分配,就是等于用效用来说明商品价值一样,是使用价值观点而不是劳动费用观点,是消费(使用)观点,而不是生产观点,是违反马克思主义的观点。

如果以贡献论,那么农业劳动的贡献是最大的,它是人们的衣食之本,没有它,人就要饿死、冻死,从而农业劳动的报酬不仅应该在工业劳动之上,而且应该在脑力劳动之上。然而,大家知道,在许多国家,农业劳动者的报酬,都低于工业劳动者。

如果要说贡献,那么那些为新社会的诞生而献出了自己生命的烈士们,那些领导人民取得革命胜利并创建了新社会制度的领袖们,那些真正在科学上(不论是自然科学或人文科学)提出了划时代的创造性学说的人们,还有那些代表着一个时代的精神的文学艺术家们,难道他们的贡献可以用物质报酬来衡量的吗?如果这样来衡量他们的贡献,那真是侮辱了他们!庸俗经济学者以不同商品的不同使用价值来衡量商品的价值,他们的目的是要抹杀价值的实质——劳动。有的经济学者用"贡献"来衡量劳动,并作为计算劳动报酬的标准,为的是想把他们那些博士论文之类的东西吹得神乎其神,以便把工资差距拉得越来越大。然而,如果把劳动报酬的差距归结为劳动的质和量的不同,归结为复杂劳动和简单劳动的差距,那么很明显,随着教育的普及和公费高等教育的普及,这种差距在社会主义社会里只能是随着时间增长逐渐缩短,而不是扩大。❶

但是社会主义政治经济学也必须反对绝对平均主义,反对借口按劳分配还是资产阶级法权而把这个社会主义的分配原则贬低为资本主义分配原则,从而给按劳分配原则抹黑。资本主义的分配原则,不是按劳分配而是按资分配,所以在资本主义社会把送

---

❶ 我在这里还漏说了有的经济学者用以歪曲按劳分配这个马克思主义原则的另一种谬论是"觉悟论",意思是说,社会主义社会实行按劳分配原则,而不实行按需分配原则,不是因为生产力发展水平不够高,生活资料还不充分富裕,而是因为群众的觉悟水平还不够高,如果实行了按需分配,他们就懒得劳动了,或不好好地劳动了。这种理论的谬误是显而易见的,不值得一驳的。——作者注

子女去上学是看作投资（下本钱）的。

毛泽东同志在劳动报酬问题上还给大家出过一个题目。大概也是在20世纪50年代末或60年代初，他要大家研究一下，为了提高人民生活，是用降低物价的办法好，还是用增加工资的办法好。我不知道有没有人向毛泽东同志交了这份卷。因此，我在这里不谈了。但社会主义政治经济学必须谈这个问题，这里有不少问题值得研究。

从"立"的角度看，社会主义政治经济学需要解答的问题同样是太多了，任务是艰巨的。上面所举的几个例子只是受到某些人影响歪曲了的一些重大问题。可是现在连政治经济学上一些最普通的概念，已经成了日常谈话中经常听得到的、似乎只要有些普通文化程度就能懂得的名词，都被歪曲得面目全非，以至一些大人物也为此出了洋相。

20世纪60年代初，党中央发现许多煤矿为了追求一时的产量增长，采取了只顾采煤而不顾掘进的错误做法，其他行业的企业也普遍因为热衷于新建和扩建而忽视了设备的维修更新，破坏了生产力，使简单再生产也不能维持。因此，中央提出了"先简单再生产，后扩大再生产"的口号。我不能确切知道这个口号是谁提出的，但这个口号是对的。毛泽东同志在《实践论》中曾经引用列宁的一句话来教导我们，"物质的抽象，自然规律的抽象，价值的抽象以及其他等等，一句话，一切科学的（正确的、郑重的、非瞎说的）抽象，都更深刻、更正确、更完全地反映着自然"。❶ 怎么能够把马克思的再生产学说中占据非常重要意义的简单再生产和扩大再生产这两个概念，说成是在实际生活中分不清或不好分的呢？从使用价值，即从实物量的角度看，是分不清的。例如，从产量看，一个汽车厂设计能力是年产10 000辆，我

---

❶ 参见列宁：《黑格尔〈逻辑学〉一书摘要》，转引自《毛泽东选集》1—4卷合订本，第263页，北京，人民出版社，1996。

们能够因为它由于采取某种措施而在明年生产了 10 001 辆，就说成是扩大再生产而给它规定另一套管理制度吗？显然是不能的。又如从设备看，一个 5 万锭子的纱厂，能够因为搞技术革新而多装上了 1 排或 1 个锭子，或一个机械制造厂因为技术革新而在机床上多装了 1 套或几套刀具，从而使机床能够一机多用，于是就说这是扩大再生产吗？又如从劳动人数看，我们能把一个原来是 1000 人规模的工厂，因为今天多招收了 1 个工人就算作扩大再生产吗？显然是不能的。

然而如果从价值量来看，如果一个企业除了固定资产折旧基金以外，要求国家再拨给它投资，或者它擅自把应该上缴的利润用于发展生产，那么这当然是扩大再生产，而不是简单再生产，必须另有一套管理制度，否则就是破坏财政纪律。而马克思所说的扩大再生产就是指的后一种，而不是指的前一种。因为他明明说：只有资本家不把剩余价值（m）全部消费掉，而把它作为投资，才算是扩大再生产。这在社会主义社会就是把上缴国家的利润（职工为社会生产的那部分产品量）作为投资来扩建或新建工厂的时候，才算扩大再生产。前一种所谓"扩大再生产"，实际上不叫扩大再生产而叫劳动生产率的增长。苏联经济学者把这叫作内涵的扩大再生产，而把新投资建设的生产叫作外延的扩大再生产，这除了把扩大再生产和劳动生产率增长两个完全不同的范畴或概念混淆不清以外，没有任何好处。

生产资料和消费资料也是在报刊上常见的名词。马克思把所有生产生产资料的生产部门统称为第一部类，把所有生产消费资料的生产部门统称为第二部类，然后把分析和研究这两大部类的相互关系作为他的再生产理论的主要内容。

然而什么叫生产资料，什么叫消费资料，却不是没有争议的。例如，原料是生产资料，这没有问题。那么，小麦是面粉厂的生产资料，甘蔗和糖萝卜是糖厂的生产资料，而面粉、砂糖又是面包房、饼干厂和糖果厂的生产资料。照此类推。除了农业以外，其余的生产部门，包括上述面粉厂、糖厂等都是属于第一部类，都是生产生产资料的企业了。但是，从整个国民经济的角度来看，对每一个厂来说是生产资料（原料）的东西就不一定能算作生产资料。原料能否算作生产资料要看它是生产什么的原料：生产劳动工具用的原料，例如钢铁或其他金属材料，就是生产资料；生产消费资料用的原料就是消费资料。

又如，我们通常把生产生产资料的企业，如冶金、燃料、机器制造业等称作重工业，因为这些企业设备笨重、规模大、投资多。另外，我们把制造军用飞机、坦克、大炮等的军火工厂也叫作重工业，这种称呼也是有根据的，因为这些军火工厂同制造民用飞机、拖拉机、汽车和其他机器制造业的工厂相比较，不仅工艺技术的性质基本相同，而且以规模而论也是有过之而无不及的。但是这些军工企业能算作第一部类的企业即生产生产资料的企业吗？显然是不能的。因为这些重武器一旦使用起来，非但不能成为生产力，而且是用来消灭敌人的有生力量和物质生产设备的，是毁灭敌人的生产力的。因此，这些军工企业不能算作第一部类。这些企业应算作第二部类。不错，这些企业的产品和生产人民日常生活消费品的企业的产品不同，但是它们和某些社会公共消费品，例如和防御鼠疫、霍乱、伤寒、血吸虫病的防疫针、杀菌药等一样是社会公共消费品。社会主义国家的武器是预防帝国主义瘟疫和消灭帝国主义侵略细菌的防疫针和消毒药物。因此，社会主义政治经济学应该把第二部类（即消费品生产部类）再分为甲、乙（或 A、B）两小类，甲小类是生产人民生活消费品的，乙小类是生产社会公共消费品的。后者除了上述军工产品和公共卫生防疫用品外，还有科学、文化、教育机关所用的设备、仪器、建筑物和一切机关办公楼等在内。马克思所说 $I(v+m)$ 和 IIc 的关系，仅仅是指第二部类的甲小类。整个第二部类乙小类的 c 和 v 是从 Im 和 IIm 中取得平衡的。马克思不把第二部类再分为甲乙两小类，因为他把这些资产阶级社会的"公共"消费都当作资产阶级的消费，是在 m 中开支的。可是社会主义政治经济学对国民经济综合平衡却不能抽象掉这一重要内容。

国内外经济学者常用工业在工农业总产值中所占比重的大小来显示国民经济工业化的程度。这个指标有一个好处，那就是可以突出地显示工业发展速度的迅速。然而这个指标是不真实的，因为它夸大了工业在国民经济中的实际比重，而同时就缩小了农业在国民经济中的实际比重。因为这个指标把工业的产值重复了很多遍，而且是工业越发展，分工越细，则重复的次数越多。而农业产值一般是不重复的（只有畜产品产值重复了饲料一部分产值）。例如棉花产值在农业总产值中只算 1 次，因此产 1 斤就是 1 斤产值。可是这斤棉花在纱的产值中算 1 次，布的产值中算 1 次，制成衣服后又算 1 次。在农业中只算 1 斤产值的棉花在工业中算了 3 斤（如果在印染业中再算 1 次就是 4 斤）。工业产品自身的重复也不少。例如，铁的产值可以在高炉产值中算 1 次，到炼钢厂算 1 次，到轧钢厂又算 1 次，在钢铁联合企业内部已算了 3 遍，到机器制造业又算 1 遍。如果 1 部机器是由几个工厂的零部件组装成的，那么在机器制造业就会再算上两遍或几遍。要真实反映工农业在国民经济中的比重，应该用净产值，即在国民收入中工业、农业所占的比重。

我这一段话扯远了些，但目的是想说明，社会主义政治经济学阵地上的各种各样的包袱太多了，任务是艰巨的。

但是对我来说，最艰巨的任务还是自我批判部分。我对自己的经济学思想错误的认识过程可以分为三个阶段。"文化大革命"前是一个阶段。那时我的思想的确很顽固。说我根本不听人家的批评意见，这是不对的。我对所有的批评意见听得（或读得）很认真。但是认真听（或读）的结果，我的心倒反而落实了，使我更顽固地坚持自己的意见，认为错了的是他们而不是我。

"文化大革命"开始了。1966年5月（?）[1]《红旗》社论点了我的名，给了我当头棒喝。于是我才知道，批判我的不仅仅是几位权威人士和专家。那时，我的思想紧张而又混乱，但是觉得事情也好办。那就是老老实实地把过去人家对我的批判（至少是基本的要点）接受下来，照着做检讨，以后再慢慢地想通它就是了。

但是后来我想，那岂不是以一种错误来代替另一种错误吗？这条路走不得！我苦闷了，彷徨了。于是我开始用功学习，重新读毛泽东同志的著作，然后又读《马克思恩格斯全集》，我进监牢以后的最初7个月，既没有书读，也看不到报刊。然而从这时候起，我是真正开动了"机器"。我从进监牢的第二天一早，就开始反省我的经济学思想。以后给了我报刊，给了我毛泽东选集，最近又给了我5本马克思、恩格斯、列宁的著作。在这时期，是我生平最用功的时期。我带着清理我的经济学思想这个任务来学习，来读书看报，这使我获得了一些进步。

在"文化大革命"和这以前，对我的批判主要归纳为以下4个问题：（1）价值规律和等价交换的问题（包括价格和价格政策）；（2）利润指标问题；（3）企业管理制度问题；（4）政治经济学的叙述方法或编写体系问题（包括上面已经讲过的人和物的关系的提法）。这4个问题中的第3个问题，即企业管理体制的问题，我从来没有做检查。因为如我在前面说过的那样，我在自己的《固定资产管理制度和社会主义再生产问题》中所建议的把固定资产折旧基金留在企业，设备和建筑物的大修理和更新任务也下放给企业，至少在基本精神上是符合中央有关文件的提法的。

在批判我的第4个问题中关于人和物这两个因素的关系方面，我对物的因素的解说，其中有错误。我在上面已经说过，物的因

（1）原稿如此。——编者注

素不仅是生产力问题，而更重要的是生产关系问题。至于我主张的社会主义政治经济学教科书的叙述法或编写体系问题，我留在后面讲。

我在"文化大革命"初期写的一份报告稿上说过：我关于利润指标的意见以至于我的全部政治经济学思想，都是从我的价值论中派生出来的。1970年2月号《红旗》的批判文章也认为，我的一切错误的根源是在于我的价值论。因此，使我更坚信，如果我要做自我批判，改正我的错误，那么我必须先揭发我自己的价值论的错误。我也极希望大家在这方面给予我批判，给予我帮助。但是《红旗》的文章讲到这里也刹住了，没有进一步指出我的价值论的错误到底在哪里，只是笼统地说我过分强调了价值规律。我不大赞赏"过分强调"这种不着边际的提法。何谓过分？又何谓恰如其分？过去，许多经济学家总喜欢说一种模棱两可的话，例如对于价值规律是不能不尊重又不能太尊重，等等。我在1959年写的一篇文章中曾对这种说法提过意见，认为如果承认价值规律是不以人们意志为转移的客观规律，那么凡是这个客观规律起作用的地方，你就得完全承认它，即尊重它；只有承认它，尊重它之后，才能在它面前取得自由。反之，在与价值规律无关的地方，在不是它起作用的地方，那就根本不应该扯到价值规律上去，因而就不是过分强调或太尊重的问题。我认为如果要说强调，那么谁也没有毛泽东同志那么强调、提得那么高。他说价值规律是几亿农民和几千万干部都要进的"伟大的学校"嘛！

那么我在价值规律问题上的错误在哪里呢？

对这个问题曾经试图做过几种不同的解答。在"文化大革命"初期，我在很短一个时期，曾经有过一个念头：莫非真像财贸办公室的那位同志所说的，毛泽东同志提出价值规律和等价交换这个问题来，只有针对下面刮"共产风"的。因此，过了这个时期就不应该再提这句话了。我反复阅读了毛泽东同志的有关论

著,觉得这个说法是很有问题的。因此,我很快就把这个念头打消了。近两年报刊又不断提出价值规律、等价交换和利润指标,使我更快地放弃这个念头。于是我又想,我的价值论的错误大概在于我的两个价值规律这种标新立异的意见。这就是说,在客观实际中,只有一个价值规律,那就是在资本主义商品经济社会中经常起作用的那个价值规律,它在社会主义社会中只是暂时起点作用,以后就要完全消亡的。可是我呢,说成是有两个价值规律,除了那个作为盲目自发势力,在资本主义社会中起着生产调节作用的那个资本主义商品经济的价值规律而外,还存在一个通过社会必要劳动量的计算而由社会自觉掌握的,不是异化的自发势力,而是计划经济的价值规律,它将在共产主义社会里仍起着作用。

然而如果我是这样来认识自己在价值规律问题上所犯的错误,那么我得同时承认我过去是曲解了毛泽东同志(还有斯大林)提得那么高的价值规律在社会主义社会中的作用,这就是说,毛泽东同志(还有斯大林)所说的价值规律也就是那个资本主义商品经济的价值规律,而不是什么别的价值规律。我敢做这样的结论吗?我不敢!

于是我又想,或许是存在有两个不同的价值规律,一个是资本主义商品经济的、异化的、自发势力的价值规律,另一个是社会主义计划经济的、为我的、自觉的价值规律;但是我对后一个价值规律的解说,对于这个价值规律的应用范围,提得太宽了。斯大林和毛泽东同志都只是从全民所有制经济和集体所有制经济的商品交换的角度,从不要在这交换中发生无偿占有这一点来提价值规律的,而我呢,又从部门间和两大部类之间的比例关系,从节约活劳动和物化劳动的角度来提这问题,于是我又把价值规律永恒化了。

但是我又想,毛泽东同志不是在15年前就注意到,由于价格背离价值的关系,歪曲了工业和农业的比例关系;但这种比例关系就是在集体所有制全部上升为全民所有制之后,也应该正确地反映出来,而不应该歪曲的呀!例如,在将来共产主义社会中,把一个或几个占有整个国民经济的30%、40%的比重的经济部门,说成是只占10%还不到,这终究是不对的呀。还有,如果在未来社会中,把劳动花费多的产品说成是劳动花费少的产品,而把少的说成是多的,这同样是不利于节约劳动的呀!而马克思说,节约劳动,并把节约下来的劳动在各个部门之间进行分配是未来社会中"程度很高的规律"。❶ 恩格斯也说将来社会编制计划时要注意产品的效用和劳动花费的关系。列宁又说,即使到了共产主义社会,政治经济学也还要研究Ⅰ(v+m)和Ⅱc的关系,还有积累和消费的关系。

因此,我对这样的检讨又迟疑了。我又想正面做些"立"的工作,把我的《社会主义经济论》稿写出来。我在半年之内主要读书学习,或写些提纲,半年之后动手写,明年上半年交卷1/3,再一年之后全部交稿(35万—50万字)。我今年已经64岁,以我的患了20多年慢性肝炎的体质而论,我如果能够再活6年到70岁死,那是了不起的长寿了。我希望争取在二三年之内写出这部稿子,以便在以后的二三年之内还能听到别人的批判意见,并且奢望在死以前能够多少再弄通一些社会主义政治经济学理论问题。我还想为社会主义革命和社会主义建设做些有益的事情。

大概是1970年度的某一期《红旗》,登有一篇批判文化工作危险论的文章,说到有些人因为看到有人做文化工作,当所长,弄得身败名裂,所以就散布文化工作危险论,可是当年做所长,想成名成家又是如何如何(大意如此)。我不知道除我之外,还有哪个当所长搞得身败名裂的。但我要在这里声明一下,当初党

---

❶ 孙冶方:《论价值》,载《经济研究》,1959(9)。

调我做经济研究所代所长时，我曾经向党提出意见：最好不要调动我的工作。我说，很多做统计工作的人不安心搞统计工作，可是我倒觉得既然这项工作已经摸上了手，就很想摸出点名堂来。当时我对分工管综合平衡、劳动工资、农业统计这三项统计工作，样样都爱上了。尤其是农业统计，当时因为粮食产量年年摸不准，条条块块矛盾很大，各方责难很多，我曾下决心要把农业统计数字搞真实。当调工作命令下来以后，我还走小道向老上级、当时主管农业口的谭震林同志写了万余言的条陈，说明我对改进农业统计的一些意见，并请他替我向中央提一个意见，不要调动我的工作了。

我到经济研究所后，还向一位领导同志说过，叫我这个既不会做组织工作，又不会做人的思想工作的人当行政负责人，实在是用非所长。如果光叫我做一个研究人员，说不定我对党对革命能多做一些有益的工作。但是我自从进经济研究所以后，我主观上还是勤勤恳恳想把这工作做好的，而且我还是爱上了经济学研究工作的。我现在身子离开了经济学研究岗位，但我的心并没有离开它。我还想在可能范围内尽自己一点心，做些有益于人民的事，以免白吃人民的粮，白白耗费宝贵的光阴。我并不感觉研究工作危险，并不怕"祸从口出"，或"言多必失"，而仍信笔写来，大概已经唠叨了三四万字了，而且还请求再写三五十万字。

你们或许说，我是想再放毒。对此，我申辩是多余的。本月《红旗》不是有篇文章的题目叫《要重视反面教员》吗？如果我又放毒，那不就是送上门的反面教员吗？

我虽常说自己在价值论方面提了些标新立异的意见，但我绝不想说我提出了什么新东西。不，我所说的，特别是我所坚持的，都是马、恩、列、斯、毛所说过的。不过，很多中外经济学家或者是根本不重视马、恩、列、斯有关的重要言论，或者把它看作甚至是一时失言，或早期的不成熟的、非马克思主义的观点,如对于恩格斯早年写的,在《德法年鉴》发表的那篇经济学著作那样。虽则马克思是非常赞赏这篇著作,而且恩格斯在他逝世前一年第3版《反杜林论》中还继续声明,他的这条有关价值问题的见解只是在马克思的《资本论》出版以后才得到科学的论证。可见恩格斯是非常珍视他自己在早年这篇文章中的论点的。我说很多中外经济学家都有这样的看法,其实这种看法的真正来源是一个:这就是苏联《马克思恩格斯全集》出版委员会关于恩格斯《德法年鉴》发表的这篇文章的一个注释。我的另外一些见解是接受自苏联经济学家索波里的。这是我在自己的一篇文章中特别声明过的。因为这是一个做学术研究工作者的起码道德。马克思、恩格斯著作中凡引自别人的观点,哪怕是引自资产阶级庸俗经济学者的一个论点,他们都要声明出处。他们一再反对杜林、拉萨尔一类的剽窃者。(但杜林却反过来说马克思的旁征博引是"中国式的博学",但愿这种学风将成为中国式的。)你们曾说我捡了苏联经济学家的破烂。这是非常确实的。索波里是在《真理报》上被点名批判的。他在中国做学术报告时曾大为赞扬过毛泽东同志的大、中、小并举和土、洋并举,批评苏联的"大型狂",即我们称为"大、洋、全"的东西。他回国后在他们中央统计局也宣传我们这套做法。但我并不同意索波里的所有观点,即以价值论来说,我的思想比他的系统化多了。

在我所看到的中外经济学著作中,我关于固定资产管理体制的见解倒可以说是新的东西。然而这不是我的什么创见或发明。我的那些观点是来源于实践,特别是企业干部、群众的建议和要求。我不过是根据马克思关于资本有机构成和再生产的学说,从政治经济学角度把企业干部、群众的建议和要求系统化、条理化了而已。

但是我的经济学思想,不论从其中的错误的成分,即从"毒"方面来看也好,或是从其中的某些有用的成分来看也好,有一点我自己还是多少可以引以自慰的，那就是逻辑上的一贯性和系统性。我的思想的顽固性和改造的困难也在于此。但如果击破了我的要害——价值论，那么整个体系就摧枯拉朽。我认为我所主张的社会主义经济学叙述方法或编写体系还未必是错误的，至少不完全是不可取的，可供今后编写社会主义政治经济学的人参考。这就是我还想在这最后一段所说的主题，不过上面一段话未免又扯得远了些。

我所采用的这种叙述法和编写体系也是学习了马克思主义的有关原理，想作为一种试验而坚持下来的。但是，在试验中曾与有的同志做过斗争。在经济研究所"四清"以前，我们编写小组的同事们基本上是一致赞成这种叙述方法和编写体系的。"四清"后，原来编写小组的同事有的可能因为受别人的武断宣传而动摇。现在大概因为这种叙述法与我的名字联系在一起，而不会被人考虑的了。为了驳斥别人的武断宣传，不要因为我这个人而废弃一个好的叙述方法和编写体系（大家知道，这是马克思写《资本论》的叙述方法和编写体系，不过坚持把这方法用于编写社会主义政治经济学则是由我发起的），我不得不从头说起。

我在1959年秋写的《论价值》一文中，提出了社会主义政治经济学也应该像《资本论》一样，按照直接生产过程、流通过程、再生产过程和社会总生产过程这样的程序写。在这篇文章中我是不是提出了要从产品、商品分析起，我现在已经记不得了。至于当时我是由于什么启发会想到采用这种叙述法和编写体系，也记不起来了。1959年年底到1960年年初，我学习了别人记录的毛泽东同志对苏联科学院经济研究所编写的政治经济学教科书的批语。毛泽东同志在这些批语中指出这本教科书的叙述法和体系是不高明的。他说，一定会出现别的叙述法和体系。就在这时，他看到了苏联高级党校政治经济学教研室主任科兹洛夫对社会主义政治经济学编写体系提出的建议。科兹洛夫主张应该顺着生产过程、流通过程、再生产过程和总过程这样的顺序写。毛泽东同志说，不是吗，现在科兹洛夫提出了一种新的体系了。毛泽东同志的原话，我现在记不确切，但是明显的是，这种新的尝试是可以的，它总比原来的那种体系好。1960 年，我路过莫斯科，就专程去访问了科兹洛夫，知道他的叙述方法仍然是布哈林所说的政策汇编式的，只不过是把那些定义、原则、政策按上述过程的程序编排而已。我认为这是换汤不换药的办法。因此在我回国后的第二年春天，经济研究所编写小组在《〈社会主义经济论〉初稿的讨论意见和二稿的初步设想》中提出了一个较彻底的，从产品、商品说起的提纲。

有些权威和专家对"过程法"和"产品、商品法"是反对的，但是对前者的反对意见比较温和。这是因为他们知道，毛泽东同志也曾认为科兹洛夫提出这个"过程法"作为尝试，总比原来那本书的体系好。我在全国主要省、直辖市经济学教科书编写小组代表会议上介绍经济研究所编写《社会主义经济论》的体系时，有人就急忙起来反对，他们的倾向性是明显的：他们只允许在布哈林主张过的"政策汇编"式的框框内讨论。

××部一位联系"学部"工作的同志，听说在起草《〈社会主义经济论〉初稿的讨论意见和二稿的初步设想》时，我们坚持用"产品、商品法"，就带着我们学部的一位上司赶来说服我们。他们反对"产品、商品法"的理由是：马克思研究资本主义商品经济的生产关系从产品、商品说起，那是因为商品经济是拜物主义经济，人与人的生产关系变成了物与物的关系，前者为后者所掩盖，所以不揭开物与物的拜物主义关系就不能说明生产关系。社会主义的生产关系由我们自己自觉地安排，我们可以直接来认识这种人与人的关系；如果我们写社会主义政治经济学也从产品、商品的关系写起，那么，反而把原来"一目了然"的东西（请注意这个"一目了然"！）搞糊涂了，反而是遮掩了社会主义社会的生产关系，特别是遮掩了阶级斗争。当时，我们和他争辩了，但结果谁也没有说服谁。进了监狱之后，我想起了那时的这场争论，又同他们对毛泽东同志关于人和物两个因素的关系的提法的反对联系起来，一想之后，才体会到他们反对社会主义政治经济学顺着生产、流通、再生产和全社会的总生产过程这样的程序并从产品、商品说起，不仅与他们脱离了客观存在的经济过程来研究生产关系这种形而上学主观主义的方法论有关，而且是与他们反对毛泽东同志关于人和物两个因素的论点有联系的。

马克思在《资本论》中分析了商品的本质之后指出，人们不可能从商品的本质中找出一个物质原子。我可能不确切地转述了马克思的这句话。他的意思是说，商品之所以成为商品，不是由于它的物质元素发生了变化，即不是由于它的使用价值的原因而是由于生产关系的变化。一张羊皮从原始公社社员自给自足的产品，经过奴隶制社会、农奴制社会这样几千年的漫长岁月，发展成为资本主义社会的商品，从物质元素角度看，什么变化也看不出，至少是与它变为商品无关的。商品的发展史只是私有制和资本主义商品经济的发展史。而随着社会主义革命的胜利和各种形式的私有制的消灭，这个资本主义商品也随之消失了。与此同时出现了全民所有制和集体所有制这两种社会主义公有制，出现了在全民所有制内部进行的产品交换和各种不同的公有制之间的商品交换。这个产品既不是原始公社或后来的小生产者家庭内部自给自足自然经济的产品，也不是奴隶主庄园或农奴主庄园里为剥削者的享受而生产的产品。全民所有制内部交换的产品，是一切以前社会中的自然经济中的产品的否定之否定，而不是它们的复活。同样，在不同的社会主义公有制之间进行交换的商品，或公营商店卖给居民的商品，也不再是资本主义商品的延续，而是一个崭新的商品。社会主义集体所有制上升为全民所有制之后，生产资料的交换将全部变成产品交换。但是公营商店卖给居民的生活消费资料一直要到实行按需分配之后，才会从商品变成产品，而这时，它已经由社会主义的产品进化为共产主义的产品了。所以，马克思在《资本论》中研究分析的那个资本主义商品的死亡和新的社会主义的产品和商品的产生，以及社会主义商品全部进化为社会主义产品和社会主义产品进化为共产主义产品的这一漫长过程，将是各种私有制的死亡和社会主义公有制产生和发展的过程，是社会主义公有制由低级到高级以至进入共产主义社会的漫长过程。

马克思的《资本论》分析了资本主义自由竞争时代的商品，列宁的《帝国主义是资本主义的最高阶段》分析了这个自由竞争时代的商品又如何转化成了财政资本垄断时代的商品。社会主义政治经济学是《资本论》和《帝国主义是资本主义的最高阶段》的续编。因此，不论从历史过程的角度来说，或是从逻辑过程的角度来说，社会主义政治经济学从资本主义商品的灭亡和社会主义产品和商品的产生和发展以至上升为共产主义产品这一历史过程叙述起，然后，又分析这个产品在社会主义社会内部是如何进行生产、交换和再生产的，这样一种叙述方法，虽然不能说是唯一的最好的叙述方法，然而也应该说是非常恰当的一种叙述方法。斯大林的《苏联社会主义经济问题》已经给我们开创了一个很好的先例。他不仅分析了社会主义商品和资本主义商品的差别，而且分析了社会主义产品交换和社会主义商品交换的差别。

社会主义社会的一切阶级斗争归根结底为：是坚持社会主义公有制还是复辟资本主义，是使社会主义公有制凝固化，还是随着生产力的发展而不断发展和壮大，逐渐提高，一直到进入共产主义的公有制；换句话说（以政治经济学的另一种语言来说）归结为：是社会主义的产品交换和商品交换，还是资本主义"自由"市场的商品交换，是让社会主义的产品和商品的双轨制永恒化，还是应该让它逐步进入共产主义产品的一元化大道。

认为社会主义社会的生产关系，是人们自觉地安排的，因此我们可以直接地来观察这种生产关系，而不必借助于（不必通过）对物的关系的分析，这种观点，是错误的。我们可以用感官来感觉到的生产关系有哪些呢？那就是直接生产过程中的劳动分工和协作的关系，如工序之间、班组之间，每个班组内各个成员之间等的关系。然而即使是这种关系，如果离开了劳动对象、劳动工具，离开了具体的生产过程，即离开了物，还是不能完全说得清楚的。但是我们终究还可以用眼睛看得到。至于车间之间的关系，光靠感官就难于掌握了。可是分配关系，如果离开了马克思的产品价值构成和资金有机构成的学说就完全无法理解了。还有企业与企业间的关系呢！各部门间的关系，两大部类间的关系呢！马克思说过，只有在个体小生产者的局部范围之内，每个小生产者可以用他的感官来觉察到这种生产关系。一到社会化资本主义企业时代，如果离开了簿记即账本，你就无法感受到每个企业内部以及它和国内外无数企业的千丝万缕的经济交往。而簿记账上记录的正是这些物（产品）的实物量或价值量，而尤以后者为重要。有的同志认为社会主义政治经济学可以离开了物，即离开了产品和商品来研究社会主义社会的生产关系，这正是马克思所说是局限于家庭自然经济的小天地中的小生产者所看到的生产关系。我在前面讲到我国工农业比重时已经看到，他们还没有完全离开物，只是把物（工农业产品）的比价，用他们的杠杆稍稍拨弄一下，就把工业和农业之间的比重关系，亦即生产关系的一个重要方面，完全搞混了。他们说社会主义社会中的生产关系，离开了物的关系即可以看个"一目了然"，可惜的是他们对自己说的话是什么意思都不大"一目了然"。

他们这种观点是从哪里来的？来自布哈林那里。布哈林认为在共产主义社会里，人们的生产关系像在原始公社部落那里那样清澈见底，"一目了然"，所以那时就不再要用政治经济学这样一门专门科学来研究生产关系了。那时从政治经济学这门科学中保留下来的就只有政策汇编或生产力配置这类的东西了。列宁就说：不对！例如到那时Ⅰ（v+m）和Ⅱc的比例关系，积累和消费的比例关系，等等，还是要研究的。

他们对商品拜物主义的认识也是片面的。商品拜物主义不是或主要不是一个认识问题，而是指人们自己的相互关系，即生产关系以及他们自己所生产的物质财富，成了一种异化的，即独立于人们，而且反过来统治着人们的一种自发势力。先进阶级运用了马克思主义这个武器，可以认识资本主义社会的生产关系实质，就是说，在认识上可以解决商品拜物主义这个谜，但是不推翻资本主义制度，不废除资本主义私有制，那么商品作为一种自发势力对社会的统治（包括对这先进阶级的统治在内）仍将存在。

《〈社会主义经济论〉初稿的讨论意见和二稿的初步设想》中提出的那个社会主义政治经济学编写提纲，基本上反映了我的想法。但我现在设想的稿已经有了很大的改变。这不仅因为自从1961年来，11年间我的看法已经有了很大改变和发展，而且因为那个意见和设想是集体作品，多少有些折中主义的东西在里面。

我现在设想的这部《社会主义经济论》共21章，其中有6章是比较专业性的问题（如商业和银行等），当初我只组织有关专业的同事去探索，我自己尚未进行任何研究。1964年被撤职后就再无可能去研究了。因此，这6章我这辈子是无法写的了。但社会主义政治经济学中的主要问题，我在1964年以前是亲自做了些调查研究的，1964年以后仍围绕着这些问题读了些书，搜集过一些现成的资料。对于这些问题，我从进监牢的第二天起，就顺着上面所说的"过程法"的程序，一个一个问题地思索过，每月一遍。第一个月时我只想出七八章的七八十个小节，后来发展到15章180多个小节。到上月为止，我已把这些章节至少默念了三四十遍，最主要的章节已默念过 47 遍，所以动笔以后，写起来是比较快的。每小节以 2000 字左右到 3000 字计，为 36 万—50 万字。如果党中央能批准我把这稿在监牢里写出来，那么估计两年、至多两年半的时间内，我可以交卷。

如果不能批准我写出这部稿子，那么仍然请求你们给我以上所开列的马、恩、列、斯、毛的书读。我想多多地读些书，多学习，再想通一些社会主义政治经济学的问题。

对于方海的《学一点政治经济学》的一点意见[*]

我认为这篇文章总的思想是好的,我所提的一些意见只是措辞上的,定义上的一些问题,然而也还是比较重要的理论问题。

先把方海的文章对"生产关系"所作界说同马克思、恩格斯的有关教导摘出来作一对照。

方海文:"生产资料包括三个方面:即生产资料所有制的形式;人们在生产和交换过程中的相互关系;产品的分配形式。"

恩格斯在《反杜林论》第二编一开头就说:"政治经济学……是研究人类社会中支配物质生活资料的生产和交换的规律的科学。生产和交换是两种不同的职能。……这两种社会职能的每一种都处于多半是特殊的外界作用的影响之下,所以多半是有它自己的特殊的规律,……以致它们可以叫作经济曲线的横坐标和纵坐标(单行本第144页)。"隔了两段以后又说:"随着历史上一定社会的生产和交换的方式和方法的产生……同时也产生了产品的分配方式和方法(单行本第145页)。"

马克思在《政治经济学批判》序言中说:"社会物质生产力发展到一定阶段,便同现存生产关系或财产关系(这只是生产关系的法律用语)发生矛盾。"

---

[*] 原题目:对于方海的《学一点政治经济学》的一点意见并揭发和批判叛徒卖国贼林彪的一个反动谬论。本文写于1972年10月14日。

由此可见，恩格斯认为政治经济学所研究的生产关系所包括三个方面是：（1）生产过程中的关系；（2）交换过程中的关系；（3）由二者所派生的分配关系。

恩格斯没有另外提到所有制关系，但是我们可以看到，恩格斯在这一编中所讲的中心问题却就是所有制问题。因为诚如马克思所说"财产关系"，即所有制关系，"只是生产关系的法律用语"。"生产关系"这个马克思主义的经济学概念向来就是被理解为主要是指生产过程中，包括生产、交换、分配三者在内的广义的生产过程，即再生产过程，生产者对生产资料的所有关系。方海的文章把恩格斯那么强调的，"各有自己的特殊规律"的"两种不同职能"——生产和交换——归并为生产关系的一个方面，而把二者所派生的分配和生产关系的法律用语列为生产关系的两个独立方面，其目的是想突出所有制问题，结果反而把所有制问题从下层经济基础的范畴变成了一个上层建筑的范畴（法律范畴）。同时也是把"人们在生产和交换过程中的相互关系"的主要内容掏空了❶。

方海的文章："人们在生产和交换中的相互关系是阶级与阶级的关系的反映。"

恩格斯在《反杜林论》紧接上面引过的关于分配关系的那一段之后说："随着分配上的差别的出现也出现了阶级的差别。"《反杜林论》第一章《概论》对这问题说得更详细而明确："以往全部历史都是阶级斗争的历史，这些相互斗争的社会阶级，在任何时候都是生产关系的产物，一句话，都是自己时代的经济关系的产物（单行本第145、24页）。"

---

❶ 请参考：马克思《论蒲鲁东》："政治经济学不是把财产关系的总和从它们的法律表现上即作为意志关系包括起来，而是从它们的现实形态，即作为生产关系包括起来。"而在人们"在生产和交换过程的相互关系"之外的所有制关系就会变成这种"意志关系"。

所以方海的文章中上面这句话正好与恩格斯所说的完全相反而与恩格斯这些话所针对着批判的杜林的说法划不清界线了。但是我认为这仅是措辞的问题，而不是作者的基本思想，因为作者在文章开头就说过："生产关系是决定社会其余一切关系的基本关系。"

或许作者会说，他说的"人们在生产和交换中的相互关系"仅仅是指文章中所提到的毛主席的指示："在各经济部门中的生产和交换关系……"，指"以农业为基础，工业为主导"，指"鞍钢宪法"，等等。这也不是理由。因为毛主席所说的农、轻、重的关系，"农业为基础，工业为主导"等思想，正是马克思的再生产理论（关于国民经济中两大部类相互关系的学说），特别是马克思关于"超越于劳动者个人需要的农业劳动生产率是一切社会的基础"这一理论的进一步发挥和具体化，这就是说毛主席所指示的这些方针政策正是社会主义生产关系决定的（毛主席在一次会议上讲了"农业为基础，工业为主导"这一方针后，有些人还是将信将疑的。毛主席说，马克思一定有这思想的，你们到马克思的著作中去找好了。于是陈伯达就找了几个经济学研究工作者去，问马克思到底说过这样的话没有，统计局一位干部当场就把《资本论》中这句话指给他看，他才相信了）。

方海的文章那样提法，目的是强调阶级观点，动机是好的，但提法不对。恩格斯的提法就不是这样的。他在讲完生产和交换决定了分配，"随着分配上的差别的出现，也出现了阶级的差别"之后，接着就指出："可是分配"（当然也包括阶级差别的出垷）"并不仅仅是生产和交换的消极产物；它反过来又同样地影响生产和交换"（单行本第146页）。至于毛主席的《矛盾论》第四章关于"理论、上层建筑在一定条件之下又转过来表现其为主要的决定作用"的那一段教导，是大家所熟悉的，我就不详细引证了。毛主席是在"生产力……经济基础，一般地表现为主要的决

对于方海的《学一点政治经济学》的一点意见

定作用"这个大前提之下来谈上层建筑的反作用的。像恩格斯和毛主席这样提问题就全面而有力量了。

方海的文章第一部分引证了马克思、恩格斯、列宁和毛主席的话来论证政治经济学对路线教育的意义,我觉得这一部分写得很好。

文章说:"恩格斯指出,无产阶级政党的'全部理论内容是研究政治经济学产生的'""社会主义必然要代替资本主义,无产阶级专政必然要代替资产阶级专政。'这个结论,马克思是完全而且仅仅根据现代社会的经济运动规律得出的'(列宁)。"列宁又说:"马克思的经济学说是马克思理论最深刻、最全面、最详细的证明和运用。"文章根据这些思想论证了毛主席的"学一点政治经济学"这一指示的重要性。我觉得可以补充的是马克思的政治经济学不仅分析了资本主义社会的经济运动规律,从而指出了社会主义必然要代替资本主义,无产阶级专政必然要代替资产阶级专政这个结论,而且还指出了社会主义经济学的许多基本原理。除了上面已经说过的,关于国民经济两大部类之间以及各经济部门之间的相互关系,关于农业劳动生产率增长是一切社会的基础这些思想以外,马克思还指出了社会主义社会只能实行按劳给酬的原则,社会总产品综合平衡的原则,以及马克思称之为水平很高的规律,即节约劳动并把节约下来的劳动在国民经济各部门之间进行分配的原则(也就是恩格斯所说"对效用和劳动花费的衡量,正是政治经济学的价值概念在共产主义社会中所能余留的全部东西"这一思想),等等。可以说,到现在为止,大家所谈论的社会主义政治经济学的内容还没有超出马克思已经给我们指出过的范围,而马克思关于社会主义经济学的这些思想都是包括在他的经济学巨著《资本论》中了。

因此,我觉得叛徒、卖国贼林彪否定《资本论》对社会主义建设时代的意义,反对读《资本论》,并把马克思的政治经济学说同毛主席关于社会主义经济学说的创造性发展割裂开来，甚至对立起来的那些谬论，必须彻底揭发和批判。估计这些谬论不仅在中国科学院经济研究所散布过，而且一定会在全国，特别是在经济工作者和经济学研究工作者中间广泛散布过的。因此，必须对这些谬论组织大批判。为了贯彻执行毛主席的"学一点政治经济学"的号召，进行这一大批判是非常必要的。

我觉得《红旗》第七期发表三篇政治经济学的文章，重申毛主席关于"学一点政治经济学"的多次号召是多么及时呀！我觉得在哲学、政治经济学、政治学——马克思主义的这三个组成部门之中，我们的政治经济学恐怕是比较薄弱的一环。证明是：我在今年三月份的那个报告中所列举的那些事实——从政治经济学中最基本的，而且是毛主席一再强调过的一些理论问题，如价值规律、等价交换、人的因素和物的因素的关系问题，等等，起，一直到最普通的名词界说，都有针锋相对的不同意见，改变这种状态是时候了。为此必须对卖国贼林彪的上述谬论进行彻底批判！

对于方海的《学一点政治经济学》的一点意见

恩格斯、列宁对马克思经济学说估价之高是不用说了：他们认为无产阶级政党的"全部理论内容是从研究政治经济学产生的"，认为"马克思的经济学说就是马克思理论的最深刻、最全面、最详细的证明和运用"。恩格斯和列宁都说过《资本论》是"马克思的主要著作"。同样，毛主席也是向来非常重视马克思的经济学说的。毛主席在他的许多重要著作中，如《矛盾论》《整顿党的作风》《反对党八股》）还一再提到《资本论》。当有些人嫌《资本论》太长的时候，毛主席说："这是好办的，看下去就是了！"可是林彪竟敢否定马克思经济学说在社会主义革命和建设时期的作用，竟不要大家读《资本论》。因此，现在我越想起他这些反动谬论，就越忿恨。

党曾经把我放在经济学研究岗位上，可是我没有做好这工作,辜负了党的信任。现在我是没有资格再参加这工作了,但是我是多么想在离开这世界之前,再有可能重读马克思的这部最主要的著作呀!希望能给我这个最后一次的宽大待遇,让我有机会重读一下《资本论》。

(我还想啰唆几句:反对读《资本论》——马克思的这部主要著作的风气在阎王殿时代就很盛行了,那时甚至在经济学研究机关里,读《资本论》好像就是做了不守本分的坏事,至少是脱离实际的证据。)

如果我这些话中间还有错误,请给予批判,这对我的思想改造将是最有利的帮助!

孙冶方

1972.10.14

关于1960年我去布拉格的经过[*]

1. 1960年年初我去布拉格是出席情报局机关刊物《争取人民民主，争取持久和平》（名称可能有出入）编辑部召开的一次学术讨论会。讨论题目是"国家在社会主义经济建设中的作用"（题目大意如此）。这任务是于光远以中宣部名义向我传达的。他说"情报局"（当时是不是还用情报局这个名称，我也记不清，可能有误）有电报给我们中央，说《争取人民民主，争取持久和平》编辑部要召开这么一个学术讨论会，要我们中央派人参加，中宣部决定派他和我去出席，必须立即组织人起草发言稿。

当时我和于光远都在钓鱼台学习毛主席对苏修科学院经济研究所编的那本《政治经济学》教科书所作批语。学习已临近结束，于是我就搬到中宣部干部住的一幢房子。他、林涧青和我三个人再组织了中宣部和经济所一些干部起草我和于光远的两份发言稿。林涧青先帮着于光远起草他那份发言稿，完毕后，就来帮我起草。他对我们原来的稿全面否定了。于是又重头写起。起草过程中，我和林涧青又展开了争论，后因时间紧迫，不能再争下去，由林涧青口述，由经济所同志记录成了一篇发言稿。我在布拉格就是照这发言稿读的。于光远的发言稿事实上也以林涧青的意见为主写成的，因于光远、林涧青意见基本一致，争执少，因此起草得也快。

布拉格学术讨论会出的这个题目是针对南斯拉夫的企业自治

---

[*] 本文写于1972年10月17日和1972年10月19日。

论进行批判的。在这时期,我们国内报刊也对南斯拉夫修正主义进行了批判。我记得非常清楚,在此前后,中宣部副部长许立群曾召集中联部、财经部门和经济所少数干部同中宣部理论处和科学处的干部一起开了一个会,研究如何批判南斯拉夫的修正主义。开会时许立群曾简略地说了一下开会的宗旨,大意是说,任何社会的上层建筑是经济基础决定的,因此,南斯拉夫的修正主义经济政策,如实行企业自治,放弃国家对经济工作领导,对外贸易自由化,必然是经济基础,即所有制方面蜕化变质的结果。因此,必须搜集南斯拉夫这方面的材料加以批判。他所说所有制的蜕化,就是说南斯拉夫的国营工业已经不是全民所有制企业,合作社不是集体所有制经济,而都是资本主义所有制了。我反对他这样提法。我说,如果我们从所有制来批判就会上了修正主义的当。修正主义就是说,他们工厂里没有私人老板,工厂是国营的,农场是合作社经营的,因而既不是资本主义的,也不是修正主义的,等等。同时我说,我们反对修正主义的企业自治,不能把毛主席所一再提倡的职权下放、发挥两个积极性的那些内容,也当作修正主义企业自治的内容来批判。我主张批判南斯拉夫修正主义还是要从政权变质批判起,而不能从所有制批判起,正因为政权变质了,所以这个国营不是全民所有而是既得利益阶层所有了。中宣部有个干部觉得我的话有些道理,他低声背诵了毛主席的名言:"制造舆论,夺取政权,改变生产关系。"我说对!革命和反革命都是从夺取政权入手,再改变生产关系的。

  这次在起草发言稿时,林涧青和我的争论,主要也是围绕着这个问题的。他要把批判南斯拉夫放弃国家对企业的领导,实行企业自治作为中心内容,而所说企业自治的内容有许多是与毛主席说的职权下放、发挥两个积极性的内容相混淆的。争论结果,两个发言稿都是模棱两可的折中主义。

  可是在布拉格会议上阿尔巴尼亚经济所长莫尔(?)(原文如

此——编者注。下同）的发言，却是把我想说的话非常尖锐地说出来了。他说，有人以为南斯拉夫是主张国家放弃对企业、对一切经济工作的领导的，这是不对的。他说铁托的政权对经济工作、对企业工作，抓得才紧哩。问题是他的国家政权本身变质了，他的经济政策是修正主义的。

2. 在动身去布拉格之前，我和于光远到中联部去向赵毅人（中联部副部长）请示过，赵毅人是以中共代表还是以什么比较非正式的名义派驻情报局（？）的。但这时，他不在布拉格而在北京。他向我们介绍了情报局（？）和杂志编辑部的一般情况，没有交代什么任务。

3. 我们去布拉格开会时，没有在莫斯科停留，当天就换飞机去布拉格。讨论会时间约一个星期，讨论会上的发言，除阿尔巴尼亚代表以外都很一般，主要是强调了国家在社会主义经济建设中的重要领导作用，说放弃国家对经济工作的领导是修正主义观点，只有阿尔巴尼亚代表发表了上面已经说过的，在我看来是比较中肯的（针对修正主义）批判。

4. 讨论会结束后，捷克方面邀请出席讨论会的经济学家去捷克各地参观访问，我因1956年、1958年两次到捷克，许多地方我已经去过，所以我想放弃这次参观，利用于光远在捷克参观访问的一个星期时间，去莫斯科摸一下苏联经济学界对毛主席所批判的《政治经济学教科书》中的一些观点，现在是否有所改变，如关于物质刺激问题等。我特别想拜访一下，过去我没有见过的柯兹洛夫。因为柯兹洛夫主张政治经济学（社会主义部分）仍应顺着经济过程的程序来叙述，他对政治经济学（社会主义部分）还提出了一些别的比较新的意见。毛主席在批判苏修那本《教科书》的时候就说过，苏联经济学界不会铁板一块的，一定会有新的不同于这本书的思想，不同的写法出现的。毛主席看到了柯兹洛夫关于经济学教科书的新的提纲草案之后，又说过，不是吗，柯兹洛夫就提出了按经济过程叙述的、新的编写体系了。我是听到薄一波的传达，薄又是根据陈伯达、邓力群的笔记。但当时毛主席这些话引起了我的很大兴趣，因为当时我们正在着手编写政治经济学教科书。我在1959年发表的一篇文章《论价值》中也提出过社会主义政治经济学应该顺着生产过程、流通过程、再生产过程这样的顺序写，柯兹洛夫的意见在这一点上和我相同。而根据我所听到的传达，似乎毛主席也认为这样一种叙述方法是可以的。这就引起了我的强烈的兴趣，想乘路过莫斯科之便，去摸一摸苏联政治经济学界的动态，特别是想访问柯兹洛夫本人。

　　我把我这意图告诉了于光远，他同意我先去莫斯科（我们原来是计划回国途中，大家都在莫斯科耽搁几天，一起摸一下这个问题的）。但路过莫斯科，一般过境旅客只能停留二三天，因此要多停留，就得请大使馆另外替我办手续。此外，钱和住宿也有问题，都必须通过大使馆才能办到，当时中国驻苏大使刘晓在布拉格访问参观。我就把我的意图向他说了。他批准了我的请求，并答应打电话给莫斯科大使馆，给我同苏联有关机关（中央统计局和科学院经济所）联系并解决我的住宿和零用钱的问题。

　　5. 我到莫斯科后住在大使馆，由大使馆替我打电话同中央统计局和科学院经济所接洽我去访问的事。我去中央统计局时，是请使馆调研室一位干部陪着一同去的，目的是想把我们使馆人员介绍给中央统计局副局长马雷舍夫和综合平衡司长索包里。我去经济所时，使馆调研室的人可能没有同去，因为我去经济所的主要目的是想通过他们的介绍去访问柯兹洛夫关于经济学教科书的动态。我早就估计从他们那里是摸不出什么名堂的（他们知道我的经济学观点同他们格格不相入，他们不会同我多说什么的）。哪晓得连柯兹洛夫也不是他们给我介绍，倒是齐赫文斯基给我介绍的。

　　6. 我这一次去莫斯科原来没有去"中国所"的计划，因为我是想利用这短短几天了解苏联政治经济学界编写新的教科书的动态,而"中国所"是没有这个材料的。我去经济所时,他们那里有人同我说,"中国所"新任所长齐赫文斯基想见见我。齐赫文斯基这个名字我是在抗战前他在中国做外交官时就在报上见过的。他担任"中国所"所长以后,苏科学院也曾将他的新任命告诉过中国科学院。我同意由经济所替我约定一个时间去中国所看他。

郭肇唐不是我约他的,是他从经济所听到我在莫斯科的消息以后,来使馆访问我的。如我过去几次口头和书面交代的那样,他来得很突然,就是说我事先没有计划接见他,也没有问过使馆负责人,我是否可以把他招待到我住的房间(在楼上,同使馆办公室和负责人住的房间在一起)。因此,我接到传达室电话后,就下楼在传达室小窗洞下面一张长椅上坐了一会儿。他走后,我向张代办汇报了我接待郭的经过。因为怕这次接见有些怠慢了他,使他见怪,所以我同所代办商量后决定,第二天招待郭吃次便饭(第一次见面时,他曾夸耀使馆的便饭比莫斯科北京饭店的中国饭还好)。原来我同张代办约好,郭来时,我和他二人一同陪郭吃饭的。但后来因张代办有一个外交迎送任务去飞机场,我一个人陪他吃了。

齐赫文斯基和我见面是在我请郭吃饭之后,我和齐见面时也没有郭,而只有别的二三个干部在场,这大概没有记错。因为齐接见我时郭不在场。我当时就联想到前一天,郭向我讲的那句话:"请你转告康老,如果有哪一天我向使馆提出回国的请求,那么就是说我在这里不能立脚了,务请中央(指我党中央)批准"。当时我就想郭在"中国所"也不被重视,大概的确是不能在苏联立脚了。

但齐给我的第一个印象的确比较好的,因为他不像经济所的人那样冷淡和打官腔,而且出乎意料的是,经济所托故不介绍我访问柯兹洛夫,而齐赫文斯基倒告诉了我,柯是中央高级党校政治经济学教研室主任,并安排了我同柯的见面。

关于1960年我去布拉格的经过

我这次没有在中国所做什么报告。做报告是前一年我正式访问苏联的那一次，这大概不会记错的。

7. 我在高级党校同柯兹洛夫谈得比较痛快，因为对于《政治经济学教科书》的编写体系和许多理论问题的看法，我们比较接近。详细内容，我当时有一个专门报告，现在记不清了。

8. 我记得我去费根家（研究生产力配置问题的，到中国访问过）也是在这一次。去他家的主要目的是因为他说他可以给我看一份斯大林在苏联编写那本《政治经济学教科书》时所作的一次内部讲话的记录。但后来他给我看的是一份很一般的材料，很可能被经济所负责人知道了，禁止他给我看原来他说的那个材料。

孙冶方
1972年10月17日

为了弄清我国经济学的两条路线斗争的历史，很值得把1960年前后报刊上批判南斯拉夫的文章作一全面审查。那时报刊文章的批判完全是在中宣部的思想领导下进行的。据我现在回忆，当时批判的重点是企业自治。可是自从毛主席讲十大关系，特别是提出企业领导职权下放，反对"条条"（部门）专政，调动两个积极性等指示提出来以后，实际工作部门中却正在同中央各部中的"条条专政"做斗争。我是身跨文教和财经两个部门的人，深深感到在这问题上两边的提法正是针锋相对的。1959年反右倾斗争时，中宣部在经济所发动对我的批判，中心问题也是企业自治（那时利润问题还未提出）。但那时，我只认为这是文教部门脱离实际的结果，没有怀疑到别的，现在看来恐怕问题不是那么简单了。

孙冶方
1972.10.19

一点补充说明[*]

我想利用剩下的这张纸再说一件事：最近在报纸上先后看到了李纯、关山复的名字，知道他二人不仅已经得到解放而且仍在经济所和学部负责工作，我祝贺他们，也祝贺毛主席干部政策的胜利。我想于光远和林涧青一定也得到解放了。

但是，我对他们的批判一点也不想收回。相反，在我没有认识到自己这些观点有错误之前，我将继续坚持这些观点，而且我认为他们应该已经认识到了这些错误，因此更应该自己也来批判这些错误。如果他们不认为我对他们的批判是对的，那就应该把自己的意见写成文章在报刊发表，一方面坚持他们所认为的正确思想，另一方面也对我进一步作批判。这不仅对我个人是最大的帮助，而且对于和我有同样观点的人也是很重要的帮助。

在我这方面，我将在不断学习中虚心对自己的观点作反复审查。但我想我对有人说"天下最荒唐"或"荒唐透顶"的通过价格和价值相符合来起作用的价值规律（或可称之为自觉的价值规律），我大概是不会放弃的了，将一直抱着这观点离开这世界了。因为我相信马克思、恩格斯的话，认为这是水平很高的规律，这将是价值概念到共产主义社会还要保持下去的全部东西。更因为

---

[*] 本文写于 1972 年 10 月 20 日。

不这样坚持将永远不会实现毛主席不止一次地讲过的工农业产品等价交换的教导。因为讲这句话不是某个人的观点,而是代表四清工作队做的结论,而这观点也是代表着国内外大多数,甚至绝大多数经济学家的观点的,是我所批判的一切经济学观点的最后的、最深的根子,所以我总是死抓住这句话不放。这也就是不少人说我顽固的原因。

我不仅和关、李没有什么私仇或成见(关曾特别申明过,他和我素不相识、无冤无仇),我和于、林也没有私仇。对于林的思想灵活、提问题尖锐等作风,我还很欣赏。但是只要他们坚持社会主义社会中价值规律还要通过价格和价值的背离来起作用,只要他们不承认等价交换的原则,我将继续批判他们。他们放弃了这些观点了,我还希望他们和我一起积极批判自己过去的观点。

在我看来等价交换的原则之所以重要,不仅因为当前还存在着两个不同的公有制,存在着巩固工农联盟的问题,而且更因为没有这个原则(没有价格和价值相符的"自觉的"价值规律的概念),节约劳动,争取高速度经济发展,迅速赶超美、日、法、德(在速度和绝对水平上)就不可能。马克思说这是水平很高的规律,说在某种意义上价值范畴和会计核算到共产主义社会将更重要(《资本论》三卷上,后一句话我在转述上字句有出入,但意思不会错的)不是随便说的。而主张价值规律通过价格和价值背离来起作用的人,他不懂得,至少在逻辑上,这种说法等于是宣扬自由竞争,是宣扬资本主义的商品价值规律。

我今天的岗位是坐牢,但过去党是把我放在经济学研究工作岗位上的。因此,现在虽已被剥夺了发言权,但我仍不放弃每一次机会批判我所认为错误的观点。这也许是我在离开这世界以前对我过去的旧同事的最后赠言。

（大概是去年的《人民日报》，曾两次发表过近年日本的发展速度在15％以上。根据我十年前的印象，这数字夸大了。但万一事实果然如此，这只是说明我们的社会主义的潜力远未挖掘尽。我过去按工业25％的速度计算积累率并不如某些人所说不现实。）

孙冶方
1972.10.20

一点补充说明

给陈修良的两封信（1977年）[*]

阿纳⁽¹⁾：

最近报上几次登过有关"28个半布尔什维克"的参考资料，都是似是而非的。我想给宣传口写个资料（主要是关于"资产阶级法权"问题）。但我对那次在支部大会的表决情况也只是间接听说，而且隔时已久，记不清，所以想请教你一下。

据我所知，此事发生在中（山）大（学）一期毕业之后，在一次支部大会上表决支部局一个决议，赞成者仅28票，弃权者一票。因为当时主持支部局工作的主要是王明派，即博古、夏曦、杨尚昆、王云程等人，他们都自称是百分之百的布尔什维克，所以反对他们的人挖苦地说他们是28个半布尔什维克。说报上资料是"似是而非"，因为王明本人和紧跟着他的张闻天、王稼祥等都是和我一样已经毕业离校，根本未参加此次表决，既不包括在28个半之内，也未包括在投反对票的人数之中。但这28个半在当时，以及后来，基本上是王、博派这是不错的。我对以上的回忆对否？此外，这次支部会发生在何时（我可断定 这是在二七年暑假后），我记不清了。我想你可能是参加了这次支部会的，你知道确切的年份否？还有，这次表决的是什么一个决议？我想除

---

* 原载沙尚之编：《记孙冶方》，上海文艺出版社，2001，第206—226页。原标题为《孙冶方给陈修良的信（1977—1982）》，收入《孙冶方文集》时按时间编排，信中注释为原编者所注。标题为编者后加。

（1）陈修良又名陈纳，在朋友间称呼她"阿纳"，当时她还戴着"右派"帽子在杭州大学外语系"改造"，这是孙冶方回北京后与她的通信。

你以外,冯定、张崇文[1]是参加的,我也想写信问问冯定。

希望你回上海过春节!

敬礼!

勉之[2]　1月8日

总理逝世周年纪念

阿纳:

我想吴不属于28个的可能性大,但竺还不能肯定。竺不得势是咎由自取,他一回国就登报声明脱党,因此得在交大任教(俄文),我记得他登报时我曾有过报复性的嘲笑:原来你们这些"布尔什维克"的原形不过如此!因此,他是否属于28之数还不敢说。

"Bourgeois Right"译作"资产者权利"是可以的,但译作"资产权"则不可。前者是"人"的概念,后者是"物"的概念。"权威"的英文不是Power,而是"Authority","Power"是权力。权威"Authority"既指威望或威信,又指有威望、有威信的个人,如学术界权威等。"Power"或"权力"据我想从未作"人"解释的[3]。

你所引的列宁的《国家与革命》中的那段,确实是我们所研究的问题的症结所在。这就是我们上次所谈过的"五四"时代早就提出的"德"先生的问题。(但薪资不得高于工人的工资这一条是办不到的,列宁早承认,这是对巴黎公社原则的让步)。我

---

(1)　冯定、张崇文均为20世纪20年代与孙冶方、陈修良在莫斯科中山大学的留苏同学,老革命家。

(2)　孙冶方又名孙勉之,陈修良夫妇均以勉之、阿勉、老勉相称呼。

(3)　孙冶方在1977年为批判张春桥提出取消货币,以"供给制"反对按劳取酬的原则。他对澄清资产阶级法权这一词的含意进行了阐明。孙冶方认为"四人帮"的这种主张实际上是要通过手中的权力大肆掠夺公共财产,供他们滥用公款贪污挥霍提供依据,完全篡改和背离马克思的原意。同年5月,孙冶方完成了《关于资产阶级法权》一文。

建议你读一下 1956 年《人民日报》社论《论无产阶级专政的历史经验》（1956 年 4 月 5 日）这篇 21 年前的文章，宛如说今天的事情。

祝健康！

老勉　3 月 14 日

关于"资产阶级法权"*

——一个被"四人帮"搞混乱了的政治经济学概念

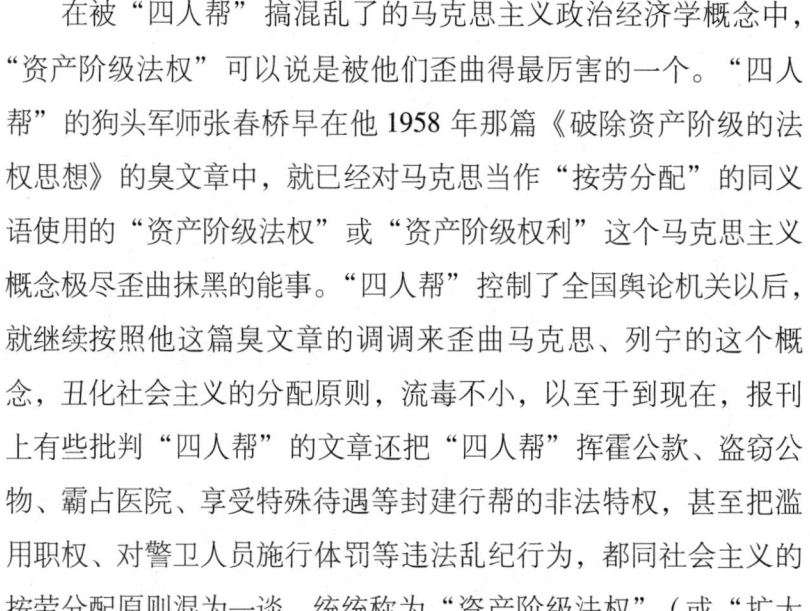

在被"四人帮"搞混乱了的马克思主义政治经济学概念中,"资产阶级法权"可以说是被他们歪曲得最厉害的一个。"四人帮"的狗头军师张春桥早在他 1958 年那篇《破除资产阶级的法权思想》的臭文章中,就已经对马克思当作"按劳分配"的同义语使用的"资产阶级法权"或"资产阶级权利"这个马克思主义概念极尽歪曲抹黑的能事。"四人帮"控制了全国舆论机关以后,就继续按照他这篇臭文章的调调来歪曲马克思、列宁的这个概念,丑化社会主义的分配原则,流毒不小,以至于到现在,报刊上有些批判"四人帮"的文章还把"四人帮"挥霍公款、盗窃公物、霸占医院、享受特殊待遇等封建行帮的非法特权,甚至把滥用职权、对警卫人员施行体罚等违法乱纪行为,都同社会主义的按劳分配原则混为一谈,统统称为"资产阶级法权"(或"扩大

---

* 这篇东西是在"四人帮"被揪出以后不久的 1977 年 3 月写的。当时,报刊上对于张春桥的《破除资产阶级法权思想》的许多批判文章,还是把"四人帮"挥霍公款、盗窃公物、霸占医院、享受特殊待遇等非法特权,甚至把滥用职权、对警卫人员施行体罚等违法乱纪行为,都同社会主义按劳分配原则混为一谈,统统称为"资产阶级法权"。这不仅是丑化了社会主义的按劳分配原则,而且是美化了"四人帮"流氓政客、封建行帮的非法特权。因此,我给当时的中共中央宣传部门的领导写了这份意见书。这意见书是请当时的学部领导转报的;但是后来发现,我的这份意见书没有转报上去。——作者注

的资产阶级法权"），这不仅是丑化了社会主义按劳分配原则，而且是美化了"四人帮"这股流氓政客、封建行帮的非法特权和违法乱纪行为。有些同志甚至把马克思用来表示社会主义社会的分配制度的这个概念当作资本主义经济范畴，当作一个否定的概念来批。可见现在不少同志仍然没有从张春桥那篇臭文章所引起的混乱中摆脱出来。

首先应该指出，"法权"这个词的译文不那么确切，比较确切的译文应该是权利。尤其因为马克思《哥达纲领批判》的中译文有这么一句话，"所以，在这里，平等的权利，按照原则仍然是资产阶级法权"，更增加了人们对此的误解。这句话在马克思的德文原文中，前一个"权利"和后一个"法权"，是同一个词（Recht），都应该译作"权利"；俄、英、法等译文也是一个词，日文也都译作"权利"，中译文把前一个译作"权利"，后一个译作"法权"，于是更引起了人们的一个疑问："资产阶级法权"到底是经济基础的范畴，还是上层建筑的范畴。因此，下面我们将一律称"资产阶级权利"，而不再用"资产阶级法权"这个译文。至于"资产阶级权利"是经济基础还是上层建筑的问题，将在后面解答。

马克思、列宁关于"按劳分配""资产阶级权利"的论著总共只有两三千字。他们用这两三千字就已经把问题说得一清二楚。看来狗头军师根本没有读完，或者没有读懂马克思、列宁这两三千字的论述，只是为了哗众取宠、蛊惑人心的目的，望文生义地胡说八道了一通。或者是，正因为他读懂了马克思、列宁的原意，所以要来加以歪曲、抹黑。由于现在关心这个问题的读者很多，为了肃清张春桥这篇臭文章的恶劣影响，我建议中央宣传口把马克思、列宁这两三千字的有关论述（连同这些经典著作的反面材料——张春桥的《破除资产阶级法权思想》作为附录）印成单行本供大家学习，特别希望报刊编者和作者好好地研究马克思和列宁的这两三千字的经典著作。下面我把自己学习马克思、列宁这些经典著作的体会写出来，请领导和同志们批评指正。

为了说明为什么马克思把"按劳分配"看作是"资产阶级权利"，我们先研究一下马克思是怎样描述"按劳分配"的。他说，在社会主义社会里，"每个生产者在作了各项扣除之后，从社会方面正好领回他所给予社会的一切。他所给予社会的，就是他个人的劳动量……他从社会方面领得一张证书，证明他提供了多少劳动（扣除他为社会基金而进行的劳动），而他凭这张证书从社会储存中领得和他所提供的劳动量相当的一份消费资料。他以一种形式给予社会的劳动量，又以另一种形式全部领回来"。❶ 换句话说，这就是多劳多得、少劳少得、不劳动者不得食的原则。

那么为什么马克思把这样的按劳分配的原则说成是资产阶级权利呢？

马克思接着说："至于消费资料在各个生产者中间的分配，那么这里通行的是商品等价物的交换中也通行的同一原则，即一种形式的一定量的劳动可以和另一种形式的同量劳动相交换。所以，在这里平等的权利按照原则仍然是资产阶级的权利……平等的权利还仍然被限制在一个资产阶级的框框里。生产者的权利是和他们提供的劳动成比例的；平等就在于以同一的尺度——劳动——来计算。"❷

所以马克思说"按劳分配"仍然是"资产阶级的权利"，仅仅因为"按劳分配"所遵循的原则仍然是商品等价物交换中所遵循的同一原则。那么在商品等价物交换中所遵循的原则是什么呢？这个原则就是：在商品交换中，交换双方对自己所交换的东

---

❶ 马克思：《哥达纲领批判》，《马克思恩格斯选集》，第 3 卷，第 10—11 页，北京，人民出版社，1972。

❷ 马克思：《哥达纲领批判》，《马克思恩格斯选集》，第 3 卷，第 11 页，北京，人民出版社，1972。

西有所有权,任何一方不能无偿地去占有对方的商品,也即是不能无偿地去占有对方商品中所包含的劳动。列宁则更是直截了当地把"按劳分配"这个资产阶级权利同另一个资产阶级权利,即同生产资料私有财产的权利相提并论;因为"按劳分配"制度,实际上就是一个消费资料私有制问题。在社会主义社会里,生产资料的私有制被废除了,但是消费资料的私有制或私有权,仍然是被允许的。

"按劳分配""商品等价物交换""生产资料私有权",这三者从表面上看来,完全是不同的范畴;马克思把三者联系起来,仅仅因为三者有一个共同的前提,即所有权或私有权,而"私有权"或"私有财产权"是资本主义社会的范畴,所以马克思才说"按劳分配"还是"资产阶级的权利"。

不错,私有财产在原始社会后期就已经有萌芽存在。但私有财产神圣不可侵犯的观念是在资本主义社会里才最后形成的。在奴隶社会和封建社会里,只有等级身份是神圣不可侵犯的,是靠等级身份统治的;资产阶级社会才是靠生产资料(资本)私有财产来统治的。也正由于这原因,所以,权利、法或法权的观念产生于西欧资产阶级革命前夜的启蒙时代,是资产阶级启蒙思想家卢梭、孟德斯鸠等人首先提出的。他们提倡人权,要求法治,反对人治和神治。由于中国是从半殖民地半封建社会直接进入社会主义社会的,跳过了资产阶级社会这一整个阶段,所以对于资产阶级革命时期形成的权利和法的观念比较陌生,不那么容易理解和接受。也正因为如此,所以,马克思把"按劳分配"称作是"资产阶级的权利",称作是旧社会遗留下来的痕迹。因为到了未来的共产主义社会,由于生产力的充分发展,大家的需求都充分得到满足,大家的享受都是同等的,也就无所谓权利了。所以马克思把"按劳分配"称作"资产阶级权利",和列宁把无产阶级专政国家称作没有资产阶级的"资产阶级国家"是一个意思,都是从共产主义这个最高理想的角度来说的。他们的意思是说：实行"按劳分配"还不是我们的最高理想，我们的最高理想是实行"按需分配"，进入共产主义的最高阶段。到那时候，既没有需要镇压的剥削阶级，也没有需要保卫的权利法规，国家就消亡了，资产阶级社会遗留下来的两大痕迹也就完全消失了。但是现在还没有达到共产主义，现在不仅需要国家来镇压阶级敌人，而且需要国家来保卫"按劳分配"这个"资产阶级权利法规"。

然而，社会主义社会能够实行"按劳分配"，恰恰是取消了另一个更大的资产阶级权利——生产资料私有制的结果，是社会主义革命胜利的结果。在社会主义革命取得胜利、资本主义社会刚刚灭亡的时候，由于物质条件和精神条件的限制，在分配问题上，只有两种选择：一种就是实行"按劳分配"，这样就能促进社会生产力远远高于资本主义社会的速度而发展；另一种就是实行马克思、恩格斯在《共产党宣言》中所批判过的"粗陋的平均主义"，而这种平均主义"就其内容来说，必然是反动的"，因为它必然束缚生产力的发展。所以，社会主义社会能够实行的唯一正确的分配原则就是"按劳分配"原则，尽管这个"按劳分配"还带有旧社会遗留下来的痕迹。但是张春桥这个狗头军师在他的《破除资产阶级法权思想》那篇黑文章中却丑化社会主义按劳分配制度，把它说得一钱不值，把马克思所说的每个劳动者从社会方面领到的、证明他提供了多少劳动的那张证书，说成是"钱能通神"，是"钞票挂帅"，是一切剥削阶级和一切压迫阶级所保护的严格的等级制度，甚至东拉西扯，把"按劳分配"说成是"蒋介石这种人间丑类在《中国的命运》一书中不知羞耻地……捏造的神话"。这简直是把"按劳分配"这个社会主义的分配制度丑化到不能再丑化的程度了（正因为张春桥1958年这篇黑文章有这种想象不到的"奇谈怪论"，所以，我在上面建议把它作为反面材料，"奇文共欣赏"，附录在马克思、列宁的著作后面）。

或许有人会说，资本主义社会也实行工资制，而且也是按劳动的质和量来定工资的；因此，"按劳分配"是资本主义社会的分配原则。不对！资本主义社会的分配原则是按资分配，是资本平均利润率原则。因此，在资本主义社会里，复杂劳动的培养，被看作是"投资"，高工资被看作是对这种"投资"的报酬。所以，在资本主义社会里，把对子弟的培养说成是"下本钱"。社会主义社会的工资和资本主义社会的工资在形式上相似，然而本质上是完全不同的。前者是社会按照各人提供的劳动的质和量给予各人以领取消费资料的凭证，是名副其实的劳动报酬；后者是作为商品的劳动力的价格，或雇佣劳动的价格。

如果有谁因为马克思、列宁都把"按劳分配"称作是"资产阶级权利"，从而把"按劳分配"看作是资本主义的分配制度，那么他就必须回答下面的问题，列宁曾经把无产阶级专政国家称作是"资产阶级式的国家"或"没有资产阶级的资产阶级国家"，因此，他们是不是要像张春桥那样，在号召"破除资产阶级法权思想"的同时，来破除无产阶级专政思想呢？"四人帮"和在他们的指使下挑动武斗、搞"打砸抢"的无政府主义分子、匪帮就是这么干的，而他们今天也就受到了无产阶级专政的严厉制裁。

列宁说，无产阶级专政国家要迫使人们遵守消费品分配方面存在的资产阶级权利法规，就是说要保卫这个资产阶级权利。列宁的原话是这样说的："……如果不愿陷入空想主义，那就不能认为，在推翻资本主义之后，人们立即就能学会不需要任何权利规范而为社会劳动，况且资本主义的废除不能立即为这种变更创造经济前提。

"可是除了'资产阶级的权利'以外，没有其他规范，所以在这范围以内，还需要有国家来保卫生产资料公有制，来保卫劳动的平等和产品分配的平等。"

"既然在消费品的分配方面存在着资产阶级的权利，那当然一定要有资产阶级的国家,因为如果没有一个能够迫使人们遵守规范的机构,权利也就等于零。"❶可是狗头军师张春桥却反问我们:"马克思……有没有告诉我们,资产阶级的法权,资产阶级的不平等的等级制度根本不能破除,反而应当把它制度化,系统化,更加向前发展呢?"如果在 19 年以前,当张春桥的黑文《破除资产阶级法权思想》发表的当时,我们对张春桥反对社会主义"按劳分配"原则、反对工资制、提倡供给制的真正意图还有所不理解的话,那么在 19 年后的今天,我们就可以恍然大悟了:原来他们所提倡和赞美的供给制,不是战争年代存在过的那种体现指挥员和战士、干部和群众之间同甘共苦生活的供给制,而是王洪文在上海吃喝玩乐 3 个月,挥霍掉国家 2 万数千元的那种"供给制",就是江青在天津住 38 天挥霍掉 3 万多元的那种"供给制",就是他们把公家的电视机和手表成批送人的那种"供给制"。

所以,我们说,把他们这样的"供给制"同社会主义按劳分配相提并论,认为这不过是"扩大的资产阶级法权",那既是丑化了社会主义的按劳分配原则,又是美化了"四人帮"贪污盗窃、作威作福的封建行帮的非法特权行为。马克思所说的"资产阶级的权利",是按照各人所提供的劳动的质和量取得消费资料的权利。可是"四人帮"提供了什么样的劳动呢?是反社会主义、反革命的劳动!即便是说,他们提供的是有用劳动,他们也无权在正式工资之外,贪污公款,盗用国家资财。贪污盗窃在资本主义国家也是非法的,因为这侵犯了资产阶级的私有财产权。近年来,美国、日本以及别的资产阶级国家,不是有好几个总统或首相、部长或大臣因为涉及贪污受贿,被在野党利用,作为弹劾执政党的借口,并且把他们赶下了台,甚至坐牢吃官司了吗?

---

❶ 列宁:《国家与革命》,《列宁选集》,第 3 卷,第 252—256,北京,人民出版社,1972。

在我国"三反、五反"时，贪污盗窃国家资财满 1 万元者，曰大老虎，判死刑。王洪文在上海 3 个月盗用公款 2 万数千元，那就是双料的大老虎。过去张春桥、姚文元之流把他们这种行为称为"扩大的资产阶级法权"。顾名思义，"法权"者，合法的权利也。明明是违法乱纪行为，是非法的，却称为"法权"，或"扩大的法权"，即扩大的合法权利，这是诡辩。而我们现在有些批判"四人帮"的文章，还是跟着他们说，这不过是"扩大的资产阶级法权"，那是上了"四人帮"的当。

因此，我们现在所说的"限制资产阶级法权"，也只有在这个意义上是正确的，那就是把它严格限制在按劳分配的范围以内，不使它扩大为"四人帮"那种封建行帮的非法特权，不使社会各个成员之间的报酬的差距，大于劳动的质和量的差距。但是如果把"限制资产阶级法权"解释为把报酬的差距限制到小于劳动的质和量的差距，那就是违背了"按劳分配"的原则，不利于劳动积极性的发挥，因而也不利于社会主义建设。因此，我们对于列宁所说的"保卫劳动的平等和产品分配的平等"，对于他所说的必须"迫使人们遵守的权利法规"，应该理解为严格遵守"按劳分配"的原则，那就是一方面不使按劳分配这个资产阶级权利扩大为"四人帮"那种封建行帮的非法特权，不使任何人从社会取得的报酬大于他对社会提供的劳动的质和量。另一方面，又不使报酬少于他所提供的劳动的质和量。因为这两种情况都是产品分配的不平等：前一种情况是特权享受者剥削了社会（即全体劳动者），后一种情况是社会克扣了复杂劳动者。

那么，是不是说现在的按劳分配制度就永远不能变更，要与世长存，人与人之间的收入差距就永远不能缩小和消灭的呢？不，绝不是这样。这个差距必须逐渐缩小以至于完全消灭。不这样，就不能进入共产主义。然而这如同马克思所说的那样，应该是一方面随着体力劳动和脑力劳动的差别的缩小和消灭，另一方面，随着生产力的发展和物资的丰富而逐渐缩小，以至于最后使这种差别完全消灭，使每个人的需求都能够同样得到充分满足。显然，这个差距的缩小和消灭是应该用提高低工资的办法而不是用压低高工资的办法来达到的，因为不可能设想，随着社会主义建设的成功，随着生产的发展，社会上会有整整一个阶层——即使他们是收入较高的一个阶层，他们的收入和生活水平应该普遍下降，如果他们的高工资确实是他们对社会提供的质高量多的劳动的报酬。所以，由按劳分配过渡到按需分配，将是一个很长的过程，也就是社会主义社会逐渐进入共产主义社会的同义语。

关于『资产阶级法权』

在社会主义社会里，如果要像列宁所说的那样"保卫劳动的平等和产品分配的平等"，那么就只有承认而且严格遵守"按劳分配"的原则，就是说，要按照各人对社会提供的劳动的质和量来给予报酬，就是说，承认并允许"资产阶级权利"存在。一切违背这一原则的主张，尽管听起来很"高超"，但是在实践中，"这高超不免要从天上掉下来，掉到地上最不干净的地方去"❶。其实，"四人帮"在资产阶级权利问题上的一切"高超"理论的发表，原来的目的也就是掩护他们的最不干净的地方——政治上的篡党夺权和经济上的贪污盗窃！

"按劳分配"问题，或社会主义社会的"资产阶级权利问题"的复杂性，不在于理论原则方面。在理论上，在原则上，马克思、列宁已经非常明确地给予阐明和肯定了。这个问题的复杂性是在实践方面。因为按劳分配的原则要求社会按照劳动的质和量来给予各人报酬。但是对于各行、各业、各个人的劳动的质和量如何来鉴定并分等级呢？劳动的质和量既不能用尺量，也不能用秤称，这是一个方面。另一方面，又如何适应着劳动的不同的质和量来制定各种不同等级的工资标准呢？在资本主义社会，劳动

❶ 鲁迅：《答托洛茨基派的信》。

175

力是商品,它的价格也同一切商品的价格一样,是通过市场竞争来确定的。这在社会主义社会里是不允许的。因此,中华人民共和国在解放初期制定工资标准的时候,既考虑到历史条件,又考虑到当前的生产水平和国家财政的状况以及当时的物价和地区间的差别等;对每一个个人的工资等级的确定,必须经过民主评议,上级审查,上下反复讨论,最后由领导批准。总之,在社会主义社会里,是用集中统一领导下的民主方式和群众路线的办法来代替资本主义的市场竞争。

但是现在回过头来看,当年制定的制度和工资标准是不是还有不符合按劳分配原则的地方呢?例如高低工资的差距会不会太大了呢?是不是还会有不合理的地方呢?肯定会有的。尤其因为这些制度和标准还是 20 世纪 50 年代颁布的,绝大部分职工的级别也是在那时候评定的,60 年代初仅仅做了局部的调整。由于"四人帮"对生产的破坏,许多企业非但没有利润,甚至有很大的亏损,国家财政收入下降,许多 60 年代初参加工作的青年的工资 10 多年没有调整。当初的独身青年现在结了婚,生男育女成了家了。而且在这时期内物价变动了。个别部门和地区在级别提升和工资方面虽然做了些调整并采取了一些补救办法,例如增加补贴之类,然而由于这种调整往往不是在全国统一规划之下进行的,往往反而造成了部门之间和地区之间的矛盾。这些账都应该记在"四人帮"罪行账上。因此,当前迫切需要调动一切积极因素,发展生产,厉行节约,增加国家财政收入,然后才能调整工资标准,首先提高低工资者的级别和工资,特别是提高 20 世纪 50 年代末和 60 年代以后参加工作的这些低工资者的收入。然而,这一切都是属于具体的劳动工资制度的问题,而不是狗头军师为了哗众取宠、蛊惑人心而提出的什么"破除资产阶级法权"的问题。不是否定"按劳分配",而是要严格遵守这个社会主义分配原则的问题。

"四人帮"一伙在社会主义分配问题上口里唱着高调，但是在实践中却是大搞享受特殊化，他们的更严重的罪行是破坏了国民经济，从而也是破坏了提高工农大众生活水平的物质基础，破坏了缩小三大差别的物质基础。因此，当前的任务是必须深入揭发"四人帮"破坏社会主义生产、搞铺张浪费、破坏社会主义分配制度的罪行，批判他们蛊惑人心、哗众取宠、歪曲马列主义关于"资产阶级权利"的学说、给社会主义的"按劳分配"原则抹黑的谬论。同时，要把"四人帮"造成的当前国家财政困难情况以及群众生活水平一时还难以提高的道理向群众讲明白。群众是通情达理的，情况明了，道理通了，大家就会在党中央领导之下，积极起来，发展工农业生产，把国民经济搞上去。然后在生产长一寸、福利长一分的原则下，逐步提高工农大众的生活水平，增加积累，扩大社会主义再生产，为缩小三大差别，为逐步走向共产主义创造条件。换句话说，在社会主义社会实行按劳分配，正是为将来实行按需分配进入共产主义创造条件。

关于『资产阶级法权』

现在我们来回答：马克思、列宁所说的"资产阶级权利"到底是经济基础还是上层建筑？既然马克思、列宁所说的社会主义社会的"资产阶级权利"仅仅是指"按劳分配"，而不是指其他（在社会主义社会里另一个"资产阶级权利"——生产资料私有制已被废除），而"按劳分配"是政治经济学中所说的分配关系，是生产关系的一种，是唯一能够适应社会主义社会生产力发展的分配关系，就是说，这是社会主义社会的经济基础。因此，"四人帮"叫喊"破除资产阶级法权"，也就是破除社会主义的经济基础，破坏社会主义的分配关系。至于实现和保障这一社会主义分配关系的一切法规，如工资条例，以及有关这一分配关系的马克思、列宁主义学说，以及这一学说的对立面——张春桥之流的歪曲、蛊惑宣传，则如同一切法制和社会意识形态一样，是社会上层建筑。

适应生产力发展的社会主义分配关系，以及关于这一分配关系的马列主义学说，我们必须加以保卫，至于实现这一分配关系的具体的法规条例，则必须随着生产的发展、物价的变化，人们文化水平、觉悟程度的提高，一句话说，必须随着客观条件的变化，而不断改进之，完善之，使之更符合这个社会主义"按劳分配"的原则，以促进生产力的发展，至于张春桥之流违反马列主义原则，从而不利于生产力发展的种种蛊惑宣传，则必须加以彻底驳斥。

关于所谓"下马风"*

记得大概是在"批林批孔"运动前后，报刊上曾经大批了一阵"刘少奇的下马风"。那时我被关在监狱里，无从知道"批林批孔"另搞一套，矛头本来就是直指周总理的。因此，我以为这仅仅是由于写文章的人不知道实际情况，所以把周总理亲自抓的许多基建项目下马。某些文教单位的裁减，也当作"刘少奇的下马风"来批了。三年大困难时，工农业生产遭到破坏，财政上出现赤字，基建战线拉得很长，工交基建和文教卫生事业占用劳动力太多，影响了农业生产。在此情况下，基本建设缩短战线，打歼灭战实有必要，文教卫生事业的脱产人员也必须大力裁减。但是那时一方面由于很多人发热的头脑还没有冷下来，另一方面由于地区或部门的本位主义作怪，基建项目的下马和人员编制和裁减阻力很大。所以，周总理不能不亲自抓这个工作。我记得当时国务院还为此设立了专门机构，由周总理亲自坐镇。现在看来，"批林批孔"前后，批"刘少奇的下马风"实际上也是把矛头针对周总理的。

"批林批孔"以后，在报刊和广播中，已经有两三年没有听

---

* 这里几篇东西是和已经收集在文集中的《关于资产阶级法权》一文同时写的，是拟请学部领导转陈当时中央的宣传中心负责人的，但学部领导未送出。——1981年2月15日作者注。

"几篇东西"指《关于所谓"下马风"》《关于"理论队伍"》《"四人帮"的极右实质和"左"的外衣》，（写于1977年4－5月间），"文集"指孙冶方《社会主义经济的若干理论问题》。——编者注

到"批刘少奇的下马风"了。

最近几个月来,在"四人帮"被揪出之后,大家都已经知道,由于"四人帮"对国民经济的破坏,国家财政预算出现了赤字,华主席提出"要集中力量打歼灭战,基本建设战线不能过长,保证重点项目的建设"。可是,就在目前又有某些项目要"下马"的时候,在广播中,在报刊上,忽然又时常听到批起"刘少奇的下马风"来了。这一次,我最初听到批"刘少奇下马风"是在新华社报道鲁西南一个化肥厂和大庆某一工程的投产的通信中,最近的一次是在今天,1977年4月7日,新华社上海电讯关于南方十三省市的血防工作的报道。当然,我不敢无根据地怀疑这些报道的"针对性",但是我至少认为这些批判的"时代感"是相当缺乏的。这在上海是特别感觉深刻的。即使在这个"四人帮"的独立"帮国"里,这几年来工业总产值也是年年下降,据苏振华同志在中央工作会议的报告中说,在"四人帮"垮台的前夜,工业总产值的增长速度已经下降到只有百分之一点几了,但是他们在这里铺开了基本建设的摊子,什么"王洪文工程"呀,"张春桥工程"呀,"江青工程"呀,据说总数有二十几亿之多。即使这些工程本身都是需要的,可是在财政出现赤字的情况下,不缩短战线,不使某些次要的项目下马,如何能保证最必要的重点项目呢?在华国锋同志和党中央提出可缩短基建战线,保证重点项目建设号召之后,在缩短哪一条战线的问题上,即在什么部门,在什么地方的什么项目"下马"的问题上,是会存在一些矛盾,会出现一些争论的。在这种情况下,"批判刘少奇的下马风"的"针对性"和"时代感"确实是值得怀疑的。

关于"理论队伍"[*]

"理论队伍"这个概念似乎是"四人帮"控制了舆论机关以后出现的"新生事物"。从表面上看，这个概念似乎是无害的，但"四人帮"所说的"理论队伍"是专指他们的"写作班子"，是这个班子的专用头衔。我还记得70年代初有一篇文章是把"理论队伍"同"科技队伍"并立着提的。文章说，我们的"理论队伍"如何如何，而我们的"科技队伍"又如何如何。因此，在他们的概念中，"理论队伍"不科学，"科技队伍"无理论，或不要理论，不准有理论。他们的这个概念，正确反映了他们的"写作班子"的真实情况，也反映了"四人帮"的科技政策。由此相反，马克思、恩格斯、列宁总是强调马列主义理论的科学性和自然科学的研究上升到理论高度的必要性，从来没有把理论和自然科学对立起来过。在"四人帮"当权时代，不仅在文字上把"理论队伍"同科技队伍、业务队伍对立着提，而且在实践中，他们从中央到地方，到工矿企业和科学、文化、教育、卫生的基层单位，都建立了一个不事生产、不管业务、脱离群众的所谓"先进分子"组成的"理论队伍"或"写作班子"，给群众印象很坏。其实，这个队伍在大多数场合下，是"四人帮"直接控制

---

[*] 见《关于所谓"下马风"》的题注。

的文化特务。"理论队伍"这个概念在理论上是不通的,在实践中是有害的。因此,我觉得,在我们刊物上至今仍然出现"理论队伍"这种概念,应视作是"四人帮"御用"写作班子"的余毒犹存。

"四人帮"的极右实质和"左"的外衣[*]

　　华主席说"四人帮"是披着马克思主义的外衣而又是右的不能再右的极右派。这是千真万确的,披着马克思主义外衣的极右派在"文化大革命"初期称之为"形""左""实""右"。这个说法久已不用,然而我认为,这是既概括而又恰当的说法。马克思主义者是工人运动中最"左"最革命的一派,再比马克思主义"左",那必然是假"左"派,是加了引号的"左"派,是极右派。在马克思主义经典著作中,加上引号的"左"派,一向就是指的极右派,是比公开的右派更危险的一种右派。毛主席和党中央早总结过,中国党的历史上,凡是以赤裸裸右的面目出现的右派机会主义,它的寿命总是很短的;而以"左"的面目,即假"左"派面目出现的机会主义危害革命、危害党总是比较长久。陈独秀的右倾机会主义,从北伐军进入湖南,陈独秀压制农民运动算起到蒋介石"四一二"事变促成陈独秀主义彻底破产为止,不过一年多左右时间。但是在陈独秀的右倾机会主义失败之后,出现的"左"倾机会主义,从瞿秋白、李立三两次"左倾"盲动主义到1935年遵义会议王明路线下台为止,用"左"的面目出现的机会主义统治了八年之久(1927年到1935年)。即以王明的机会主义而论,用"左"的面目出现的时候,自1931年六届四

---

[*] 见《关于所谓"下马风"》的题注。

中全会到1935年遵义会议也延续了四年之久,但是当它用右的本来面目出现的时候,只一年左右时间(长江局时代)就完蛋了。而且再也没有像陈独秀那样影响全局。这是因为中国是一个小有产者,小生产者占优势的国度,而小生产者照列宁的说法"容易激发一种革命的狂热",而被披着马克思主义外衣的,即以"左"的面目出现的阴谋家和野心家所蒙蔽。"四人帮"这伙反革命极右派的罪行早已被许多、许多的人,看在眼里,恨在心里了,但是,为什么他们会危害党和国家十年多时间呢?原因之一,也就是他们披着马克思主义的外衣,即"左"的外衣,好像他们比马克思、列宁还"左",从而迷惑了许多人。

为了使我们党不再为"四人帮"这一类骗子所蒙蔽、所欺骗,我们必须总结这个经验、教训。揭示出"四人帮"的"左"的外衣,不忌讳"形"左"实"右这个概念,正为的是使今后不再被这些野心家、阴谋家的"左"的外衣所蒙蔽。

致学部领导小组的第二个报告[*]

林修德，吴亮平同志：

1. 1975年我从监狱出来时，国务院专案办公室对我审查的结论中有一条说，"由学部妥善分配工作"。因此我认为我是学部（社会科学院）的待分配干部，我只是在经济所过党的组织生活。因此，关于我的工作问题，我应当找你们谈。这不是我有意越过经济所的领导而给你们添麻烦。但是自从专案办公室做出对我的审查结论以后，两年多时间，学部（社会科学院）领导连谈话也没有同我谈过一次。在揪出"四人帮"以前，我也不愿意使学部领导为难，所以也没有主动来找过学部领导。但是自从"四人帮"被揪出以后，我觉得我应该主动和学部联系，在学部（社会科学院）领导下，在揭批"四人帮"的运动中多少出一点力，并且把我自己的研究计划向学部（社会科学院）报告并请求批准，不料我在4月份送给你们的那份报告和请你们转送中央宣传口的关于资产阶级法权问题的那篇意见，你们根本没有看（如果你们看了，就会知道关于"法权"一词的翻译错误，我在文章中已经指出，而且我在年初就曾在上海和编译局一位负责人谈过），更没有把我的那篇意见转上去。

2. 我很理解，当前学部（社科院）领导同志的主要精力应该

---

[*] 本文写于1977年6月27日。标题为编者后加。另：作者原稿中"（四）"一节已删除，原因是当时（中国社会科学院）的"名字已经定下来了，就不再提这个意见了"（作者日记记录）。编者仍保留此节以表明作者的态度。

集中于揭批与"四人帮"有牵连的人和事。这是完全应该的,我完全拥护。因为如果不把与"四人帮"有牵连的人和事揭透批臭;那就等于是"四人帮"埋在学部各单位的定时炸弹还没有被挖掉。一有风吹草动,它们就随时有爆炸的可能。因此当前学部的中心工作当然不是抓业务、写文章,而是大打一场揭批与"四人帮"有牵连的人和事的人民战争。然而华主席早在去年十二月第二次全国学大寨会议的讲话中就指出:"'四人帮'长期控制舆论阵地,大量散布修正主义谬论,任意践踏马克思主义的基本原理。"所以还要"从哲学、政治经济学、科学社会主义理论上进行批判。"我们学部在这场思想理论战线的人民战争中,即使不能站在最前列,也不能太落后(按照我们的工作岗位应当是站在最前列的队伍之一)!因此,我认为学部各单位在政治上和组织上揭批"四人帮"的同时,还必须考虑如何积极参加华主席号召的"从哲学、政治经济学、科学社会主义理论上进行批判";不能长期的不搞业务,不积极参加理论战线上的批判运动。我们必须记住:陈伯达和"四人帮"插手学部以后的重大罪行之一就是他们取消了马克思主义的哲学、政治经济学和科学社会主义的理论研究工作。

3. 关于"妥善分配"我的工作的问题,我的希望已在4月份那个报告中说过,那就是让我仍旧留在经济所做研究工作,不改行,不担任行政职务,并给予我完成《社会主义经济论》写作的居住条件(我的要求不大,只希望有一间不受干扰,能关起门来写作的小房间)。在揪出"四人帮"之前,经济所领导要我改行研究苏联经济,我已表示过拒绝。我希望学部领导批准我在4月份那个报告中所提出的研究计划。亮平同志上次谈话时似乎不赞成我写《社会主义经济论》,说是政治经济学教科书已经出版很多了。我则认为,正因为我不同意已经出版的许多政治经济学教科书的体裁和观点,我才决定写的。

4. 我建议学部改院以后，仍然称"哲学社会科学院"而不是简单地称作"社会科学院"。因为如同毛主席所说的那样，哲学是自然科学和社会科学两门学科的总概况，而不是社会科学中的一个部门。

5. 附带报告一个情况。据我所知国务院专案办公室对我的审查结论，经济所领导并没有向党内外群众宣布过。但是1968年4月5日，公安部来逮捕我的时候，是当着经济所的大批群众和宿舍区的一部分居民，在打倒特务、叛徒孙冶方的口号声中，给我戴上手铐抓走的。所以我是大张旗鼓地被抓进监狱，不声不响地被释放回家的。因此，至少在一部分群众心目中，我是一个劳改释放犯。我不知道这种做法是公安部的规定，还是经济所领导的决定。我也不知道这种做法是不是合乎党的政策。

此致　敬礼！

孙冶方

6月27日

评郭沫若《中国古代史的分期问题》*

大概是 1973 年年底或 1974 年年初,在"批林批孔"运动初期,我还在监狱的时候,曾经对郭沫若《中国古代史的分期问题》一文写过一篇四五千字的短评。……孔丘的时代背景到底是奴隶制社会还是封建制社会,即中国古代史的分期问题,还是一个很有争论的学术问题,当时可以作为依据的最新材料是《红旗》1972 年第七期登载的郭沫若《中国古代史的分期问题》。然而我认为郭文的论据不仅是站不住脚的,而且跟马克思主义历史唯物论和广义政治经济学的基本原理是相违背的。……我把我的看法向监狱管理当局做了汇报,而且被批准给予纸笔,写成了上述短文。自从我写了那篇短评以来,又是两三年过去了,关于孔丘的时代背景似已肯定为奴隶社会,就是说已经肯定中国的封建社会不是当年毛主席在《中国革命和中国共产党》这篇文章中所说的,自周秦以来已有三千年历史,而只有两千余年历史。看来,我当年写的那篇短评又犯了错误。现在我把前两三年写的那篇短评的基本内容根据记忆所及重新写出来,不是为了发表,而是为了今后供别人批判和我自己做检查之用。(1976 年 5 月)

---

* 本文写于 1977 年 7 月 10 日。郭沫若《中国古代史的分期问题》刊登于 1972 年《红旗》第 7 期。在收入《孙冶方文集》时有删节。

一

我对于历史没有专门研究，关于中国古代史的一些知识都是从近代作家的著作中得来的，从未研究过第一手资料（古籍和出土文物）。因此，我对于中国古代社会分期问题没有发言权。虽然我自己是拥护毛主席在《中国革命和中国共产党》这篇文章中提出的，中国"封建制度自周秦以来一直延续了三千年左右"这个说法的，即认为中国自西周开始就已经是封建社会了。但是既然解放以来，历史学界关于中国古代史分期问题的争论始终延续着，这是毛主席和党所提倡的百家争鸣范围以内的事情，应该由考古学家和历史学家根据马克思主义的历史唯物论和广义的政治经济学的原理，根据新发现的史料和出土文物展开讨论，以求得一致的意见，没有我这个外行，历史学的小学生插嘴的余地。

评郭沫若《中国古代史的分期问题》

但是读了郭沫若《中国古代史的分期问题》这篇文章以后，觉得作者许多观点不合乎唯物史观和广义政治经济学的一些基本原理。如果按照郭文所举的事实而论，应该证实的不是郭文的结论，而是与此相反的结论，就是说中国封建社会应该是从西周（公元前1066年）就已经开始，即如毛主席《中国革命和中国共产党》一文所说的那样，已经有三千年的历史，而不是郭文所说的那样是在春秋与战国之交的公元前475年开始，只有二千四百五十多年的历史。

郭文认为中国社会奴隶制与封建制的交替应该"划在春秋与战国之交，即公元前475年"，理由是：根据毛主席指示，封建社会的主要矛盾是农民阶级和地主阶级的矛盾。因此，"如果在某一个历史时期中，严密意义的地主阶级还不存在，那么那个时期的社会便根本不能是封建社会。"郭文认为，"古代中国的土地所有制，在殷周时代是土地固有制"，即是"就平坦的地面划分出有一定面积的等量的方田"。即"井田制",因此,那时就没有"严密意义的地主阶级",因此,殷周时代就不可能是封建社会,而只能是奴隶制社会。私田的出现和井田制的破坏是由于"井田"即公田以外的荒地的开垦。"这被开垦出来的田地,便成为私家的黑田"。时间久了,这私田会超过公田的数量。"公家为了增加收入,终于被迫打破了公田和私田的区别而一律取税。……这便是导致了井田制的破坏,也便是导致了奴隶制的灭亡。《春秋》在鲁宣公十五年(公元前790年)有"初税亩"的记载,虽然仅仅三个字,却含有极其重大的社会变革的历史意义。它表明中国的地主阶级第一次登上了舞台,第一次被合法承认。在此以前的奴隶制下,中国是没有所谓"地主阶级"的。地主阶级既不存在,则农民阶级与地主阶级对立的这个主要矛盾也就还未成立。那么,在春秋中叶以前的中国社会便不是封建社会,而是奴隶社会,应该是没有什么可争论的了。"

归纳以上所引郭文的主要论点是说:没有"严密意义的地主阶级",没有土地私有制,就不可能有封建社会,而只能是奴隶社会。这就是郭文对广义政治经济学或社会形态发展史所提出的一条一般性的定义或原则。既然关于中国古代史的分期问题还是一个争论问题,那么我们暂时离开中国的古代史来看一下世界史是否能够证实这条定义(或原则),特别是要听一听马克思和恩格斯对此问题的意见。

各国历史学家都承认,在英国入侵印度之前,印度存在着土地的村社公有制度。恩格斯在《反杜林论》中(第二篇第四章《暴力论》(续))曾经说过"英国的法学者们——曾在印度徒劳地苦思过'谁是土地的所有者'这个问题"。马克思在《不列颠在印度的统治》一文中曾经对当时印度土地村公有制的具体情况作了详细的介绍,然后他对这种制度做出了如下结论:"这些田园风味的农村农社不管初看起来怎样无害于人,却始终是东方专制制度的牢固基础。"而马克思所说的东方专制制度就是封建专制制度,而不是奴隶专制制度。我们还没有听说过在英国入侵之前的莫卧儿王朝的印度是奴隶制社会而不是封建制社会。

  那么这是不是违背毛主席说的"封建社会的主要矛盾是农民阶级和地主阶级的矛盾"这个基本原理呢?绝对没有。因为在土地村公有或土地"国有"的情况下,依靠农民缴纳的贡赋和徭役来维持自己的奢侈生活和统治的国王、诸侯、领主等就是实际上的地主,而国王就是他们之中最大的地主(记得马、恩、列都曾有过这样的论述。因这篇东西不是为发表用的,我不再花时间来寻找这话的出处了)。是不是存在地主和农民之间的矛盾以及这个矛盾是不是主要矛盾,不决定于当时存在不存在"地主"这个名称而决定于当时社会的统治阶级是依靠占有土地来剥削农民的还是依靠对生产者本身的人身占有来进行剥削的。在前一种情况下,农民有自己的独立经营,直接占有自己生产的一部分产品,即郭文所说的农民能"成家立业"。这就是封建社会。后一种情况下,生产者将生产的全部产品连同他们自身,直接归主人被占有(如同牲畜和生产工具一样被占有)。同时,生产者的生活(衣食住)也归主人全部包下来。这就是奴隶制社会。封建制社会所以能代替奴隶制社会而兴起,就是因为生产者有了自己独立的经营,即所谓"成家立业"之后,对生产有了兴趣,从而促进了社会生产的发展,把社会向前推进了一步。如果不从生产关系,而从字面上来了解"严密意义的地主阶级",那么恐怕中国要到很晚的年代,至少要在宋以后才能算是进入封建时代了。因为据旧《辞海》的注解,"地主"一词最早出现于《左传》哀公十二年:"夫诸侯之会,事既毕矣,侯伯致礼,地主归饩。""疏地主,所会之地主人也。"所以当时所说"地主"根本不是现在所说的地主。我们从《水浒》中可以看到,宋朝地主也不叫"地主"而称"庄主",农民(大概是农奴性质的)称"庄客"。因

评郭沫若《中国古代史的分期问题》

此，旧《辞海》在解释现代概念的"地主"时注了一个英文词"landlord"。

二

因此，何谓封建社会，何谓奴隶社会，不能从"地主"这个称呼来辨别，而要从本质上，即从剥削方式，或生产关系来研究。但是郭文的意见认为：自殷代以来……生产关系到底是奴隶制还是封建制，由于年代的久远和记载的简单，如果单从农民方面来着眼，是容易发生混淆的。从事农业生产的奴隶和封建农奴的区别，往往不很显著。由于土地本身有很大的束缚性，耕者一离开了土地便很难生存，奴隶主便利用了这种土地的束缚性来束缚耕奴，而不必格外施加刑具。有时候狡猾的奴隶主还可以把一小片土地给予耕奴，并让他们成家立业。这样施与小恩小惠，使男女耕奴除生产农作物之外，还能生儿育女以繁殖劳动力。特别是成立了家室，家室本身又具有更大的束缚性，因而做耕奴的人便更不容易逃跑了，所以奴隶制下的耕奴和封建制下的农奴，往往看不出有多么大的区别。如果着重在农民方面来看问题，那就会'仁者见仁，智者见智'，因而生出分歧的见解。"

从上面的引文中可以看出，郭文所描写的"奴隶"，实际上已经是有自己的独立经营（所谓"成家立业"）的农奴。可是郭文却认为历史上这种生产关系的大转变只是归结为奴隶主的一时狡猾，而不是社会生产关系发展的必然结果。历史上一切剥削者，作为一个阶级来说，没有不狡猾的。因此，当某一剥削方法，使他们能够获得更多利益的时候，必然会很快被推广，从而社会便从一种形态变为另一种形态。在我们所说的情况下，便从奴隶制的剥削方式，从奴隶制社会而变为封建制剥削方式，变为封建社会了。但是郭文却主张不从剥削方式或生产关系而从所谓所有制，从"初税亩"三个字来判断社会形态的变换。马克思对于这种研究方法曾经严厉批判过，他说，"在社会关系（即生产关系——引者注）之外资产阶级所有制，不过是形而上学的或法学的幻想。另一时代的所有制，封建主义的所有制，是在一系列完全不同的社会关系中发生起来的。蒲鲁东把所有制规定为独立的关系就不只是犯了方法上的错误："他（蒲鲁东）清楚地表明自己没有理解把资产阶级生产所具有的各种形式结合起来的联系，他不懂得一定时代中生产所具有的各种形式的历史的和暂时的性质（马克思致巴·瓦·安年柯夫的信，1846年12月28日）。"

郭文认为，使被剥削者，即生产劳动者"生儿育女以繁殖劳动力"也是由于"有时狡猾的奴隶主"使奴隶成家立业之后才有的事，在典型的或原初的奴隶制时代是没有的事。照此说来典型的奴隶制社会除了用杜林先生所说"暴力"来掠取别国的人民，即抓俘虏以外，劳动力就没有来源，奴隶就要绝种了。然而，这只能算是郭文中"笔误"一类的疏忽。我们在前面已说过，奴隶制和封建制在这件事上的差别不在于前者不允许劳动者生儿育女，而后者则相反，而在于在奴隶社会里，奴隶生下来的子女像幼畜一样都是主人的财产，因此，奴隶主也是希望奴隶生儿育女，为他繁殖劳动力的。

三

郭文认为促成奴隶制灭亡和封建制兴起的另一原因就是随着土地公有制（井田制）的崩溃和土地私有制的兴起，私门——新兴封建制的代表，黑田的所有者在同公室（奴隶主贵族）争夺劳动力的斗争中所取得的胜利。他们取得胜利的方法便是"用大斗出，小斗进；大称出，小称进的办法以笼络人心，（《淮南子·人

间训》："大斗斛以出，轻斤两以纳。"）把公室的劳动力抽成一个真空"。由于奴隶的大批逃亡，老百姓不断造反，受刖足之刑者多，致使全国的市场上草鞋跌价而义足涨价（"履贱踊贵"）。我们姑且不说旧的社会经济形态的灭亡和新的社会经济形态的兴起，能不能靠这种小恩小惠的办法来完成。但是如果《左传》所载受刖之刑的老百姓的确是由于他们的逃亡，而且逃亡者的人数又那么多，以至促成了市场上草鞋跌价，义足涨价；那么这个事实恰恰足以证明当时的社会已经不是奴隶制社会而是封建农奴制社会了。

因为上面已经说过，在奴隶制下面，奴隶没有自己的独立经营（家业），劳动产品连同他本人一样都归主人所有，而他们的全部衣食也由主人供应；而农奴则相反，他们的生活（衣食住）要靠领取地主分给他们耕种的份地上的收获来维持。在奴隶制社会，奴隶是会说话的牲口，奴隶主可以随便杀掉他们，但是说奴隶主用刖足来惩罚逃亡的奴隶，并且刖足之后还把涨了价的义足供应他使用，这等于说地主不把不听使唤的耕畜宰了吃它的肉，而把它砍去一条腿，然后再给它医治创伤，养着它。

相反，我们从世界史中可以看到，农奴从乡村逃入城市，或逃往别的封建领主庄园，都是各国封建时代的特征。因为封建束缚的特点便是农民之被束缚于领主的土地上，没有居住迁移的自由，所以在西欧旧资产阶级民主革命时代，"自由"这个概念中，首先就是表示迁移的自由。

四

郭文认为证明西周还是奴隶制社会的另一个证据就是"曾经从周代的青铜器铭文找到了不少的奴隶和土田为赏赐品的记载，而且还载了西周中叶的奴隶价格：五名奴隶等于一匹马加一束丝"。

但是这完全不能作为西周中叶仍是奴隶社会的证据。在中国历史上，一直到 1949 年解放为止，人口买卖始终没有绝迹过（台湾则至今还存在着人口买卖的事迹）。

谁也不会再有任何怀疑，至少中国在明清两代是封建社会而不是奴隶社会（因为据郭文所说，有的日本学者认为宋代还是奴隶制社会），对我们中国人来说，这应该是比上文所说莫卧儿王朝时代是封建社会而不是奴隶社会，更不能引起争论的问题（这当然指汉族所居住的地区）。但是我们在描写清朝初期社会生活的《红楼梦》中可以看到，当时地主官僚家庭中成百上千的家奴，不是当时现买来的丫鬟，小厮，便是世代为奴的所谓"家生子"。他们也被当作礼品而互相赠送。可是我们并不因此便断定清代康熙、乾隆时代是奴隶社会。这因为这些人都只是地主官僚家庭中服役的家庭奴隶，但是决定社会经济面貌的劳动者则不是奴隶，而是个体生产者、农民和手工业者。这种家庭奴隶（或奴婢）不仅存在于整个清代的地主官僚家庭（以及后来的商人、资本家家庭中），甚至到民国时代还是很普遍的现象（例如《红色娘子军》中的吴清华）。

在"批林批孔"运动初期，报纸上登载了不少工农兵的诉苦报道。他们中不少人的兄弟、姐妹。甚至本人在解放前便被迫卖身。我记得两三年前，我写这篇初稿的时候，《人民日报》上便登载过扬州（也可能是南通，确切我已记不清了）一个工人的诉苦报道，说他的一个妹妹在解放前夕的 1949 年就曾经被迫卖身过，身价是 22 元大洋和若干尺布。如果一二千年以后，有一位考古学家或历史学家以这一天的《人民日报》为证据，断言 1949 年解放以前的中国是奴隶制社会，我们对他将做何感想呢？

五

我在两三年前写的那篇短评中也对所谓"井田制"和"初税亩"效法郭文所说的"驰骋想象",大胆想出了我的一些看法。

关于井田制的记载,最早见于战国时代的《孟子》《周礼》二书,但都语焉不详,因此,两千多年以来,国学家对井田制到底是怎么回事,始终争论不休,可见这个所谓井田制即使确实是中国历史上曾经存在过的一种制度,那么离《孟子》《周礼》作者的时代一定已经很久远,因此连他们也只是根据传说而加以美化而已。如果照传说的那样,"井田制"把每一大块田(或一个地区)的田地分成九小块,如井字形,中间一块是公田,四周八块是私田,分属八家。这八家的劳动力必须定期到公田去劳动。这种制度与其说是象征原始公社制度或奴隶社会制度,毋宁说是更像典型的封建领主社会的徭役制度。至于郭文所说古代井田制时代的这九块地都是分作"四方四正"的平原田,那又是作者继《孟子》《周礼》而后对这一制度的美化了。自然界也不允许人们把田地搞得那么四方四正。"井田制"中间的那一块,倒很像是一个农奴主领主庄园,周围散居着隶属于这一农奴主的若干农奴氏族或家庭(但绝不是现在意义的小家庭,而是大家族),其数目或许是八个,或许是六七个,或许是十七个、十八个,等等。这些农奴除了在自己分得的田地上劳动外,更必须按规定的日期到领主的庄园里去劳动。总之,这种制度的特点是这些散居在农奴主领主庄园周围的那七八个或十七、十八个,或更多的农奴家族,各有自己的独立经营,因此,他们的生活是自己负责的,而不像奴隶一样由领主供养着的。因此,这是不折不扣的封建农奴制经济,而不是奴隶制经济,所以,所谓"井田制"时代的土地"固有",实际上无非是国王、诸侯和大小领主的土地私有制而已。

至于《春秋》在鲁宣公十五年（前五九四）有"初税亩"的记载是怎么一回事呢。既然如郭文所说，关于这件事的记载，仅仅三个字比关于"井田制"的记载更简单，那么我更不能不效法郭文所提倡的"驰骋想象"了。我认为与其说这是从土地公有制转变为土地私有制的记载，毋宁说这是封建时代从农奴徭役制地租转为实物地租的记载而已。因为在古代"租"和"税"是不分的，因为以国家名义收税的人和以土地占有者身份收租的人是不分的，是一身二任焉的。

我在两三年前写的这篇评论，口气是尖锐的，尤其以上最后一句话未免对郭文有些唐突了。但我的原意无非是像本文开头所说的那样，想向领导说明，孔丘的时代背景到底是奴隶社会还是封建社会，中国的封建社会到底是从西周起已有三千年的历史，（如毛主席在《中国革命和中国共产党》一文所说的那样），还是郭文所说，是从战国时代开始只有二千四百余年，是一个可以争论的学术问题。……(1)我在那篇短评中还说，中国的封建社会或许诚如郭文所说只有二千多年历史而不是三千年历史，那必须由历史学者另作论证，郭文的论据是没有说服力的。

评郭沫若《中国古代史的分期问题》

――――――
（1） 省略号为删除部分。——编者注

给平平信[*]

平平：

听说你上学去了，我非常高兴。可是你临走前不来看看我们，是不是因为我老是批评你，你生我气了。要是你那天从我家出发去车站，我一定要送你上火车了。你听从大家的劝告，克服了自己精神上的痛苦和身体的疾病，毅然决然去上学，使我觉得你还是我两年前认识的那个意志坚强、敢说敢闯的外孙女！但希望你是一个真正的唯物辩证论者，一方面要相信坚强的意志可以克服精神上的痛苦以至身体的疾病。我作为一个全休病人居然能经受过去十年的折磨而不死，就是因为我有一个信念——应该被审判的不是我，而是那些把我当作垫脚石踩着我肩膀爬上去的人。如果我轻易死了，那只有称了他们的心。而我应想尽一切办法活下去，为我信奉的事业——社会主义政治经济学再多少做一些事。但另一方面也要相信物质是决定一切的。如果身体完全垮了，那么精神或意志再坚强也没有用的。我们不是都惋惜马克思、列宁太早就被疾病夺去了生命吗？如果前几次见面我老劝你坚强起来克服精神的痛苦和身体的疾病，争取早日上学，那么现在我要劝你多注意身体！我劝你做气功并打太极拳。这两者对治疗失眠和一切慢性疾病都很有效。我过去（1968年以前）每夜不断安眠药。在那七年零五天以至回家后直到今天，我可夜夜睡得

---

[*] 此信写于1977年7月14日。平平即孙冶方外孙女过平；"小外公"即孙冶方。标题为编者后加。

很香，这一半是靠气功和太极拳。一句话，希望你锻炼身体克服疾病，掌握科学，为我们祖国的四个现代化做出贡献！你还年轻，来日方长，别的一切都还来得及以后（毕业后）再考虑。

　　祝你 身体健康！

　　精神愉快！！

　　努力学习！！！

小外公
七月十四日

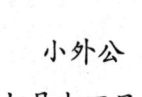

给平平信

关于《青年团的任务》一文中一句译文的更正[*]

《人民日报》编剧部并转辛南同志：

大作《是猴子变人，还是人变猴子？》好极了。把"四人帮"的愚民政策真是批得淋漓尽致。但我还告诉你们："四人帮"从列宁那篇文章中所截取的那一行半的中译文是有缺点的。原译文为了避免文字欧化，在这一句的翻译方面"机动灵活"了一下，"四人帮"就钻了这个空子。列宁这一行半的话，如果直译是这样的："我们不应当从旧学校吸取那样的东西，那就是用数不胜数、九分无用、一分歪曲了的知识来充塞青年的头脑（原译文"决不能"的"决"字，完全是译者加的）。"如果把这一行半同紧连着的前一句话连起来读，那就更不容易被"四人帮"一类的蒙昧主义者钻空子了："…我们应当吸取旧学校中的好东西。我们不应当从旧学校吸取那样的东西，那就是……"所以列宁前后两句话本来是排比式的：应当吸取好的东西；不应当吸取那样的东西。那就是说，旧学校中有好东西，也有坏东西。这完全证实

---

[*] 本文写于1977年7月26日，标题是作者自己在原稿的背面写的。

了大作所论证的意思。我已把原译文这一缺点告诉了编译局有关同志,他们承认原译文是有缺点的。

中国社会科学院经济研究所

孙冶方

关于《青年团的任务》一文中一句译文的更正

对《中国共产党章程修改草案》提的意见

1. "伟大的领袖和导师毛泽东主席是中国共产党的缔造者"。

第一,"缔造"是创立或建立的意思。在无产阶级政党的党章上希望用口语化的词,不要用或少用"缔造"这类"古雅"的词。

第二,这个说法没有把毛主席在建党过程中的贡献充分表达出来。众所周知,中国共产党从建立起到遵义会议为止,是在毛主席领导下把陈独秀右倾机会主义和瞿秋白、李立三的左倾盲动主义,以及王明、秦邦宪的左右倾机会主义推翻之后才建成今天这样的党的。

第三,"当代最伟大的马克思主义者",建议改为:"是列宁、斯大林以后最伟大的马克思列宁主义者"。"当代"二字模糊。

这句话大体可改成这个样子:伟大的领袖和导师毛泽东主席,率领全体党员推翻了陈独秀、瞿秋白、李立三、王明、秦邦宪的左、右倾机会主义,把中国共产党建立成了真正的马克思、列宁主义的共产党,毛主席是列宁、斯大林以后最伟大的马克思主义、列宁主义者。

2. 关于"文化大革命"的一段。《草案》所说的是指毛主席当年发动"文化大革命"的那个理想,也即是1966年五六月关于"文化大革命"的那些指示、通知所说的那种内容的"文化大革命"。这样的文化大革命,今后的确应该经常进行。但是1966—1976年十年间"文化大革命"的实际,包含林彪、陈伯达、"四人帮"篡党夺权另搞一套的内容。二者不是一回事,相差甚远。给人们印象深刻的不是印在决议上的理想,而是十年的实际。如果不提不足的一面,不把二者分开,而像现在这样写法,就脱离现实,缺乏亲切感。

3. "要全心全意依靠工人阶级,依靠贫下中农,团结其他劳动群众和广大知识分子……"工、农、知识分子以外的劳动群众指什么?

4. "要有反潮流的革命精神。"在党章这样的文件中对"反潮流""造反"这类概念要有较明确的规定性。反什么样的潮流?造谁的反?当今的主要潮流是华主席号召的抓纲治国的潮流,是社会主义革命、社会主义建设的潮流!其他都是逆流。过去"四人帮"就是利用"反潮流""造反"这两个口号的规定性不明确而颠倒了敌我关系,应吸取这个教训。

5. 建议党章十二条第二段加上:"凡压制批评或打击报复者,必须给予纪律处分。"

孙冶方

1977年8月2日

希望中央腾出手来抓抓政治经济学、抓抓社会科学[*]

邓小平、李先念副主席并请转中央：

1. 中央十二号文件和《人民日报》8月27日社论《努力为国家增加积累》有力地评判了陈伯达和"四人帮"散布的亏损有理、盈利有罪的谬论。现在国务院又成立了扭亏增盈办公室来抓企业的增产节约工作。我完全拥护这些措施，并且认为这是实现华主席抓纲治国、一年初见成效、三年大见成效的一个重大措施。

2. 但是我认为中央十二号文件和社论对这个问题的说明有不足之处。十二号文件和社论，尤其是后来配合这篇社论发表的许多文章和讲话，都把利润说成积累；不直截了当、理直气壮地号召企业努力为国家增加上缴利润（像大庆人那样），而只说"努力为国家增加积累"，不说为国家增加上缴利润就是光荣任务，只说为国家增加积累才是光荣任务。日本《读卖新闻》记者根据《人民日报》9月27日社论的实际内容，把社论的原标题《努力为国家增加积累》翻译为《必须增加企业利润》（见9月25日

---

[*] 本文写于1977年10月29日，原题目为："控诉陈伯达、'四人帮'对社会主义企业利润的污蔑和对我个人的诬陷—希望中央腾出手来抓抓政治经济学，抓抓社会科学"，经征求有关同志意见后改为："希望中央腾出手来抓抓政治经济学，抓抓社会科学"，而"陈伯达，四人帮……"一句删除（来自作者日记记录）。

《参考消息》),就是说把社论的伊索寓言式的文字翻译为普通表达了。

利润是和成本相对称的概念,降低成本才能增加利润。积累是和消费相对称的概念,在一定的国民收入总额中,增加积累就要减少消费。上缴利润不仅对企业来说不是积累,就是对国家来说,也只形成财政收入,其中只有小部分能成为积累。马克思早告诉我们:"在文明的任何发展阶段,积累比之于常年生产和消费总是微不足道的",总是"一小撮"。因此,尽管马克思和恩格斯都很重视积累,称之为人类进步的基础,然而马克思还是批评了那些不重视常年生产和消费,而只看见"微不足道的""一小撮积累"的经济学家(见《资本论》第二卷,第二篇,第十七章)。

事实上,不仅在整个国民收入中消费总是主要部分,即使以国家财政预算来说,大部分也总是用于消费的——用于公共消费和生活消费。前者如国防费、政法、科、文、教、卫等经费,后者即一切脱产人员的工资;总是只有小部分能形成积累。难道说,只有为国家提供积累是光荣,而为国家提供国防、政法、科、文、教、卫等经费,提供脱产人员的工资开支,就不光荣了吗?

把利润说成积累在理论上是不通的。因为积累虽然来自利润,然而利润并不是积累,正和儿子为母亲所生,然而母亲并不是儿子是一个道理。

把增加利润说成增加积累,在政治上和宣传上是不利的。因为尽管我在1963年北戴河计划会议上给李富春副总理的报告中就反对某些发言人搬用苏修教科书上"积累不能超过国民收入25%"的杜撰规律;但是我认为在当前国民经济和人民生活水平的具体情况下,只说增加积累(尤其说增加积累率),不说在生产发展、人民生活消费水平逐步提高的前提下增加积累,对调动广大群众积极性是缺乏力量的；而且帝国主义和社会帝国主义会据以进行歪曲宣传。

3. 大庆人主张以阶级斗争为纲，理直气壮地抓社会主义企业利润，不要把社会主义企业利润和利润挂帅混为一谈（见 1977 年 4 月 3 日新华社电讯），这个说法非常好。如果不从本质上划清两种不同利润的界限，而是用修辞学来代替政治经济学（正是我 14 年前的内部研究报告中后一句话刺痛了陈伯达这个伪君子，促使他对我进行诬陷），如果连中共文件和《人民日报》社论还是吞吞吐吐、躲躲闪闪地说话，把"利润"称作"积累"，从而混淆了两个不同的范畴、概念，那是不会使下面的干部理直气壮地去抓社会主义企业利润的。这种讳言"利润"的现象只会使人想起古代假学清高的公子哥儿"口不言钱，而称阿堵物"的老故事；并不足以说明我们已经在思想上、在实践上划清了社会主义企业利润和利润挂帅的界限。

但是，我相信文件和社论的撰稿人把利润称作积累不是由于他们不懂得这两个范畴概念的差别，而是怕多谈利润，会重蹈我 1963 年 9 月 18 日那份内部研究报告（《社会主义计划经济管理中的利润指标》）的覆辙，被扣上"利润挂帅"的帽子。

因此，我们面对着的不是一个抠书本概念的问题，而是妨碍着广大企业干部理直气壮地抓社会主义企业利润的思想状态问题。我 14 年前的那个内部研究报告原来也是针对这种思想状态写的。但是由于陈伯达和"四人帮"对这份报告的歪曲和诬陷，由于他们对社会主义企业利润的抹黑宣传，这种思想状态仍然没有消除。正是这个原因才促使我再打这份报告，控诉陈伯达、"四人帮"对我 1963 年 9 月 18 日的内部研究报告的诬陷，并请中央明确规定几条社会主义企业利润和利润挂帅的界线，以利于财务干部理直气壮地抓社会主义企业利润。

4. 事情必须从 1963 年我写《社会主义计划经济管理体制中

的利润指标》那个研究报告的经过说起。大约在 1962 年年末或 1963 年年初,李富春副总理把新华社莫斯科分社关于苏修利别尔曼搞利润挂帅、物质刺激的一份内部报告批给我阅,并要我发表意见。当时,我们的国营企业也和前两年一样,相当大的一部分有亏损;党中央和国务院也和现在一样号召企业要厉行节约,降低成本,增加盈利。因此,我在一封简短的复信中说,利别尔曼那一套我们不能要,但是我们不要不分青红皂白,把社会主义企业利润也批臭了,应当把我们的社会主义企业利润和利别尔曼的利润挂帅划清几条界限。我在这信中答应在做了些切实的调查研究之后,再写一个详细报告。

我在调查中发现,那时经济学理论研究工作者普遍不敢谈利润,财务工作者普遍不敢抓企业上缴利润,甚至不敢抓成本。上海国棉一厂的财务科长对我说:"利润上缴任务是一个硬任务,然而这个任务是只能做,不能说的。"这就是说抓上缴利润,变成不光荣的亏心事了。

又如 1963 年国家计委财务金融成本局召开的全国财务金融成本会议,为了防止把不属于成本的开支摊入成本(这也是这次《人民日报》社论提出的任务,14 年前的老问题仍然未解决),曾经讨论过能否规定一个可比产品的成本定额,用来控制不可比产品的成本。但是在讨论过程中,有人提出,成本定额的倒数就是利润定额,就是平均利润率,而平均利润率是资本主义概念;因此制定成本定额会和利别尔曼挂起钩来。因此,会议对这问题没有做出决定,说是"等理论界把问题澄清之后再说吧!"

当年,我不自量力地,想不辜负行政业务部门同志的期望,想对这明知是个危险问题的澄清,贡献一点微薄的力量。于是我就写了上述关于利润问题的内部研究报告。

我在这报告中对社会主义利润和资本主义利润的本质差别,提出了三条界线:

（1）利润的阶级本质不同。资本主义利润表示资本家对工人的剥削，而社会主义企业利润是为了满足社会公共需要和社会扩大再生产而创造的财富。

（2）生产的目的和手段不同。资本家是为了追逐利润本身。他们生产商品只是为了追逐利润所不得不采取的手段。社会主义生产的目的是创造日益丰富的物质财富本身，但是为了达到这个目的，必须提高劳动生产率，降低成本。

（3）取得利润的方法不同。资本主义通过市场竞争、物价涨落和投机倒把等办法来取得利润，社会主义利润则以贯彻执行中央规定的各项方针政策为前提，以计划生产、计划价格和固定的供产销协作关系为前提，严禁投机倒把。

我的报告还指出，修正主义的企业利润就是违背以上原则取得的，而利别尔曼的经济改革办法之所以不可取，还在于物质刺激，奖金高达利润的百分之三十几到二十几，奖金制已经变成了分红制，全民所有制蜕化为集体所有制了。

此外，我还提出了消除"利润挂帅"的一项釜底抽薪的办法，那就是调整物价，使一切产品的价格基本上同价值（活劳动和物化劳动的社会平均消耗量）相符，从而在正常条件下，任何企业生产任何产品都能得到同等利润，根本铲除了有利就干、无利不干、利大大干、利小小干的追逐利润的物质基础。

14年来，我还没有看到别的经济学者曾触及这个危险问题，提出过比我更明确的具体的两种利润的界限。如果陈伯达等人说我的报告还没有把界限划清，甚至说我是假借划界限贩卖利别尔曼私货等，那么我至多只能说他们是对我"无限上纲"，是可以讨论的（例如，关于调整价格问题就有不少人表示过异议）。但是陈伯达他们却说我赞成利别尔曼，是中国最大的修正主义者，接着中宣部为了挽救自己的灭亡，把我当作替罪羊抛了出来，在全国教育会议上宣布我是利别尔曼的利润挂帅的拥护者，并向毛主席谎报说，小小的经济研究所所长竟敢公然拥护利别尔曼的利润挂帅，更造谣说我自己曾经承认过，我比利别尔曼还利别尔曼。叛徒江青直到1975年9月12日在大寨讲话，还重复着他们的捏造。这除了说他们是诬陷以外，我不能再做别的解释了。

5. 我现在觉得，我14年以前关于利润问题的这个研究报告的缺点（或许是错误），不是右了，而是"左"了。因为我在那个研究报告中，为了反对利别尔曼的利润挂帅和物质刺激，完全否定奖金，主张企业利润全部上缴，一个不留。两年多来我在几个省市走马观花所得的印象，企业利润全部上缴的办法似乎行不通。过去在"四人帮"直接控制的上海，"左"的空话喊得最响，但是各种变相的奖金，即所谓"补贴"比任何省市还多。与其开后门搞这种变相的奖金，还不如正式规定一个全国统一的办法。但是，如何不让这种补贴变成利别尔曼的分红制呢？如果条件许可，我愿意在做了些切实的调查研究之后，再对这个危险题目写个报告。

6. 现在送上我1963年的研究报告《社会主义计划经济管理体制中的利润指标》铅印原本，请中央审查。我不要求中央替我个人摘去"修正主义"帽子，我对个人毁誉毫不计较。但是社会主义企业利润和利润挂帅的界限必须明确。我关于利润问题的这个研究报告曾经被认为提倡利润挂帅的典型，在"文化大革命"中曾作为批判材料大量翻印过，读过这报告的人较多。如果我这报告中所划的社会主义企业利润和利润挂帅的几条界限都被看作是利润挂帅，甚至"比利润挂帅还利润挂帅"，那是很难使下面的干部理直气壮地抓利润的。

7. 陈伯达、江青等人说我自己承认过，我比利别尔曼还利别尔曼，比利润挂帅还利润挂帅，这固然纯粹是诬陷；然而我和中宣部内外许多经济学家，在政治经济学的许多重要问题上有分歧和尖锐的斗争却是事实。这些理论问题同时也是当前社会主义经

济建设中极为重要的现实问题。

我的主张是，对于个人的恩怨（特别是"文化大革命"中的个人恩怨）应该忘记，至少对我来说，生命留给我的时间不多了，不想在这种无谓争论上浪费精力。但是在政治经济学理论问题上，只要我认为是正确的东西，我是寸步不让，一个论点也不肯放弃的。因为这是党把我放在这个岗位上的，我不能放弃这个岗位。因此，我在监狱里受审查的7年多时间中，对于加在我头上的政治罪名，我除如实答复法庭讯问外，不曾花费心血另做任何申辩。但是对于政治经济学理论和社会主义经济建设中大约七、八个有争论的问题，却曾利用一次提供外调材料的机会，写了3万字左右的材料。我把马、恩、列、斯、毛主席对这些问题的教导，我自己的体会以及我的批判者的意见，都一一做了介绍。我曾要求经济学界就这些问题展开讨论和批判。真理是越辩越明的，而辩明这些问题，不仅对澄清政治经济学界的思想，而且对解决当前经济建设中的现实问题也有重要意义。我是抱着对经济学界的最后建议的心情写下这3万字的。我请求中央把我这3万字的材料从我档案中调出来，给予审查。

前面说过，这3万字是我在监狱里利用提供外调材料的机会写出来的。我还没有来得及再读一遍就被管理人员收走了。所以文字叙述一定有欠妥的地方。但是这些基本观点是我30多年来（抗战胜利开始）在财务、贸易、工业、计划、统计等部门实际工作中的体会，是我对于马、恩、列、斯、毛主席的经典著作多年学习、研究的心得。因此我的这些基本思想，包括我对邓小平同志关于再生产问题所说的一句话的批评在内，是至今坚持不放弃的。但是我对小平同志说的一句刻薄话（"大人物出洋相"）是在理论讨论中不应该有的用语。我向小平同志检查；虽然我相信小平同志是绝不会计较这些的。

8. 恩格斯说过，"无产阶级政党的全部理论内容是从研究政治经济学产生的"，又说，"一切社会变迁和政治变革的终极原因……不应当在有关时代的哲学中去寻找，而应当在有关时代的经济学中去寻找"。毛主席也要大家"学点政治经济学"，他在批阅苏修科学院经济研究所出版的政治经济学教科书的时候，还说过，看起来这本书反映了这样的情况：做实际工作的人没有概括能力，没有概念、规律这一套；而做理论工作的人没有实际经验，不懂经济实践。这两种人没有结合起来。我看中国的情况也是如此。我希望中央出面抓抓这两种人的结合工作，来抓抓社会科学，抓抓整个政治经济学。在我们党报社论中把经济学中最普通的概念都混淆了，这是不应该有的现象。

要在20世纪末完成四个现代化，没有自然科学是不行的；但是没有社会科学，尤其没有马克思主义的政治经济学也是不行的。

以上报告是否妥当请严厉批评。

孙冶方

致方毅同志信[*]

方毅同志：

快 14 年没有和你通音信了，因为怕打扰你，占去你的工作和休息的时间。所以我出狱后没有来看过你，也没有给你写过信。今年年初我在南京听到周林同志告诉我说，你已经由中央派到科学院工作，遗憾的是哲学社会科学学部已经和中国科学院分开，不能在你的直接领导下工作了。我现在又来打扰你，为的是想请你替我转一份报告给邓小平同志并中央。为什么我要写这份报告，而且要请你转交呢，为说明这个问题，我不能不简略地向你倾诉一下，别后十三四年来我的遭遇。

在 1960 年前后，我和旧中宣部内外的经济学理论家，在一连串的政治经济学理论问题上发生了争论。当时被奉为理论权威的陈伯达判决我是中国最大的修正主义者。在一次全国性会议上宣布说：我是苏修利别尔曼的利润挂帅的拥护者。康生是曾经欣赏过我的某些经济学观点，并且给过我不少鼓励的。这次，他为了和我"划清界限"就向毛主席汇报说：小小一个经济研究所所长孙冶方，竟敢公然拥护利别尔曼的利润挂帅、物质刺激的主张。他们的"根据"就是我现在附在致中央的报告中的 1963 年 9 月 18 日的内部研究报告《社会主义计划经济管理体制中的利润指标》。任何人只要翻一下这份研究报告，就可以证明他们的指控

---

* 此信写于 1977 年 11 月 8 日。标题为编者后加。

是毫无根据的。我14年前的这份报告尽管有种种缺点甚至错误,然而正是在这份报告中,我是中国经济学者中第一个明确提出了社会主义企业利润和资本主义利润之间的三条原则性的界线,并且提出了我们不能采取利别尔曼搞奖金挂帅、利润挂帅的理由。所以陈伯达他们的指控是毫无根据的。在这报告中我又一再说明,不能因为批判利别尔曼的利润挂帅和奖金挂帅,就把社会主义企业利润也批臭了。江青直到1975年9月12日在大寨讲话,还点了我的名。

致方毅同志信

由于他们对我的理论观点的指控是完全没有根据的,于是就对我进行政治迫害,并且在"文革"开始后不久就以里通外国的罪名把我投入监狱,狱中7年多的审查证明所指控的罪名是完全没有根据的。因此,我在前年4月被释放出狱。审查结论恢复了我的党的组织生活和原来的待遇,并且指定由原学部"妥善安排工作"。

但是我最关心的还是对马克思列宁主义政治经济学观点的维护。因为一方面这是我的职责所在,另一方面陈伯达等人对我个人的诬陷,受害者不过是我个人;但是歪曲污蔑一个正确的马克思列宁主义的政治经济学观点,例如把我们的社会主义企业利润诬指为修正主义的"利润挂帅",那么受害者不仅是坚持这个观点的个人,而且是党和国家的革命和建设事业。

因此,当我今年年初读了中央十二号文件转发的《国家计委关于一九七七年国民经济计划汇报提纲》之后,特别是在读了9月27日《人民日报》社论《努力为国家增加积累》之后,我更感觉到陈伯达、"四人帮"对社会主义企业利润的污蔑流毒很深。因为这两个文件说的都是要求企业厉行增产节约,增加上缴利润;但是都讳言利润而称积累,从而混淆了两个不同的经济概念。如果中央文件和《人民日报》社论都在吞吞吐吐地说话,那么要基层企业干部像大庆人号召的那样理直气壮地抓社会主义企业上缴利润是不可能的。因此我才写了这份报告。但是我又想到，如果我用普通邮递方法把这报告寄给小平同志，很可能被当作一个学术争论问题而被压下来，送不到中央负责同志手中。

你对马克思政治经济学有深刻研究，又对财经工作有数十年实践经验。同时你对一个曾经在你直接领导下工作多年的干部是否真的已经蜕化为修正主义分子，抑或是在坚持马列主义的政治经济学观点，一定是关心的。所以我把这报告寄给你，希望你抽出时间翻阅一下，直接送给小平同志。

如果你认为由你替我转这个报告有所不便，则请退给我。但无论如何，请你翻阅一下，并给予批评指教。

如果你能和我面谈一次，那我是更为感激了。那时，我还想和你谈谈：列宁、斯大林时代的苏联科学院的自然科学和哲学社会科学组织机构上，从合而分又从分而合的过程及其利弊关系，以及其他一些问题。

敬礼！

孙冶方
1977.11.8

就党史和经济问题致陈云同志信

陈云同志：

你能不能抽出时间和我谈一次话？我有两个问题想当面向你请教。

第一个问题。我党建党初期的三个老党员，莫斯科中山大学第一期（1925—1927年）学员，毕业后又转到列宁学院学习的俞秀松、董亦湘、周达文三人是不是王明下令盛世才在新疆处死的？罪名是不是"托派"？我想你是认得这三个人的，尤其董原是商务印书馆编辑，"五卅"前你和他可能都是一个支部的成员。现在看来你觉得他们的罪名能否成立？根据我在1930年以前了解的情况，我对他们3人的案件的真实性有怀疑。因为我知道在1930年我回国以前，他们是坚决反对托派的。俞秀松、董亦湘和王明在中大是同班同学。我知道他们在同班学习期间就有矛盾。在毕业总结大会上，中大学生形成两派，一派以王明、博古、张闻天为首（即后来被称为28个"布尔什维克"的一派）；另一派就以俞秀松、董亦湘、周达文三人为首。两派之间的斗争很尖锐。因此，有没有可能他们三人的罪名是王明为了消灭异己而捏造出来的？然而，人是会变的，他们在1930年以后的言行我不知道，因此又不能断定。

第二个问题。能不能把国家现在通过所谓价格杠杆，即通过

---

* 作者批注"未发出"。标题为编者后加。

工农产品价格"剪刀差"途径从农民那里取得的收入改为公粮形式征收，即用直接税代替现在的间接税（"剪刀差"实际上是对农民征收间接税），就是说提高农产品收购价格付出的钱用增加公粮的办法收回来？在这个变革中要做到政府不少收，农民不多出，城市居民生活不受影响。这个变革的好处是可以促进农业生产，尤其是可以促进粮食增产。因为在工农产品"剪刀差"的情况下，农民多生产农产品就是多缴间接税。所以，农民在口粮和征购任务完成之后，就对增产粮食兴趣不高，而去搞副业，搞运输了。生产队有一架大车在外面"拉脚"，所得收入可以抵得甚至超过全生产队从农业取得的现金收入。二十多年来不断批判所谓重副轻农、弃农搞运输的"资本主义倾向"，但是总没有解决问题的原因就在于此。为使在这一变革中城市居民的生活不受影响，可以采取两种不同的办法。一是城市销售价格不变，这样，公粮的购销价格倒挂，但国家并不遭受损失，因为国家征购的公粮实物量并未减少；二是在城市粮食销售价提高的同时，国家按职工口粮标准补发粮贴。

值得我们深思的是俄国革命和中国革命都是靠发动农民取得胜利的，这两个国度都是农业国，而且革命前的俄国和东南欧都是粮食出口国。但是在中国，斯大林在世时代的苏联农业都没有过关，我们也没有能够使农业过关，我认为工农业产品"剪刀差"是一个重要原因。

我从1956年以来就写文章宣传价值规律，21年来实际上考虑的就是这个工农业产品价格"剪刀差"问题。但是这个价格政策问题是不宜在公开文章中讨论的。极希望得到你的批评指正！

祝你健康并致共产主义敬礼！

孙冶方

1977年11月12日

就列宁《青年团任务》中一句话错译致方毅同志信[*]

方毅同志：

我本月8日送给你一封信，并附致中央的一份报告，谅收到。

你当然知道张春桥曾经从列宁《青年团的任务》一文中断章取义地摘引了一句话，当作大棒，到处挥舞，使旧学校出身的知识分子受到很大压力。今年7月20日《人民日报》发表的辛南的文章《是猴子变人，还是人变猴子？》，根据列宁这篇讲话的完整思想，有力地驳斥了张春桥。辛南的文章是一篇好文章。但是张春桥所断章取义地摘引的列宁的那句话的中译文本身有问题，张春桥是钻了译文的空子。我现在把编译局的原译文和我根据俄文原文改译的这两句话对照如下：

1. 编译局原译文（见《列宁选集》1974年版，第4卷第348页）：

"……我们应当吸取旧学校中的好东西。我们决不能像旧学校那样，用数不胜数的、九分无用、一分歪曲了的知识来充塞青年人的头脑……"

---

[*] 题目是根据作者日记记录另加的。

2. 我根据1950年出版的俄文本《列宁选集》第31卷，262页直译的这两句话：

"……我们应当吸取旧学校中存在的好的东西。我们不应当从旧学校中吸取那样的东西，那就是使青年人的头脑充塞着数不胜数的，九分无用、一分被歪曲了的知识……"

所以，列宁的这两句话（实际上是两个半句），本来是排比式的，——应当吸取什么，不应当吸取什么；那就是说，旧学校中有好的东西，更有坏的东西。但是原译文的后半句，把旧学校传授的知识，说成十分之十是无用的和被歪曲了的，那么就同列宁的前半句所说"应当吸取旧学校中的好东西"，发生明显的矛盾了。

我曾经把译文中这一错误告诉过编译局的有关同志，并建议过用什么方式把这误译在报上更正一下。编译局列斯室同志核对结果，认为原译文确有缺点，但是至今没有在报上更正。

我接触到的一些旧学校毕业，如今仍旧在做教学或科研工作的知识分子，他们都说，列宁这句话的原译文曾经给了他们很大的压力，现在听说列宁原话不是那么说的，不是把旧学校传授的知识做全面否定的，他们都松了一口气。所以，我建议你在适当场合把列宁这句话的误译和张春桥钻空子，全面否定旧学校传授的知识的事情宣布一下，以解除许多人的包袱。

过去每当政治经济学方面有什么争论，要引证马、恩著作的时候，我常常发现译文有出入，甚至是错误。《资本论》俄译本是最早的译本，但是我在20世纪50年代末听到苏联经济学者说：《资本论》的俄译本越改越坏了。恐怕这也是不足为奇的，因为翻译的好坏，不仅决定于对文字的理解程度，而且更决定于对内容的理解程度。因此，我自前年出狱后就开始自学德文。现在能对照着译本，读德文《资本论》了。我记得14年前你已经在读英、俄文原著。你现在一定能自由阅读了。希望你核对一下上面列宁那句话的原文。

祝你身体健康并致革命敬礼!

孙冶方

1977 年 11 月 21 日发

就列宁《青年团任务》中一句话错译致方毅同志信

就《大庆油田参观学习报告》致胡乔木同志信[*]

乔木同志：

你上次问起的，我们1964年的《大庆油田参观学习报告》，我现在找到了一份，这是我自己保存的一份，经济所办公室的存底都已经被工宣队销毁了，所以这可能是经济所仅存的一份了。

这报告有一个总报告和四个专题报告，都是我们参观学习小组集体讨论，分头执笔的，总报告是我亲自写的。这些报告的初稿都经过余秋里同志审阅过，并且根据他提的意见修改过。因为我在总报告中特别强调了"政治工作和生产（业务）工作紧密结合""政治工作必须为生产服务，必须围绕生产、通过生产、促进生产，强调人人要树立生产观点"等（见总报告页3~4）。因此我们这次参观学习以及这些报告，在经济所"四清"中被说成是"业务挂帅、业务挤了政治、用业务压政治"，等等。

现在我把这总报告和四个专题报告一并送上，请给予批评指示。

敬礼！

孙冶方

1977年12月19日

---

[*] 标题为编者后加。

就计委和经济所的关系问题致胡乔木同志信[*]

乔木同志：

在我负责经济所行政工作的7年间，经济所的工作没有搞好，主要责任在我，不能怪计委领导没有抓经济所的工作。因此，我在"文化大革命"初期搞"早请示，晚汇报"的时候，做过自我检查，并且向全所同志，特别向受我牵连的同志请过罪。前几个月许涤新同志来经济所工作之初，我在全所人员欢迎会上发言的时候，又向全所同志请了罪。我这两次请罪都是诚恳的，是发自我内心的话。

还是在1964年经济所"四清"的时候，"四清"工作队一进所就宣布经济所是"藏龙卧虎"之所；我被宣布为修正主义分子，而各研究组党员组长和一些受到我器重的研究员都受到牵连，做了检查。"文化大革命"中，他们受到更大的冲击，被宣布为我的"八大员"或"黑干将"等。甚至上海经济研究所的所长姚耐同志也被戴上"上海孙冶方"的帽子。我知道这些同志对马列主义政治经济学的研究是比较有成就的，是好同志。他们因为我的牵连而受到委屈，使我的心里非常难过。如果我的行政领导工作做得好一些，尤其是上下、左右的关系处得好一些，这是可以避免的。更使我难过的是整个经济所在社会上的名声因为我

---

[*] 本文写于1977年12月19日。

的关系搞坏了。我对不起全所同志。

计委对经济所是相当关心的,尤其李富春同志对经济所是很关心的。他屡次给经济所出研究题目。我也及时向经济所做了传达。顾卓新副主任还曾经亲自召集经济所党员组长开会研究经济所的研究计划。在我的记忆中,只有朱理治同志以计委副主任身份管经济所工作的时候,对经济所工作所提的意见真使我啼笑皆非。照他的意见去做,实际上就是要把经济所变成计委的资料室和文书室,而不做任何系统的研究工作;以致我向康生同志汇报他的指示以后,康生同志说,如果这样做,他(康生)要取消双重挂钩了。朱理治同志和别的几位同志对经济所最重要的批评是说,我和骆耕漠同志把经济所引上了脱离实际的道路。这个批评我是不接受的。经济所在1959年第一次受到严重批判,岂不就是因为我转报了董谦同志的一份报告,针对当时最现实的问题——吃食堂问题提出了不同看法吗?后来证明董谦同志的报告是符合实际的,而且为这报告做了平反。又如1963年北戴河计划会议上,许多发言人把三年大困难的原因归咎于积累率太高,从而又重谈了苏联政治经济学教科书上的杜撰规律,说什么积累率不能超过25%。我写了一个报告给李富春副总理,用算术公式证明:如果消费基金的增长率不超过农业生产的发展速度,而工业的发展速度则超过农业的发展速度,把超过部分全部投入扩大再生产;那么在或长或短的年限内,积累就可以超过25%,而且不会影响生活水平的逐年提高和生产的正常发展(假定农业增长速度为每年5%,人口增长2%,则农业增长的3%可用于提高生活水平)。我认为三年大困难的原因是在于财政收入的虚假性,在于没有那么多的收入而要去安排那么多的积累。而财政收入的虚假性不仅在于工农业生产增长速度的浮夸,更在于企业利润的计算方法。李富春同志很重视我的报告。他在逐段批注之外,还批给出席这次会议的财政部副部长王学明,要他和我共同研究这个问题。王学明和国务院财贸办公室理论组组长何畏，对我这个报告大为恼火。我们争吵了一场毫无结果。后来造谣说我自己承认过"我比利别尔曼还利别尔曼"，岂不就是因为我的报告刺着了当时财政工作的实际吗？

最后，我的1963年9月3日的内部研究报告《固定资产管理制度和社会主义再生产问题》，同年9月18日的内部研究报告《社会主义计划经济管理体制中的利润指标》，也都是针对当时的现实问题的；而且前一个题目是李富春、李先念、薄一波三位副总理分别向我提出的（但是他们提问题的角度不同，例如李先念副总理提的问题是："折旧算不算财政收入？"）；后一个题目则是李富春副总理出给我的。但是前一个报告使我戴上了南斯拉夫企业自治的帽子，后一个报告使我戴上了苏修利别尔曼利润挂帅的帽子；虽则我这报告中大多数意见在过去14年间已经被逐步采纳，而且我有信心断言，其余部分也将或迟或早被采纳。出头的鸟先挨打；出头的椽子先烂。联系实际研究政治经济学是极危险的行业，如果不肯人云亦云的话。但是马克思早说过，"在科学的入口处，正像在地狱的入口处一样，必须提出这样的要求：

这里必须根绝一切犹豫；

这里任何怯懦都无济于事。"

我以上一段话或许会给你一个印象：我还是念念不忘过去的一些恩怨。关于这问题，我在三个月以前写过一份报告给小平同志和中央（这报告我有一份抄件送给许涤新同志和总支，或许你已经看到）。我在这报告中说过："对于个人的恩怨应该忘记，至少对于我来说，生命留给我的时间不多了，不想在这种无谓争论上浪费精力，但是在政治经济学理论问题上，只要是我认为正确的东西，我是寸步不让，一个论点也不放弃的。"例如，同上面我已经说过的那样，我对于关山复同志在经济所"四清"中的做法和他对政治经济学理论的某些观点我是不同意的，在政治经济

学理论观点上,我和邓力群同志、于光远同志是有分歧的。今后如有机会我还会和他们一起讨论或辩论。但是他们三位在揭批"四人帮"的斗争中是坚决的战士,是我的学习榜样。我向他们致最高的敬礼!

如果你能抽出一些时间来,希望能够再找我谈一次话,我还有一些话想和你面谈。

孙冶方

给陈修良的三封信（1978年）

阿纳：

接来信知道你已经回沪，甚好！许多问题要慢慢来，一时说不清。这里还有个"玛瑙盘"的问题（投鼠忌器的意思——编者注），所以你还是不要心急。

我还是把我的经验告诉你：我从1964年经济所"四清"时开始，就对我的行政领导工作和理论观点作过反省，我甚至强制自己从我的批判者的观点来检查我自己的观点。我发现在行政领导方面那当然是漏洞百出的，因此，我就几乎全盘端了下来。例如，关于政治挂帅等指责，那是永远检讨不完的！

在经济理论方面，我起初是极力想给自己找些岔子，但越找越不行。最后到"文革"以后，特别是进监狱以后，我从我的批判者的前后矛盾，不能自圆其说的批判中才坚定了自己的信心，终于在狱中写了三万字的论战书，就经济学的七八个理论问题向我的批判者提出了挑战。我不久前还向中央的一个报告中请求把这三万字的报告从档案中调出来，给予批判讨论。我这样做是因为我对我这些理论观点经过了二十年的反思，有了充分信心的，这是一个方面；另一方面，我把那些政治方面的、人事方面的纠缠完全不提，或者尽量多作自我检查，甚至全盘端了下来。我争的是理论是非，基本上是离开了"我"字来争的。

我把我的经验告诉你的意思是，你所耿耿于怀的，有的要等待时间来给你澄清；有的则需你认一点账，多做些自我检查，这样才能使你自己心平气和下来。为了免得你对我以上的话发生误会，我再重复一遍：我说以上的话是为了使你自己心平气和一些，不是说要你再去向原单位群众做什么交代或检查。

国民经济问题，在工业方面，工资是一个问题，然而不是唯一的问题，甚至不一定是主要的问题。在我看来，帮派体系尚未揭尽，领导班子未改组，群众积极性是不会起来的。至于农村，除了政治方面的、组织方面的或领导班子方面的问题以外，如何解决剪刀差问题是一个大问题。这个问题的解决必须一不影响财政收入，二不增加农民的负担，三不影响城市居民生活。我提这问题二十多年了，但迄今未解决，因为过去我自己认识不深，提问题没提明白，所以反而引起种种误会。我现在想重提这个问题。

我已开始写我的书，但手头还有一个关于莫斯科留学生反王、博宗派集团斗争及那位进了八宝山的貌似"圣人"的人（指康生——编者注）的一个报告稿还未定稿，还要去找季定，请他提提意见。可惜你不在不能请你斧正，但我提到了你，请组织部找你们调查。

我现在忙极了，连午睡时间也很短，会客吃饭时间也压缩了。所以很少外出，机关也很少去。终日忙于写"小报告"，写书。所以外界消息极不灵通，连文件也不去看，听别人来传说说而已。

于伶、汤季宏是消息灵通人士，你可以多找找他们谈谈（还有叶进明）。你要转上海工作的问题也可以通过汤问问林乎加。等你上海安好身后，春暖花开时来京一游！

祝你精神愉快！

阿勉　2月22日

又：吴福海[1]也比你消息灵通。关于莫斯科及王（明）、博（古）集团斗争的报告中也提到了他，（我）请组织部门和党校党史编辑室向你们调查。你倒想想看除了我们常提的这些人以外，还有哪些人还活着。

阿纳并中和[2]、阿贝[3]：

这次来上海没有时间和你们详细谈谈，甚是遗憾，我要和你谈的问题是太广泛了，主要是阿三[4]的事。此事我和阿四[5]已谈过一次，刚才还通了电话。我听说浙江已把材料上报，是刚才阿四在电话中说的，但不知上报材料的用意何在，是继续坚持原案，还是预备改正。我预备即写一个人意见上报组织部。

我和阿贝想谈谈出国留学的事，不知是否已经最后批准。我要与中和谈谈农村中粮食亩产及总产量的浮夸数字。我记得前年我在沪时听到中和本村社员（社干部？）来谈的定产数字弄虚作假的过程或窍门是非常生动的，能否给我回忆并补充一些这两年的新情况？

我在这次政协小组会上作了一次很尖锐的发言，其中也提到对政府报告中所说人均口粮已超过历史最高水平表示了怀疑。我想西北甚至东南，还有吃不饱的，比至一九五七年、一九五八年能超过吗？请中和复我。

祝全家健康快乐！

冶方　7月3日

（1）　吴福海，20世纪20年代莫斯科中山大学同学，六届四中全会后又因反对王明路线受到打击迫害，其时居住在上海。

（2）　中和，邓中和，陈修良女婿。

（3）　阿贝，陈修良的女儿沙尚之小名。

（4）　阿三，沙文汉小名，陈修良的丈夫。

（5）　阿四，史永，沙文汉之弟。

阿纳、阿贝、中和：

你们母女二人来信先后收到，我很高兴我的老战友有阿贝这样的好女儿，不仅因为你在学术上做出了成绩，而且有这种严谨谦虚的态度。阿贝：你妈妈并没有给你吹牛，并没有说你发明人工合成塑料，而是说你成功了一项重要的试验——合成塑料分析，我不大懂，但想来和你自己所说的"一项塑料分析的方法"并无两样。但即使夸大一些也足见母亲爱女之心，我作为你母亲的老友颇能理解的。我作为你的爷叔遇到熟人也想宣扬宣扬哩！当然在你来说不应当作为自己已经达到的顶点而应看作是今后长征的起点。

接到阿纳的信后，即打电话给我的一个在中国科学院工作的外孙女，请她向她的导师打听分析化学哪一国好，据她说是美国好。阿纳来信所说彭瑞林，好像没有来过，我不知道青岛组织会议的事。像人鼻子（指柯庆施——编者注）一类的问题，一时不易澄清的，前途光明，道路曲折，不能心急。

请阿纳转告于伶：他的一本大作一寄到就被一个青年抢去看了，那时我正在写文章，我说你先拿去看，看后还我并告我有什么意见。可是一去便无踪迹，我也忘得干干净净是谁拿去的，我这里青年很多，想了很久没有打听到。所以于伶托人来问我的阅后意见，我始终未复。你处如有他的那本油印稿请寄我，以便为老战友尽校对之责。我也同意你的意见，于伶应先入院检查，以后再改写剧本。

关于生产关系的定义问题，我可能写一篇东西发表，在此信中无法详谈了。

祝贺蔚昕[1]做中学生了，希望他注意身体健康，继续跑步锻炼。好久没有听到阅昕[2]消息了，她的笔头快，能给我写短信报

（1）蔚昕，邓蔚昕，陈修良的外孙。

（2）阅昕，邓阅昕，陈修良的外孙女。

告一下近来的学习和生活吗？

我近来确实忙极了，每天只睡六小时（连午睡）。太极拳、德文也断断续续，几乎要荒废了。因为近来家中没有女工，每天扫地算我的经常体育活动了，而且这个月是我们楼道的卫生值日，所以我包扫一层楼的楼道，大约要劳动半小时，我们二人身体还好，就是说除老病外，未发别的。

祝你们全家健康快乐！

冶方　克平[1] 9 月 20 日

给陈修良的三封信（1978 年）

（1）克平，洪克平，孙冶方夫人。

为捍卫马克思主义政治经济学而战斗[*]

"四人帮"炮制的"两个估计",不仅在教育战线、文艺战线,而且在哲学社会科学理论战线,都造成了严重的恶果。对于经济学界,他们下手最早,摧残最狠。早在1964年,陈伯达就全面否定经济研究所的工作,说我们搞的是修正主义,说我个人是"中国最大的修正主义者"。在"文化大革命"期间,陈伯达和"四人帮"一伙在经济所推行一条"斗、批、散"的方针,要全体工作人员待命分配,准备解散。有一段时间,他们在我们所掀起了烧书、卖书的高潮,搞得人心惶惶,全所人员一时都成了等待处理的"废品";全所几十万册藏书,也准备全部送人。迟群插手哲学社会科学部期间,借口"批判17年的修正主义科研路线",大讲"同17年对着干"的反革命滥调。他们使经济所混乱、瘫痪,前后达12年之久。

究竟经济所在"文化大革命"前17年中执行的是修正主义路线,还是毛主席的革命路线?经济所的研究工作是搞的修正主义,还是搞的马列主义?这个问题非要辩论清楚不可。

从经济研究所办所的方针、道路来看,我们执行的是毛主席规定的理论联系实际的方针,走的是同工农相结合的道路,而绝不是陈伯达和"四人帮"一伙所污蔑的什么"理论脱离实际""培养精神贵族"的修正主义道路。从1958年起,我们响应毛主席关于"种试验田"的号召,先后在河北省的丰润县和昌黎县建

---

[*] 原载《人民日报》1978年3月16日第3版。

立了学农基地,在石景山钢铁厂和大庆油田建立了学工基地。1959年,我们的学农小组,曾就当时农村的公共食堂问题,提出了一个调查报告。这个报告,以大量的事实和贫下中农的意见作为依据,指出农民对于临时性的农忙食堂是欢迎的,而对于常年性的公共食堂是不欢迎的。这个本来坚持了实事求是的科学态度的报告,竟被指责为是"反社会主义"的,调查组负责人还被戴上了"右倾机会主义分子"的帽子。事实证明,这个报告是符合实际情况的,所提的意见是坚持实事求是的科学态度的,是正确的。后来毛主席在听取胡乔木同志的汇报的时候,对这个调查报告做了充分的肯定,并指示要给这个报告和有关的同志平反。

为捍卫马克思主义政治经济学而战斗

我们还到大庆油田蹲点学习,学习的主要题目,是大庆"两论"起家的政治工作经验和企业管理经验。学习回来写的报告中特别强调:"政治工作和生产(业务)工作必须紧密结合","政治工作必须为生产服务,必须围绕生产来进行",强调"人人要树立生产观点",等等。后来,我们这个报告竟被陈伯达打成"业务挂帅","用业务压政治"的"黑样板"。事实证明,不是别人,正是陈伯达、林彪、"四人帮"一伙才最无耻地对政治挂帅做了唯心主义的歪曲;而我们的报告是坚持了毛主席政治挂帅的精神,比较正确地宣传大庆经验的。

再从经济理论研究路线来看,"文化大革命"前的17年里,我们的研究工作虽然缺点不少,但总的来说,我们既反对了赫鲁晓夫、利别尔曼的赤裸裸的右的修正主义路线,也反对了陈伯达、张春桥的假左真右的修正主义路线,坚持了马列主义、毛泽东思想,捍卫了马克思主义的政治经济学理论。

1958年,陈伯达和张春桥刮起了否定商品生产、价值规律和按劳分配的"共产风"。当时毛主席曾严厉地批评了他们,并且在一个报告的批示中把价值规律比作一个伟大的学校。1959年4月,经济所会同其他单位在上海召开了经济学讨论会。议题有两个：一是社会主义社会里的商品和价值规律问题，一是计件工资问题。本来我们召开这个讨论会的目的，是搞清楚这两个在当时说来具有重大现实意义的经济学理论问题。但同时也是批判了陈伯达、张春桥一伙带头刮起来的这股"共产风"。这当然就触犯了陈伯达、张春桥一伙，使他们怀恨在心。

三年困难时期，经济所还同陈伯达一伙不讲经济核算，不计投资效果，反对综合平衡的歪风做了针锋相对的斗争。我们组织了三个讨论，即经济核算、经济效果、速度与比例三个问题的讨论，坚持了毛主席的三个并举、要发挥两个积极性以及强调社会主义企业必须进行独立的经济核算的思想。这又刺痛了陈伯达等人，他们终于在1964年"四清"运动中，以"否定三面红旗"的罪名把这些讨论全部扼杀了。

1963年，我先后写了几个研究报告，涉及财政经济管理体制问题、积累率问题、投资效果问题、利润问题。在这里，我要特别谈一下关于利润问题的报告。在这个报告中，我明确提出了社会主义利润和资本主义利润、利别尔曼修正主义利润之间的几条界线，主张要理直气壮地抓社会主义利润，反对资本主义利润和修正主义利别尔曼的利润。陈伯达一伙对我这个研究报告在全国报刊上进行了三次批判；然而他们只字不谈我所提出的这些界线，硬说我公然拥护利别尔曼，主张"利润挂帅"。这是为了以后进一步对我进行政治迫害制造借口。这不是理论批判，而是诬陷。以华主席为首的党中央一举粉碎了"四人帮"，我的学术上的和政治上的冤案，才能大白于天下。

今天，以英明领袖华主席为首的党中央，继承毛主席的遗志，再次号召我们向科学进军。一场科学攻关战已经打响了。我作为政治经济学研究岗位上的一员，即使是已经老朽的一员，也决心按照有多少热发多少光的精神，奋发图强，勇于攀登，不断以新的研究成果为社会主义经济理论添几块砖，加几块瓦。

给法国经济学家列昂·拉瓦里先生的复信[*]

尊敬的 Leon Lavallee 先生：

我很感谢您的来信和对我的关怀。由于以英明领袖华主席为首的党中央粉碎了"四人帮"反革命阴谋集团，我才有可能重新从事科学研究工作。我决心要为我国的社会主义革命和建设贡献出我的余年，并愿意为同友好国家的人民和同行们加强学术交流，增进我们之间的友谊而努力。

请允许我向您表示最美好的祝愿和崇高的敬意。

孙冶方

1978 年 3 月 23 日

---

[*] 标题为编者后加。

给季崇威信*

季崇威同志：

《通知讨论稿》我通读了一遍之后，又反复翻阅了几次，还是看得很粗。因为我手头也有一个紧急任务要完成，来不及细看了。我的初步意见是：（1）似乎条理不是很清楚。文章分四大段，可是内容相重复之处很多；（2）我觉得如果要讲讲企业上缴利润和当前扭亏增盈工作的重要意义，那么首先应该把《讨论稿》第二页末几行，我用铅笔划出的几行，多发挥几句。关于这个问题我在几个月前送给中央的一个报告《希望中央腾出手来抓抓政治经济学、抓抓社会科学》的第二段曾较详细谈过。这个报告你们大概看到过的，所以我不详细谈了。

如果再简单地说说我的意见，就是《通知》第一段可以从十一大的总路线、四个现代化和十年规划纲要讲起，这是总纲。但是如果要讲到企业上缴利润和你们当前抓的扭亏增盈工作的意义来说，那么不能只说积累，而应该从国家财政预算的现实说起。我刚从桃源深处出来，久不接触实际。但我可以断言：形成财政收入主要来源的企业上缴利润，主要还是用之于《讨论稿》第二页倒数第五项所说的"国防、行政、援外、文教、科研"五大方面，只有满足了这五大方面的需要（社会公共消费的需要）之后才谈得上积累。

---

* 标题为编者后加。

颠倒黑白，混淆是非，到处挥舞"利润挂帅"大棒的陈伯达、"四人帮"一伙，都是不从事物质财富生产，专靠企业上缴利润养活的。他们的合法收入来自利润，他们非法侵占、贪污、挪用的公款也来自利润。可是这批阴谋家、伪君子，偏偏要给社会主义企业利润抹黑。

《通知讨论稿》没有谈到会议怎么开，不知中央领导是如何指示的；但是我想不外乎务虚和务实两个方面：务虚的方面主要是揭批陈伯达、"四人帮"一伙，搞清楚他们搞混了的路线是非和理论是非；务实部分就是第三大段讲的那些具体措施，务实部分比较清楚，务虚部分条理不是很清楚。

许涤新同志要我给《经济研究》写一篇稿，题目暂定是：《要理直气壮地抓社会主义企业利润》。既然中央已经决定，国务院将于 7 月召开扭亏增盈大会，那么请允许我把此文作为对大会的献礼，并在原题之下加上一个副题"献给即将召开的全国企业加强经营管理扭亏增盈大会"。脱稿后当即送上，请审改。

敬礼！

给季崇威信

孙冶方
1978 年 3 月 23 日

给钱学森的一封信[*]

钱学森同志：

　　近20年前，我听过你给哲学社会科学部扩大会议做的一次报告。你在那次报告中提出了要注意边缘学科的问题。这个问题的提出使从事经济学研究的同志得益匪浅。前几天，我又读到了你的《作为尖端科学技术的高能物理》一文，你在文中提出了如何避免历次技术革命的盲目性问题。问题提得好极了。这个问题不仅是自然科学家所应注意的问题，而且也是社会科学家，特别是经济学家所应该注意的问题。不过自然科学家是从技术角度提问题，社会科学家则从这一技术革命所引起的社会经济变革的角度提问题。

　　在第三次工业革命中，"电脑"无疑起着极大的作用，它不仅大大提高了劳动生产力，影响了劳动组织，等等，而且连马克思关于机器的定义，即机器由动力机、传动机和操作机三个部分组成的定义，也必须加以修改，加上自动控制中心这个第四部分。但是我觉得这次技术革命的范围极为广泛，"电脑"不能包括第三次工业革命的全部技术内容。你的文章提出了原子革命在这次技术革命或工业革命中的地位。但是我觉得仅仅"电脑"和原子能二者也还不能包括第三次技术革命的全部内容，这里还应该把原材料革命包括进去。我这里所说的原材料革命还不是指原

---

[*] 此信写于1978年3月24日，发表于《人民日报》1984年7月30日第5版。

子能代替油、煤、气等天然燃料这个内容，而是指合成材料代替金属材料这个纯粹属于劳动对象的革命。

我是从政治经济学的角度来提问题的。你大概也知道，自从《联共（布）党史简明教程》出版以来，近30年中，经济学家中间就发生了生产力三要素论和二要素论的争论。马克思认为生产力的要素有三，即劳动力、劳动工具、劳动对象三个要素。但是斯大林在《联共（布）党史简明教程》中则仅仅提到了劳动力和劳动工具两个要素，而不提劳动对象这个要素。因此，解放初期人民大学的苏联老师竟把坚持生产力三要素论的王学文扣上了反马克思主义的帽子。

给钱学森的一封信

不久前，我向中国科学院化学所一位同志请教这一问题（工程塑料替代金属材料的前途问题）时，这位同志提供给我一份材料《化学和新的工业革命——在1976年化学年会上主席致辞》，作者是英国环境科学与工程委员会主席。该致辞不仅提出了到21世纪上半叶金属资源枯竭时，用工程塑料代替金属材料的问题，而且设想用快速生长的微生物析出的酶和太阳能直接生产物质，作为生产塑料用的原材料。如果自然科学家的这一科学幻想能够成为事实，那么人类将真正成为"自然界的自觉的和真正的主人"了。然而自然科学家已经做和正想做的这些工作岂不就是一场彻底的原材料的革命，即劳动对象的革命吗？生产力二要素论岂不是完全错了吗！

你在文章中提出了如何避免技术革命的盲目性的问题。我体会这首先就是要预见到技术革命的全面内容。这就是说，这第三次技术革命（或工业革命）不仅应该包括"电脑"和原子能这两个基本上属于劳动工具革命的两个方面，而且要包括原材料革命，即劳动对象革命这第三个内容。同时要预见到这些技术革命所将引起的社会经济方面的变革。前者是自然科学家的任务；后者是哲学社会科学家，特别是经济学家的任务。我深深感到你们自然科学家远远走在我们前面，任务比我们完成得好，远远地好过我们。

说到这里，我又想起了近20年前你提起的边缘科学问题。上述这个任务必须由自然科学家和哲学、社会科学家共同来完成。不久前，我曾经向方毅和于光远两位科学界领导人提出，在两个科学院在组织机构上分离之后，如何注意自然科学和哲学社会科学互相沟通的问题。你是一向注意这项沟通工作的，我盼望你今后在这个沟通工作方面做出更大贡献。

我的自然科学知识是小学生水平，以上所说不免有不少外行无知的话，请不客气地指出！

马列政经学使我活下来，我为马列政经学活下去[*]

（1）是涤新同志要我在所内把我在学部的发言再讲一遍。他要我来讲，而不是他自己来讲，原因很明白，他对过去经济所的工作不如我熟。但我讲也有缺点，"四清"以后的情况尤其是我坐牢的七年零五天即"四人帮"时期的情况我不知道；更重要的是，由我来讲，对我负责的那一段时间的错误缺点，会不会偏袒了自己过去经手做的工作，会不会不公允，这就要大家来评论。我先来放一炮也有好处。希望这一炮能引起大家的讨论。

（2）我想我们现在来讲《两个估计》的目的应该按照华国锋主席在全国科学大会上提出的两个口号"学习、学习、再学习，团结、团结、再团结"的精神来进行。

为什么要团结，道理是很明白的。我们经济所的事业也和全国的革命事业和建设事业一样，只有大家团结起来才能完成。但团结是在一定原则基础上的团结。这首先就要和"四人帮"分清路线是非和理论是非。"四人帮"被揪出一年多以来，全国性的路线是非在我们绝大多数同志的头脑中应该说大体明白了。但是具体到我们过去的学部，特别是我们经济所的路线是非和理论是

---

[*] 本文是1978年3—4月间，继院部2月20日批判"两个估计"座谈会发言后，在经济研究所的一次更为详细的发言。题目是作者在底稿背面写的一句话。

非是不是明白了恐怕大有问题,我们一定要通过讨论以至辩论,才能清楚。如果全国的路线是非和理论是非大体明白了,但是落实到本单位的路线是非和理论是非还不明白,还有争论,那么对全国性的路线是非和理论是非问题还未真正弄明白。

真理是越辩越明白的。我的发言目的就是总结过去,挑起辩论。讨论或辩论,这就是最好的学习。人总是缺乏自知之明的。我的发言不代表任何人,只代表我自己,请不客气地批判。

以下就是我在院部座谈会上的发言。基本没改变,但经济学理论部门,在所内要较详细说一说。

我院召开这次座谈会很有必要。"四人帮"炮制的所谓"两个估计",不仅在教育战线、文艺战线造成了严重的恶果,而且他们还把这两支毒箭射向了哲学社会科学理论战线,特别是对经济学界,他们下手最早,摧残最狠。早在1964年"文革"之前经济所"四清"的时候,陈伯达就对经济所过去的研究工作做了全面否定,说我们搞的是修正主义,说我个人是中国最大的修正主义者,说经济所是"藏龙卧虎"之地。当年"四清"开头,工作队来势那么猛,调子那么武断,我很奇怪,现在才弄明白,这个调子是陈伯达定的,在一次全国大会上宣布的,"四清工作队"不过是执行任务而已。在"文化大革命"中,经济所受到更大的冲击。"城门失火,殃及池鱼",因为我的缘故,所内组室以上绝大多数骨干,以及所有研究有成就,曾被我器重过的研究人员,都被宣布为我的"八大员""黑班底",都成了挖社会主义墙脚的"黑干将""修正主义苗子"。甚至连孙冶方这个名字也成了一顶帽子,例如,上海经济研究所所长姚耐同志就被戴上"上海孙冶方"的帽子,还有"武汉孙冶方"、南京的"门徒"等。陈伯达、张春桥、江青、姚文元还利用他们篡夺的舆论阵地大权,在报刊上连续发动了对我的三次大批判。甚至"四人帮"垮台前不久,江青还在大寨污蔑我比利润挂帅还利润挂帅。这就是捏造的所谓

"孙冶方自己就承认过比利别尔曼还利别尔曼"这个谎言的翻版。全国其他地方的经济学研究机构，凡是同我们所往来较多的，受冲击也特别厉害，许多同志因我而受牵累。我两次向全所同志请罪就是为此，我感到对不起经济所同仁。陈伯达、"四人帮"之流并没有到此为止，他们在学部和经济所推行了"斗、批、散"的方针，把全体工作人员撤到河南干校待命分配。有一段时期，在我们所掀起了烧书卖书高潮，弄得人心惶惶、不可终日，全所人员一时都成了待处理的"废品"。至于经济所的房子、家具那更是在一夜之间全部拱手送人了。经济所的几十万册珍贵藏书，他们也准备全部送人。要不是一方面当时没有机关肯接管这么多的藏书，另一方面我们的图书馆负责人、宗井滔等同志事业心重，出于对党对人民的责任心，坚持接收机关不能零星挑选，而要全部藏书一起移交。如果不是由于这些原因，那么这批包括中外文的经济史和经济学资料的宝贵图书早就损失掉了。"四人帮"一伙插手学部期间，借口"批判17年的修正主义科研路线"，在学部大唱"同17年对着干"的反动滥调。1975年夏天，"四人帮"的爪牙要我们所的同志到工厂和工人师傅一起"批判经济所的17年"，还说对学部17年如何估计的问题要专门抽一段时间来系统批判。一直到"四人帮"被揪出来之前，我们所有几个深受"四人帮"毒害、上当跟着跑的人，还在喊"要同'文革'前的经济所17年对着干"。经济所就这样陷于瘫痪、混乱状态前后达12年之久。究竟经济所17年执行的是修正主义路线，还是毛主席的革命路线；经济所的干部是搞马列主义还是搞修止主义，这个问题非要争论清楚不可！

马列政经学使我活下来，我为马列政经学活下去

一

从办所的方针、道路上来看，我们执行的是毛主席规定的理

论联系实际，走的是同工农相结合的道路，而绝不是陈伯达、"四人帮"一伙污蔑的"理论脱离实际""培养精神贵族"的修正主义道路。我们从1958年起就响应毛主席关于"种试验田"的号召，建立了经济所的学农基地（先在河北省丰润县后在昌黎县）和学工基地（先在石景山钢铁厂后在大庆油田）。在1959年，我们的学农小组以董谦同志为组长，先在丰润后在昌黎，对当时最现实的问题——农村公共食堂提出了一个具有反潮流精神的调查报告，引证了大量的事实和贫下中农的意见，说明农民对临时的农忙食堂是欢迎的，对于长期的食堂是不欢迎的。这个报告曾经被判为"反社会主义"的。当时学部分管经济所工作的某负责人甚至提出要开除董谦的党籍，后来由于经济所同志坚决反对才未得逞。但是，董谦同志终究被戴上了"右倾机会主义分子"的帽子。因为董谦同志的食堂报告是我转报上去的；因此，我也陪着做了检讨。事实证明，董谦同志的报告是符合实际情况的，所提意见是正确的，是坚持实事求是的科学态度的。后来，毛主席在听取乔木同志关于食堂问题的汇报时，对经济所这个《食堂调查报告》做了充分肯定，并指示乔木同志给《食堂调查报告》平了反，董谦同志右倾机会主义帽子才被摘掉了。

我们经济所也同样坚持了学工道路。60年代初，我们经济所一些同志在学部哲学所和北大哲学系两位研究哲学的同志配合下到大庆去参观学习。我们经济所是经济学研究机关最早到大庆蹲点的单位。学习的主要题目是大庆"两论"起家的政治工作经验和企业管理经验。我们学习回来后，曾经写了一个报告。这报告的初稿曾经送给余秋里同志审查提过意见，我曾经根据他提的意见又做了修改。因为我在这个学习报告中特别强调了"政治工作和生产（业务）工作必须紧密结合""政治工作必须为生产服务，必须环绕着生产来做"，强调了"人人要树立生产观点"等。因此，我们这次参观学习以及这个报告也被陈伯达说成是"业务挂帅""用业务压政治"的"黑样板"。但是，事实也证明，不是别人，正是林彪、"四人帮"一伙，把政治挂帅做了唯心主义的歪曲，变作了他们招摇撞骗的幌子，阴谋篡党夺权。我们是坚持了毛主席政治挂帅的精神，正确宣传大庆经验的。

二

从经济理论研究路线来看，在"文化大革命"前的17年里，我们的工作虽然缺点不少，但是总的来说，我们既反对了赫鲁晓夫、利别尔曼的赤裸裸的右的修正主义路线，也反对了陈伯达、张春桥的假"左"真右的修正主义路线，坚持了马列主义、毛泽东思想，捍卫了马克思主义的政治经济学理论。远的不说，就拿我到经济所以后，亲自经历的几件主要工作来看，也能说明问题：

（1）召开上海经济理论讨论会，坚决抵制共产风。1958年陈伯达和张春桥刮起了否定商品生产、价值规律、按劳分配的共产风。毛主席在1958年郑州会议上批评经济学家不懂得价值规律并且否定社会主义社会里商品和货币的作用。毛主席在一个报告上的批示中还把价值规律比作一个伟大的学校。可是当时我不知道毛主席批评不懂价值规律的经济学家就是陈伯达，而以为这是泛指经济学界的普通的经济学家而言。我在中宣部的一次会议上，当着陈伯达的面批评了这种观点而且给他扣上了自然经济论的帽子。会后，有的同志提醒我说："毛主席批评的不懂价值规律的经济学家就是指陈伯达。"

针对当时陈伯达、张春桥这些假左真右的共产风，在于光远同志倡议下，我们中国科学院经济研究所和上海经济研究所以及国务院劳动部合作，1959年4月在上海召开了经济学讨论会。议题有两个：一是社会主义社会里的商品和价值规律问题，这是针对自然经济论的;二是计件工资问题,这是针对平均主义的。虽然当时我们召开这个讨论会的目的,仅仅是为了澄清、搞通这两个在当时来说有重大现实意义的理论问题,并不是要和谁过意不去。然而事实上,必然会触犯这两个人,触犯陈伯达这个否定商品货币和价值规律的自然经济论者,和否定按劳分配提倡平均主义的张春桥。

(2)编写防修反修教科书——《社会主义经济理论》。恩格斯说过:"无产阶级政党的全部理论内容是从政治经济学产生的。"又说:"一切社会变迁的终极原因……不应当在有关时代的哲学中去寻找,而应当在有关时代的经济学中去寻找。"毛主席也要大家"学点政治经济学",他在批阅苏联科学院经济所出版的那本政治经济学教科书的时候还说过,"看起来这本书反映了这样的情况:做实际工作的人没有概括能力,没有概念、规律这一套;而做理论工作的人又没有实际经验,不懂经济实践。这两种人没有结合起来。我看中国的情况也是如此。"因此,我在几个月前给中央打了一个报告,希望中央腾出手来抓抓这两种人的结合,抓抓社会科学,抓抓政治经济学。我希望我们经济所全体同志能完成毛主席的遗愿,把马列主义政治经济学理论,同当前我国社会主义建设的实践很好地结合起来。我们为了彻底批判修正主义谬论,必须在社会主义政治经济学方面做些基本功,研究《资本论》。解放后,我国经济学界对一系列经济理论的讨论都是以苏联经济理论为蓝本,不敢越雷池一步,也就是说从来没有跳出苏联科学院经济研究所出版的那本《教科书》的框框。毛主席早在50年代末就对这本教科书从结构体系到各章节的具体观点做了批判。60年代初,我们在毛主席对苏联那本教科书的批注的启发和鼓舞下,试图以苏修教科书为对立面,编写一本《社会主义经济论》。但是这件重要工作后来因为经济所的"四清"和接着而来的"文化大革命"中断了。

（3）开展现实经济问题的三大讨论。三年困难时期，经济所还同陈伯达一伙不讲核算、不计投资效果、反对综合平衡的歪风做了针锋相对的斗争。也是在于光远同志的倡议下，组织了三大讨论，即对经济核算、经济效果和速度与比例三个问题进行了广泛地讨论，坚持了毛主席的三个并举、两个积极性以及强调社会主义企业必须进行独立经济核算的思想。三大讨论深深地刺痛了陈伯达一伙，使他们怀恨在心，终于在1964年"四清"运动中，以否定三面红旗的罪名把这场讨论扼杀了。现在回想起来，我们当初提出的课题全都是对的，都是有的放矢，都是为了捍卫马列主义、毛泽东思想的。我们为了强调考核投资效果，敢于冲破禁区，提出资金利润率这一尖端问题来讨论。关于资金利润率的问题，学术界有许多人是不同意的，但是我们认为这个问题至少是可以讨论的，今天也还存在着这个问题。最近北京地区的经济学规划座谈会上更反映出，这些年不讲效果，不讲核算，给国民经济带来了多么严重的危害。其实今天碰到的这些问题，我们在15年前就已经提了出来，而且进行了比较深入的讨论。

马列政经学使我活下来，我为马列政经学活下去

（4）我个人写的有关现实经济问题的几个内部报告。

1963年我先后写了几个内部研究报告，对积累率问题、投资效果问题，利润问题提出了自己的看法。在我个人来说，过去，当陈伯达和"四人帮"还在台上的时候，我不曾因为他们的"围剿"而对我一向信奉的马克思主义政治经济学原理动摇过半分；今天，也不因他们可耻的下场而认为我的观点是百分之百正确。我并不认为真理都在我掌握之中，然而我认为这些问题是值得讨论的现实经济问题。下面我说说我的几个报告。

1963年我针对着财政收入计算方法存在的问题，写了个内部报告。李富春同志很重视我的报告，他在逐段批注之外，还批给出席这次会议的财政部副部长王学明，要他和我共同研究这个问题。在研究中，我和当时国务院财贸办公室理论组组长何畏发生了激烈的争论。

1963年9月，我根据主席的"调动两个积极性"和正确处理国家与基层企业关系的思想，写了一个报告，强调企业独立经济核算的重要性。陈伯达剽窃了我这个报告的结论，作为他自己的意见向中央写报告，得到了主席的肯定，为自己捞取了政治资本。可是，他反过来却给我的报告本身扣上了所谓"宣扬南斯拉夫企业自治"的修正主义帽子。

我要特别谈一下关于利润问题的报告。去年勇敢的大庆人号召要理直气壮地抓社会主义企业的利润，要分清抓社会主义利润和"利润挂帅"的界限。据我所知，中国也好，外国也好，在我之前，还没有一个人曾经明确地提出过社会主义利润和"利润挂帅"的界限是什么；可是我早在14年前（1963年9月）就在一份叫作《社会主义计划经济管理体制中的利润指标》的内部研究报告中提出了社会主义企业的利润和资本主义利润、利别尔曼修正主义利润之间的几条界线，主张要理直气壮地抓社会主义的利润，反对修正主义利别尔曼的利润。陈伯达和"四人帮"在全国报刊上对我进行大批判，然而，他们都不敢提到我所提出的那几条界限，只是用倒栽赃的手法反诬我拥护利别尔曼，主张"利润挂帅"。

三

从经济所的组织领导和队伍来看，"文化大革命"前，我们所一直是在以毛主席为首的无产阶级司令部关怀下发展壮大的。党中央为了加强经济理论工作，特别从业务部门挑选了一批干部来充实经济所。我自己就是1958年从业务部门抽调来的。李富春副总理在1958年就提出了经济所双重挂钩的问题，周总理为这事专门在国务院召开了一次会议，找了中宣部、国家计委和学部的代表在一起研究之后批准的。李富春副总理在文化大革命前曾多次给经济所出研究题目。国家计委还讨论过我们的研究规划。事实证明,"四人帮"的所谓黑线专政,其矛头完全是针对着周总理等中央领导同志的。

文化大革命前,经济所不但多少出了些成果(这期间经济史组出版资料占了最大比重),而且也培养了一批经济理论干部。我们所过去对理论联系实际的问题比较注意,强调走与工农相结合的道路。因此,我所的干部绝大部分不是走白专道路的。陈伯达、"四人帮"所谓的"黑干将""黑班底"纯属诬陷。这些人今天还是我们经济所的骨干。这几年有些所谓"黑干将"被借调到国家计委、国家建委等业务部门去,他们在外面都很吃香,被业务部门所器重,现在要调也调不回来呢。

陈伯达、"四人帮"一伙不能从理论上驳倒我的政治经济学观点,于是就捏造什么"假党员""里通外国""苏修特务""中国利别尔曼"等莫须有的罪名。文化大革命一开始就让我受到各种各样的折磨。1968年4月5日索性把我戴上手铐关进了监狱。讲这一段也为了向全所同志汇报一下我是如何活下来,为什么活下来的,政经学使我活下来,我为马列政经学而活。我在这里过了七年零五天的牢狱生活,直到1975年4月10日才被释放出狱。这是我1923年15岁入团,1924年16岁入党的时候做梦也没想到的!这是一种难以形容的精神折磨,可是我应该活下去,应该为马克思主义的政治经济学活下去。为了万一我还能活着出监狱,在政治经济学这个领域内同陈伯达这伙野心家、假马克思主义政治骗子作战,我必须坚持完成《社会主义经济论》的创作。但是在监狱中,既没有笔,也没有纸,我只能刻在我的脑海中。从入狱的第二天开始,我每天清早眼睛一睁开就开始想《社会主义经济论》的提纲。到1968年5月,我的第一个月的牢狱生活结束时,我已经把这部书的各章回忆了一遍。从第二个月初开始,我

马列政经学使我活下来,我为马列政经学活下去

又开始设想头一章的具体内容,此后每一个月默想一篇,也就是打一遍腹稿。开头只是一个大意,后来不仅默想了章、节;而且往往连文字起、承、转、合都考虑到了。到我出狱时,《社会主义经济论》正在打第85遍腹稿。正因为如此,七年零五天的牢狱生活非但没有摧毁我的精神,也还使我能够继续在政治经济学领域里战斗下去。我希望争取多活几年,把《社会主义经济论》的16章183节写出来,请同志们批判。此稿共23章,其中7章是专业问题。我是因为自己的部分政治经济学观点受到"四人帮"的迫害,而马克思主义政治经济学也成为我能够活下去的巨大精神支柱,是政治经济学使我能度过七年零五天的牢狱生活。在陈伯达、"四人帮"一伙统治时代,在我出狱前后,每当看到有些同志发生消极情绪时,我总以此相勉励,我们要爱我们这个专业。我从监狱出来后听到一些人要改行,尤其听说过"十多年来谁还去读《资本论》呀",我总是勉励大家要继续战斗在政治经济学岗位上。

回顾解放后十多年经济理论战线上惊心动魄的斗争,证明我们经济研究所的同志同学部和其他战线上的同志一样,对修正主义路线是进行了抵制和斗争的,毛主席的无产阶级革命路线在经济研究所始终居于主导地位。"四人帮"颠倒是非,妄图否定毛主席革命路线在经济理论战线上的主导地位,妄图把经济研究工作者都说成是修正主义的所谓"两个估计",完全是违背历史事实的反动谬论。

今天,以英明领袖华主席为首的党中央,继承了毛主席的遗志,再次号召我们向科学进军,一场科学攻关战已经打响。以胡乔木同志为首的中国科学院几位新领导,在不到半年的时间里,采取了许多措施,召开了各种会议,工作大有起色,人心大为振奋,广大群众的积极性、创造性已经焕发出来,生动活泼的政治局面开始形成,整个社会科学院有了一个很大的转机。我作为政治经济学研究岗位上的一员,也应该按照有多少热发多少光的精神,奋发图强,勇于攀登。不断以新的研究成果为社会主义经济理论建设多添几块砖,多加几块瓦。

马列政经学使我活下来,我为马列政经学活下去

就公共食堂问题给董谦信[*]

董谦同志：

　　早就想来看你，告诉你一个好消息，你的食堂报告彻底翻了案了。事情经过是这样的。去年12月14日中宣部在钓鱼台召开的座谈会上，乔木同志提到了社会科学研究工作如何同业务部门（主要是计委）挂钩、联系实际的问题。有同志又提到过去经济所研究工作不联系实际的问题。乔木同志为我开脱，说过去经济所工作没搞好，责任不在孙冶方而在别的方面。我借此机会给乔木同志写了一封信，提到过去有人说经济所研究工作不联系实际的问题，但我是始终不同意的。事实上，经济所几次挨棒棒，弄得臭名远扬，全国皆知，就是因为以你的食堂报告开头，连有四个内部研究报告联系当时实际做了调查，不肯人云亦云，提出了不同意见。

　　后来我在社会科学院座谈会上又做了长篇发言，提到你的报告，但《人民日报》发表的摘要中，编者把你的大名删去了。

　　这次座谈会，乔木同志因病未参加；但他在病床上有一个谈话，特别提到了你的食堂报告。现在我把我致乔木同志信（原稿）及乔木同志病床谈话纪要，寄你一阅。因我4月4日要出差去西北、西南，大概5月月底才能返京，所以不能前来看你了。

---

[*] 标题为编者后加。

我的信稿请保存好,我回京后前来取。

敬礼!

就公共食堂问题给董谦信

孙冶方

1978年4月2日

乔木同志谈话纪要,我拟通知院部办公厅,专门给你寄一份去。

又及

就成昆路沿线考察一事致经济所并转院部领导信[*]

涤新同志，经济所总支并转

乔木、力群、光远同志：

我在兰州、成都两地的两个经济学规划座谈会结束之后，想顺道去成昆路沿线做一次考察，为期一个月左右。考察目的是为我撰写《社会主义经济论》的《生产力配置和地区平衡》一章收集资料，据说因为我去成昆路沿线考察，事先未纳入计划，所以报销有困难。关于这问题我说明如下：

第一，我早在1977年4月15日，给林修德同志转学部领导小组的报告中就说过：在我撰写《社会主义经济论》的三四年时间，"每年到各地做些调查研究，在年内（指1977年）如有可能，我希望……到川、滇两省做一次正式考察（题目是《三线建设》）；明年我希望到陕、甘两省去考察（题目是《西北大自然的改造——从经济角度》）"。1977年，我因身体不好未能实现计划。这次，领导上要我去成都主持经济学规划座谈会，我就想顺便看看成昆路沿线的山区开发和建设，免得下次再去。

第二，我去成昆路沿线考察的旅宿费我可以自己负担。但和我同行的赵人伟同志的旅宿费，希望准予报销。此外希望院部替

---

[*] 此信写于1978年4月3日。标题为编者后加。

我们写两封正式介绍信,一封给四川省委,另一封给云南省委。

敬礼!

孙冶方
4月3日

就成昆路沿线考察一事致经济所并转院部领导信

就西北经济学规划座谈会致院部领导信[*]

乔木、力群、光远 同志：

　　院部电调赵人伟同志回京写稿未能及时启程，实因西北各省座谈会的许多工作由他经手，别人一时接替不上。

　　这次西北各省经济学规划座谈会的出席代表学习了乔木、光远同志在北京地区座谈会上的讲话记录，一致认为这两个讲话全面深刻、思想解放。因此，会议开得比较生动活泼，畅所欲言，并且对规划草案提出不少很好的修改意见。原来我以为我的任务是来宣传政治经济学，来做动员工作的，但结果发现西北经济学者的干劲很大，积极性很高。我们感到自己都成了被动员者。例如，北京地区成立经济学会还是光远同志讲话刚提出来的，甘肃省的哲学社会科学各学会的筹办班子早已成立，这与省委对理论工作的重视和支持大有关系。我们这个座谈会开得比较成功，也与省委的大力支持有关。详情由赵人伟同志面陈。

　　敬礼！

孙冶方

4月12日

---

[*] 此信写于1978年4月12日。标题为编者后加。

要宣传政治经济学[*]

——1978年4月24日在中共四川省委党校的报告

我准备讲四个问题：

1. 政治经济学的重要性；
2. 政治经济学特别是社会主义部分是分歧和争论最多的一门科学；
3. 理论与实践的联系问题；
4. 心有余悸的问题。

一、政治经济学的重要性

同志们！有句俗话，叫作"王婆卖瓜，自卖自夸"。我现在就来夸夸政治经济学。这不是我个人卖的瓜，这是我们党，我们党的创始人，世界共产党即工人政党的创始人马克思、恩格斯讲过的话。这次在兰州召开政治经济学规划座谈会的时候，有位西北的经济学家提出：自然科学有个基础理论——数、理、化，社会科学有没有基础理论？他认为有，政治经济学就是社会科学的基础理论。我说对，你的提法好，不管别的同志同意不同意，我

---

[*] 原载四川省《资本论》研究会、四川省社会科学院经济研究所、四川省财经学院经济研究所、中共渡口市委宣传部、云南省经济研究所合编《孙冶方西南之行》1978（4—6）。

拥护，这个发明权是西北的经济学家，我不能剽窃他的话。可是我拥护这个提法，因为它是符合恩格斯的提法的。恩格斯关于政治经济学的提法就有这个意思，无产阶级政党的"全部理论内容是从研究政治经济学产生的"❶。恩格斯在《反杜林论》中又说："一切社会变迁和政治变革的终极原因……不应当在有关时代的哲学中去寻找，而应当在有关时代的经济学中去寻找。"❷ 同志们听了或许会得出恩格斯不重视哲学、贬低哲学的结论，这就大错特错了。马克思、恩格斯非常重视哲学。我们从恩格斯的又一句话中看到恩格斯对哲学的重视："如果不是先有德国哲学，特别是黑格尔哲学，那么德国科学社会主义，即过去从来没有过的唯一的科学社会主义，就绝不可能创立。"❸ 我们知道，马克思主义的三个来源，就是德国的古典哲学，英国的古典政治经济学，法国的空想社会主义。马克思不是民粹派，不只接受德国的传统，他也接受各国的传统。但是，马克思主义为什么不产生在英国，不产生在法国，而产生在德国呢？他归功于德国的理论，特别是哲学理论即黑格尔的哲学理论。总之，马克思、恩格斯并不贬低于哲学。

这两个方面：一方面，恩格斯认为，一切社会变迁的终极原因，不应当在有关时代的哲学中去寻找，应当在有关时代的经济学中去寻找；另一方面，恩格斯又认为，马克思主义之所以能够产生在德国，是由于德国的理论，如果不是先有德国的哲学理论，特别是黑格尔哲学，那么德国科学社会主义就不可能创立。这两个方面怎么结合起来呢？因为这两门科学研究的对象不同，

---

❶ 恩格斯：《卡尔·马克思〈政治经济学批判〉》，《马克思恩格斯选集》第 2 卷，第 116 页。

❷ 恩格斯：《反杜林论》，《马克思恩格斯选集》第 3 卷，第 307 页。

❸ 恩格斯：《〈德国农民战争〉序言》，《马克思恩格斯选集》第 2 卷，第 300 页。

需要我们用毛泽东同志的话来解释。他在《整顿党的作风》中说:"世界上的知识只有两门,一门叫作生产斗争知识,一门叫作阶级斗争知识。自然科学、社会科学,就是这两门知识的结晶,哲学则是关于自然知识和社会知识的概括和总结。"❶ 在这两门知识积累的基础上,我们有了哲学,就是一般人说的世界观和方法论,就是对于自然界、对于人类历史、对于思维的总的看法和方法,就是辩证唯物论和历史唯物论。哲学只告诉我们立场、方法,给我们总的世界观和方法论,使我们能够在总的世界观和方法论中去研究自然科学和社会科学,但哲学不能代替自然科学,也不能代替社会科学,尤其不能代替政治经济学。"四人帮"拿几句哲学概念到处招摇撞骗,好像几个字就能治天下。哲学再重要,不能代替一切,不能代替自然科学,也不能代替社会科学,更不能代替政治经济学,不能代替政治学、阶级斗争理论,不能代替历史科学,等等。

要宣传政治经济学

政治经济学的重要,还可以从马克思一生的事业来看。马克思不仅是一个伟大的理论家,而且是一个实践家,他始终站在当时国际工人运动的最前面。在他的参加和领导下,建立起国际工人阶级第一个政党——第一国际,这个功绩是不能抹杀的。马克思在科学研究中,以毕生的精力,用了整整四十年的时间写《资本论》,直到他病已很重的时候在一封信中还说,人总是要死的,看样子我活不长了,什么都放得下,就是我那部《资本论》还没有写完放不下。其实,是写完了,只是还没有全部出版。恩格斯后来讲马克思的贡献时,也特别讲到这部著作。马克思和恩格斯是马克思主义的创始人,工人政党的创始人。资产阶级也承认马克思、恩格斯两个人是人类最高尚的友谊的典范。恩格斯想写很多著作,比如《自然辩证法》,可是马克思死后,恩格斯放下自

❶ 毛泽东:《整顿党的作风》,《毛泽东选集》第3卷,第773—774页。

己的著作，帮助马克思整理《资本论》和《剩余价值学说史》，恩格斯死时，《剩余价值学说史》即《资本论》第四卷还没有整理出来。恩格斯有很多关于历史方面的著作，不但有计划，而且有底稿，也没有写，而是帮助马克思整理《资本论》，这不是一般的友谊，而是非常宝贵的遗产。因为马克思主义政治经济学告诉我们，人类从原始社会开始，一直到未来的共产主义社会，走的是一条什么道路，为什么这条道路是必然的。为什么还没有看到无产阶级革命的胜利，在心目中就认为这个胜利等于是明天的事呢，就是根据政治经济学对于社会发展规律的分析。一般说来，有广义的和狭义的政治经济学。《资本论》基本上是分析资本主义社会，但是马克思在《资本论》的许多章节中，也讲到资本主义社会以前的社会的一些生产关系的演变，也讲到资本主义社会被推翻以后的未来社会的基本结构应该是怎么样，这个社会有哪些规律。林彪、"四人帮"却不然。林彪说：《资本论》只能说明资本主义社会，不能说明社会主义社会。"四人帮"的爪牙迟群说，你们还要读《资本论》，讲《资本论》的意义，你们少讲讲"马尾巴"的功能吧！他说《资本论》好像马身上的尾巴一样。马克思、恩格斯在资本主义还是黄金时代，就预见到资本主义必然灭亡，人类社会必然要走到共产主义，他们认为要推翻资本主义，依靠的是无产阶级，农民是工人阶级的同盟军。马克思说："德国的全部问题将取决于是否有可能由某种再版的农民战争来支持无产阶级革命。"❶ 马克思、恩格斯很重视农民在革命中的作用，但是认为主力军是工人阶级。在革命策略上，马克思也很重视知识阶层、中小阶层。在反封建主义的革命中，还重视进步的资产阶级、民主力量。这些是根据什么的呢？不是根据对文化、艺术的分析，而是根据对政治经济学的分析，根据对各阶层

---

❶ 《马克思恩格斯全集》第29卷，第48页。

在社会中的地位的分析，这都是对政治经济学分析的结果。所以恩格斯说：无产阶级政党的"全部理论内容是从研究政治经济学中产生的"。它不仅为我们指出了将来社会形态发展必然的规律，指明了前途和方向，而且告诉我们走这条道路要依靠谁？团结谁？打击谁？即我们的主力军是谁？同盟军是谁？敌人是谁？为什么要组织政党、组织群众，等等。而"四人帮"及其爪牙却把《资本论》，把政治经济学糟踏成"马尾巴"的功能！有些人受了他们的欺骗，说《资本论》讲什么抽象劳动、具体劳动，那些东西有啥道理，那还不是"马尾巴"的功能。他们不晓得马克思那个公式，一匹麻布换什么，那个叫价值形态，怎么从原始形态发展到多少东西换多少货币，这是代表整个人类社会商品经济发展、资本主义发展所走的道路，通过这个公式，把人类历史发展最抽象、最概括为简单的东西。马克思是科学社会主义者，先分析现实的社会：它是一个什么样的社会，我们应该怎么样推翻它，未来的社会大的方向是怎么样，在《资本论》中都基本上讲了。现在看来，我们有许多问题，特别是社会主义经济建设中犯了些错误，出了些问题，回过来翻翻《资本论》，原因就在于我们没有照着马克思已经看出的这个大的方向去做，这个方向我们没有体会到，很多方面我们违背了他的指示。所以不仅为了解剖资本主义社会，而且为了我们建设未来的社会，怎么建设，也要读《资本论》。

二、政治经济学特别是社会主义部分是争论、纠纷最多的一门科学

这是因为：第一，有阶级斗争的因素在内。政治经济学纠纷、争论之多，首先就是反映这一方面的原因。地主、资产阶级的曲解，一般说容易识别。倒是小生产者即农民、小手工业者对于未来社会主义社会的设想很难识别。小生产者的这种观念特别

束缚我们的思想。小生产者是封建社会遗留的东西，认为未来的社会主义社会要恢复到自给自足的经济状态，这种思想意识很难识别，它同地主、资产阶级反动的经济学说是不同的，表现为一种"左"的形态，所以不容易辨别。正是这个问题上，我得罪了陈伯达。陈伯达在郑州会议上受批判，内容我们听到了传达，说郑州会议上出现一种思想，就是轻视价值规律，否定社会主义社会商品、货币的作用。毛泽东同志说，经济学家不懂价值规律，否定商品货币（不是原话）。听到毛泽东同志批判否定价值规律、商品、货币在社会主义社会的作用，我给陈伯达扣了个帽子——自然经济观。没有商品，没有货币，不是恢复到原始公社了吗？我到处宣传，宣传到中宣部去了，在部的一次会议上，一位同志对我说，你怎么搞的，毛泽东同志所批评的经济学家不懂价值规律，否定商品、货币，指的是陈伯达，你怎么当着他的面批评他。我说，那好嘛，他在那边检讨，也在宣传，那我们就是意见一致了。可是后来他说：孙冶方是最大的修正主义经济学家。上面讲的是争论的原因之一，间接的原因。还有一个原因，就是毛泽东同志说的，我们建设社会主义，经验不足，还要根据马列主义总的方面，在摸索过程中。你不能责备马、恩、列对这许多问题没有穷透，列宁完成了俄国社会主义革命后去世的，他对计划经济中一连串的规律问题，比马克思、恩格斯有了进一步的阐明，特别是对布哈林那本书的批判。列宁批评布哈林否定政治经济学，因为布哈林胡说什么："资本主义商品社会的末日也就是政治经济学的告终。"列宁说："不对。甚至在纯粹的共产主义社会里不也有Ⅰ V + m 和Ⅱ C 的关系吗？还有积累呢？"❶ 第一部类和第二部类的关系，就是生产资料生产和消费资料生产这两个部门的比例关系应当怎么样？这个规律马克思在《资本论》中已

---

❶ 列宁：《对布哈林〈过渡时期的经济〉一书的评论》，第2—3页。

经讲了，这个规律要注意，我们计划经济中出了很多问题，也就是这个问题。现在大多数人承认，要遵守生产资料生产部门和消费资料生产部门的比例，但是怎样遵守，怎么计算，怎么具体搞，还在摸索过程中。毛泽东同志说得很对，我们的社会主义建设在摸索过程中，很多问题还没有解决，现在有许多东西还是第一个五年计划继承下来的，而这一套就是苏联过去搞的那一套。1956年我到苏联考察计划统计工作，主要是统计工作，我才知道过去苏联专家讲的那一套，原来很多问题没有解决，而且正是我们的问题，我们已经看到了。所以毛泽东同志说，不要教条主义，不要照抄照搬，后来毛泽东同志提出一整套"两条腿走路""三个并举"。这一套实际上他们都有，但是他那时还是条条专政，矛盾很多。在摸索过程中，这许多问题都属于认识问题，而认识问题和不同社会阶层不同的观点混淆在一起，分不清楚，尤其是小生产者的自然经济观点，个别地方有许多地主、资产阶级的思想，尤其在"四人帮"时期，自由市场与投机倒把，这许多问题搅在一起，使得我们政治经济学中矛盾重重，争论不休。怎么才弄得清楚呢？我提倡争论，我们搞理论工作的同志应该有勇气，接受批判，欢迎批判，但是，我们当然有保留反批判的权利，就是说，要讨论，要辩论，真理越辩越明。

下面，讲政治经济学对象、方法问题方面的三个争论问题，以及一个理论问题。

要宣传政治经济学

1. 什么是生产关系

关于这个问题有两个定义。在《反杜林论》中，恩格斯说：政治经济学是"一门研究人类各种社会进行生产和交换并相应地进行产品分配的条件和形式的科学。"❶ 恩格斯的定义简单明了，

---

❶ 恩格斯：《反杜林论》，《马克思恩格斯选集》第3卷，第189页。

生产关系包括三个方面：一是生产，二是交换，三是分配。政治经济学是讲生产、交换和分配的各种条件和形式的科学。这里我要解释一下，为什么生产关系中又有生产？这里讲的生产是直接生产过程中的生产，一般讲生产关系是指整个社会的再生产过程。生产关系中包括三部分：一是直接的生产过程，在资本主义社会，就是工厂内部资本家和工人、工人相互之间、各个车间等关系；二是交换过程，三是分配过程。社会的再生产关系包括生产、交换、分配这三个方面，总的说来都是生产关系，就是社会的再生产过程，这是恩格斯的定义。但是，斯大林另外搞了个定义。斯大林的定义："政治经济学的对象是人们的生产关系，即经济关系。这里包括：（甲）生产资料的所有制形式；（乙）由此产生的各种不同社会集团在生产中的地位以及它们的相互关系，或如马克思所说的，'它互相交换其活动'；（丙）完全以它们为转移的产品分配形式。这一切共同构成政治经济学的对象。"❶ 斯大林的定义也包括三个部分，可是他和恩格斯的不一样，斯大林的定义：一是所有制关系；二是人们在生产中的地位以及它们的相互关系，或如马克思所说的，"互相交换及活动"；三是分配形式。简单地说，就是生产、分配，没有交换，多了个所有制。在这里附带说一说，所有制这个字在德文、俄文中都有两个意思。在英文中这两个意思是两个不同的字，有"财产"的意思；有"所有制""制度""法制"的意思，有"社会经济制度"这个意思。过去很多书都是翻译为财产的，如《家庭、私有制和国家的起源》这本书，在20世纪30年代"私有制"就是译成"私有财产"的。在"文化大革命"以前，因为强调上层建筑的反作用，慢慢地把"财产"一字译成"所有制"了。这中间有很多争论。

自从1952年《苏联社会主义经济问题》出版以来，流行的就

---

❶ 斯大林：《苏联社会主义经济问题》，第65页。

是斯大林的定义了。斯大林的定义中没有交换，加了个所有制，为什么加上这一项，他没有说明。而恩格斯的定义中是没有所有制这一项的，同志们可能会发生疑问，是不是马克思、恩格斯在研究政治经济学的时候，或者在他们的整个学说中，不重视所有制问题，那就错了。还在1848年，马、恩在《共产党宣言》中就说："共产党人到处都支持一切反对现存的社会制度和政治制度的革命运动，在所有这些运动中，他们都特别强调所有制问题，把它作为运动的基本问题，不管这个问题当时的发展程度怎样。"❶ 马克思在《资本论》第一篇第一章的脚注第33条中说："我们只要略略地认识罗马共和国的历史，就会知道，它的秘密史，是由土地所有权的历史构成。"❷ 既然马克思、恩格斯对所有制问题或者财产问题这么重视，为什么在恩格斯关于政治经济学的研究对象的三个组成部分中没有所有制这一项呢？马克思在《〈政治经济学批判〉序言》中说："社会的物质生产力发展到一定阶段，便同它们一直在其中活动的现存生产关系或财产关系（这只是生产关系的法律用语）发生矛盾。"❸ 这是马克思主义历史唯物论的一句名言。马克思、恩格斯认为财产关系或者所有制关系只是生产关系的法律用语，是属于上层建筑方面的问题。毛泽东同志说：政治经济学研究的对象主要是生产关系，但是要研究清楚生产关系，就必须一方面联系研究生产力，另一方面联系研究上层建筑对生产关系的积极作用和消极作用。照马克思的说法，财产关系是生产关系的法律用语，在他的观念中，这已经是上层建筑方面的问题，不是生产关系本身。法律方面的问题在研究政治经济学的时候要联系着研究，但不是生产关系

要宣传政治经济学

---

❶ 马克思、恩格斯：《共产党宣言》，《马克思恩格斯选集》第1卷，第285页。

❷ 马克思：《资本论》第1卷，第66页。

❸ 马克思：《〈政治经济学批判〉序言》，《马克思恩格斯选集》第2卷，第82页。

本身。所以马克思所说的生产关系包括生产、交换、分配，它本身已经包括财产关系在内。恩格斯的定义中说：政治经济学是"研究人类各种社会进行生产和交换并相应地进行产品分配的条件和形式的科学"。生产、交换和分配的条件和形式指的是什么呢？第一，生产的条件和形式，就是用谁的生产资料进行生产。在资本主义社会，就是用资本家的财产来进行生产。第二，交换指的什么呢？首先就是交换产品是谁的产品，如果是资本主义社会的产品，那么，交换的产品就是工人所生产被资本家所占有的产品，讲交换，是离不开所有制的。第三，分配的条件和形式是什么呢？马克思在《资本论》中说，是工人生产被资本家所占有，然后通过工资和利润的形式来分配，利润归资本家，工资归工人。再进一步的分配叫作再分配，也离不开所有制的关系。对财产的认识，对所有制的认识，我们在研究政治经济学的时候要联系着研究，如像毛泽东同志所说的要联系着上层建筑和生产力来研究生产关系，但它本身不是生产关系。所有制的形式那是法律问题，而生产关系本身的分析已把财产问题包括在内，他在生产关系以外再加个所有制，就是离开生产关系再来研究所有制，这个重复是有害的。有什么害呢？既然生产关系的中心问题是所有制，重复一下表示强调，好像没有什么害处。马克思对于斯大林这个定义中的这一段是发表过意见的，批判过的。这好像是侯宝林说相声：关云长同秦琼打仗，马克思怎么批判起斯大林呢？可是斯大林对于恩格斯这个定义的修改，前人曾经尝试过，一个是蒲鲁东，一个是杜林，都做过尝试，马克思是批判过的，恩格斯也批判过的。马克思在批判蒲鲁东的《贫困的哲学》时说："所有制形成蒲鲁东先生的体系中的最后一个范畴。在现实世界中，情形恰恰相反：分工和蒲鲁东先生的所有其他范畴是总合起来构成现在称之为所有制的社会关系，在这些关系之外，资产阶级所有制不过是形而上学的或法学的幻想，另一时代的所有制，封建主义的所有制，是在一系列完全不同的社会关系中发展起来的。

蒲鲁东先生把所有制规定为独立的关系，就不只是犯了方法上的错误：他清楚地表明自己没有理解把资产阶级生产所具有的各种形式结合起来的联系，他不懂得一定时代中生产所具有各种形式的历史的和暂时的性质。"❶ 所以马克思认为生产关系以外再搞个所有制，不仅是画蛇添足，而且变得离开生产关系来谈所有制，变成法学和形而上学的幻想，他认为不仅是方法上的错误，马克思是很不同意蒲鲁东这么做的。当然，斯大林不是蒲鲁东，绝不会不懂得一定时代的生产所具有的各种形式的历史性和暂时性。但把所有制或者把财产离开生产、交换来研究，财产变成独立的研究对象，会促进我们离开现实的生产关系的分析，变成形而上学、法学的幻想。斯大林的《苏联社会主义经济问题》这本书出版以后，我们经济学界对于政治经济学的对象，所谓生产关系的定义，流行的是斯大林的定义，而不是恩格斯的定义。我不同意斯大林的定义，对于这个问题，值得讨论。现在赞成斯大林定义的比较多，不是赞成，是习惯，因为恩格斯在《反杜林论》中是附带讲到对象问题，不是下定义。而斯大林是作为一个定义专门讲的，尤其他包括恩格斯的定义在内，所以大家认为接受斯大林的定义，也就是接受了恩格斯的定义。可是马克思对于这种定义老早批判过，而且这样一种定义，带来了很多危害。我认为历史学界有许多争论的问题与这个问题有关系，比如，关于中国的封建社会开始于什么时候。这个问题在新中国成立前历史学界就有争论，可是"批林批孔"的时候，"四人帮"下了结论，说是从孔夫子时代开始从奴隶社会转到封建社会。他们说，秦末那个时候是封建社会，孔夫子时代是奴隶社会。为什么呢？一位历史学家曾经在什么地方挖出一个古董，上面有几个字，考古学家考起来就是一匹马换五个奴隶、一束丝。《人民日报》上登了一篇南通一个工人的诉说，他说：我的姐姐一九四九年以前

要宣传政治经济学

---

❶ 马克思：《贫困的哲学》，《马克思恩格斯选集》第 4 卷，第 324—325 页。

卖掉了，卖二十二块大洋、一丈布。我说一千年以后如果有个考古学家考到一九七三年《人民日报》上这篇文章，一个工人的姐姐是一九四九年卖掉的，卖了二十二块大洋、一丈布，就说一九四九年新民主主义革命胜利前夕的中国是奴隶社会，对这样的历史学家、考古学家做何感想呢？这就是马克思说的离开对生产关系的分析来讲所有制关系，讲财产关系，那不是变成形而上学的幻想了吗？我说的中心意思是，离开生产来研究财产关系，就是马克思说的生产关系的法律用语，是要走到邪路上去的。中国人口贩卖历史悠久，《红楼梦》大观园中的丫鬟都是奴婢，袭人、晴雯等都是买来的，哪里还讲怎么具体买卖，能说《红楼梦》时代是奴隶社会？有的历史学家就是违反了政治经济学中马克思关于生产关系的基本原理。

斯大林的定义中多了一个所有制，是退了一步，不是进了一步。为什么加了个所有制他没有说。斯大林的定义中没有交换，他申明了，他认为恩格斯关于交换的内容已经包括在他那个定义里边了，把交换和生产合在一起了。关于这一点，恩格斯看样子是不同意的，因为杜林也是主张交换和生产可以合在一起的，恩格斯在《反杜林论》中进行过批判。杜林说："在一切经济问题上，'可以区分为两种过程，即生产过程和分配过程'""交换或流通只是生产的一个项目，使产品达到最后的和真正的消费者手中所必须经历的一切，都属于生产。"恩格斯说："杜林先生把生产和流通这两个虽然互相制约但是本质上不同的过程混为一谈，并且泰然自若地断言，排除这种混乱只能'产生混乱'。他这样做只不过是证明，他不知道或不懂得正是流通在最近五十年来所经历的巨大发展"[1]。杜林的意思，交换和流通不过是生产中的一个项目，产品生产出来一直到最后的消费者手中，整个过程都是生产过程。因此，他认为一切经济问题只有两个过程，一个是生

---

[1] 恩格斯：《反杜林论》，《马克思恩格斯选集》第3卷，第192—193页。

产过程，包括交换、流通；还有一个是分配过程，他很强调分配。恩格斯不同意他这种看法，恩格斯说，生产、交换是两个互相制约的概念，然而是不同的概念。恩格斯这本书是1877年写的，1877年以前半个世纪，那就是1827年至1877年，流通环节即交换环节中经历的变动是最大的。有哪一些变动呢？第一，世界市场的形成，资本主义已经打破了国界，形成全世界市场，在这中间，流通范围扩大了，国内市场或者西欧一部分国家的市场变成全世界市场，西欧同北美洲的交换发展了，非洲、亚洲殖民地的市场发生了，等等。第二，资本主义国家开设交易所，开始发生交易所投机买卖，证券交易，等等。恩格斯认为这许多变化都属于流通过程的变化，而且变化很大。因此，把流通合并到生产中去作为生产的一个项目是不相宜的。回想我们从1949年新民主主义革命成功，到后来50年代中所有制的改造之后，我们在交换也就是流通环节中所经历的变化，较之世界市场的形成，交易所，投机买卖等，不仅本质方面大不相同，而且很复杂。直到今天，我们面临着许多现实问题、理论问题，是属于流通过程的。比如我们同农民、同集体所有制的交换很多问题现在都还没有解决，农副产品的收购存在不少问题，怎么把收购工作做得更好一些，能够调动生产积极性呢？还有，我们怎么样向农民供应生产资料？毛泽东同志说：斯大林不相信农民，不敢把生产资料拖拉机卖给农民，搞国营拖拉机站，我们不同意他这种办法。有的经济学家提出相反的意见。他说：我们把拖拉机直接卖给集体经济，但是，公社、生产大队特别是生产队买不起，是不是我们也"两条腿走路"呢？除了卖给生产队以外，也搞拖拉机站这一类，由国家办，帮农民耕种。不管这个问题提得对不对，能不能实现，总之，不仅在农产品的收购上，在生产资料的供应上，有许多问题要进一步研究，如果我们不要苏联国营拖拉机站这一种形

要宣传政治经济学

式,那么至少没有解决生产队买不起的问题[1]。我看在社会主义流通领域的问题中还不是最大的问题,而是国有企业与国营企业之间流通方面到底怎么搞,从理论到实践,我认为这个问题最大。

关于财政体制问题。1953年,我写过一个关于固定资产管理问题的报告,实际上我讲的是财政体制问题。我觉得过去国营企业生产资料的供应,那个办法实在不行,开计划会的同时,要开物资分配会议,规模之大,一两万人住在北京,大家叫"骡马大会",开几个月,搞物资分配。要钢材,要零件,要设备,国营企业之间争吵,面红耳赤。这一套都是从苏联来的,毛泽东同志批评过。1959年我第二次到苏联考察,在统计局访问,他们中央计委门口,像医院挂号室,开了许多窗口,每个窗口排着长队要物资,就是争物资。人多了秩序乱,这就是他们的"骡马大会"。我们的"骡马大会"也有,不过规模小一些。十多年前火车上人多,很多是跑材料的,到现在都没有解决。这是什么问题呢?20世纪50年代末60年代初,写政治经济学教科书碰到的第一个问题就是这个问题。根据马克思的写法,我提出要按生产过程、流通过程、社会总生产过程三大部分来写。有的同志说:我们社会主义社会,尤其到未来,集体所有制变成全民所有制了,全民所有制相互之间没有流通关系,只是物资分配。所以你这个社会主义政治经济学体系,要研究生产过程、流通过程、社会总生产过程(包括分配再分配),这是生搬硬套。他说社会主义没有流通,的确苏联《政治经济学教科书》是没有流通过程的,原来我们否定流通过程这一套是苏联计划经济的前身。我们主张研究政治经济学要按生产过程、流通过程、社会总生产过程来研究变成是标

---

[1] 农村实行农业生产责任制以后现实证明孙冶方同志的观点是正确的。不是"买不起"的问题,而是"不准买"的问题。农民户营拖拉机不是以人们意想不到的速度增加的吗?——编者注

新立异。我看斯大林把流通取掉不对。同志们很多是实际工作部门中来的，可以想象，生产部门中哪些问题是流通问题，工交、计委、车队实际上都是搞物资供应的，这不是直接生产中的问题，而是流通中的问题。所以我认为斯大林的定义，加个所有制，取掉交换，不是发展恩格斯的定义，而是退一步了。我这话胆子大了一些，大多数经济学家接受的是斯大林的定义，我坚持我的意见，到处宣传，因此过去被认为是异端。

2. 关于生产力的问题

毛泽东同志说：政治经济学家的对象主要是生产关系，但要联系上层建筑和生产力来研究。什么叫生产力呢？"四人帮"胡说科学不是生产力。从原始社会发展到今天，就是因为人的科学技术知识提高了，劳动熟练程度提高了，才能从石器时代到青铜器时代，又从青铜器时代到铁器时代，再从铁器时代到电子计算机时代，我还要说是合成塑时代。现在有很多论述科学是生产力的文章，但没有看到引证过马克思的一句话。马克思在讲工场手工业协作关系时说：分工协作和科学这两个东西，不费资本家什么东西，分工协作是在手工业时代自然形成的，不费资本家分文，科学更与资本家无关，但这两个不费资本家什么的东西，都变成他的生产力，而生产力被资本家利用了。

对生产力也有两个定义：一个是马克思的定义，另一个是斯大林的定义。马克思的定义是："劳动过程的简单要素是：有目的的活动或劳动本身，劳动对象和劳动资料。"❶ 按照马克思的这段话，劳动过程有三个因素：一、劳动本身——人；二、劳动对象——原材料；三、劳动手段——生产工具。在这里就发生一个问题，有的同志说：马克思在这里不是讲生产力的三要素，而是

---

❶ 马克思：《资本论》第1卷，《马克思恩格斯全集》第23卷，第202页。

讲劳动过程中的三个要素。生产力怎么能在劳动过程以外？不经过劳动的东西，是自然力，比如田地的好坏会影响生产力，这是劳动对象问题。这个问题，本来不应发生争论的。但是，斯大林在《辩证唯物主义和历史唯物主义》中，对生产力的要素有另外一种说法："生产物质资料时所使用的生产工具，以及因有相当生产经验和劳动技能而发动着生产工具并实现着物质资料生产的人，——这些要素总合起来，便构成为社会的生产力。"❶他只承认生产工具和人。马克思讲，第一是要人，第二是劳动对象，第三是劳动手段。这倒不是问题。因此，斯大林的书出来后，一般只说这两样，成为公认的传统定义了，但这同马克思所说的劳动过程三要素是不同的。我认为劳动过程三要素也就是生产力三要素。在新中国成立初期发生一场争论，一方面是中国人民大学的苏联专家，认为生产力要素只有两个，是他们坚持的斯大林的定义；另一方面是王学文同志，老经济学家。王学文同志根据马克思主义学说坚持生产力三要素论，认为不能把劳动对象抛开，苏联专家说这是反马克思主义，扣了大帽子，跟在苏联专家背后跑的是鼎鼎大名的陈伯达。我认为苏联专家的意见实际上是斯大林的定义，是不对的，那才是反马克思主义的。这不仅是概念问题，而是涉及当前的现实问题。

马克思在《资本论》中，恩格斯在《英国工人阶级状况》中，以及他们的许多书信中，讲到 17 世纪中叶美国南北战争时，美国的棉花到了欧洲，于是欧洲各国主要是英国的纺织工业，只能用印度和埃及的棉花，可是印度、埃及的棉花杂质多、纤维短，影响了棉纺织的劳动生产力，降低了欧洲纺织工业的劳动生产率，影响了欧洲工业发展。这说明原材料即劳动对象对生产力的极大影响。更重要的是影响当前社会主义建设中的实践。我们

---

❶《联共（布）党史简明教程》，第 15 页。

现在有许多设备的设计倒还不错，就是原材料质量不过关，影响设备的寿命，甚至由于原材料有问题，有许多产品做不出来，原材料就是劳动对象问题嘛！现在欧洲刊物上都在讲工业革命，新的第三次工业革命。我们国内有许多专家，如钱学森同志前些时候在一篇文章中也谈这个问题。他说：技术革命要注意两项：一个是电子计算机在生产上的应用，就是生产自动化，第三次工业革命到现在，我们一般从事实际工作的同志很重视自动控制程序的发明，以及电子计算机在生产上的运用。钱学森还提出高能物理是第三次技术革命或工业革命的第二个内容。但是不是够了呢？我还要提出另一个问题，就是合成材料——塑料。最近西德的经济学家写了本书，书名是《公元二〇〇〇年的世界》，书上说道："二〇八〇年，当世界上炼出约五十亿吨钢的时候，世界钢的产量将达到顶点。预料在那时以后钢产量会大大缩减。"因为铁矿快要采完了。那怎么办呢？我不是"杞人忧天"，正在那个时候，报纸上登载了一个消息说，现在的合成材料——塑料齿轮的耐磨性已经超过了钢铁，自然科学家已经解决了我的问题了。我问过很多自然科学家、经济学家，苏联工业生产水平是在美国之后，为什么钢铁超过美国呢？苏联有1亿5000万吨，美国恐怕只有1亿多吨吧！一位化学家说：美国可以代替钢铁和其他金属用的塑料年产1200万吨，苏联只有300万吨，以1吨抵6吨来说，1200万吨合成材料，那就是7200万吨钢铁。1亿吨加7200万吨，虽然苏联的钢铁产量有1亿5000万吨，但还落后于美国。这不说明苏联的先进，而是说明它的落后。《公元二〇〇〇年的世界》那本书中还说，1983年——塑料生产等于钢生产（按体积计），2010年——塑料的生产等于钢材的生产（按重量计）。这是个大革命，生产两因素论要破产了，因为第三个因素不属于劳动力，也不属于劳动工具，那是劳动对象啊！因此，我认为现在的第三次工业革命，应该有三个内容：（1）电子计算机程序控

要宣传政治经济学

制;(2)高能物理;(这两个都是劳动工具的革命)(3)合成塑料代替金属。合成的原材料,将来可以设想不是天然气、石油、煤炭,而是直接利用微生物酶和太阳能来生产木质素!这是劳动对象的彻底革命,也就是原材料的彻底革命。现在美国塑料生产,已达到七千多万吨钢铁的用场了,但还不能说彻底革命,如果化学家能突破这个关,塑料工业的原材料能离开石油、煤炭和天然气,用微生物酶加太阳能能够生产木质素,那就是彻底革命了,不过现在已经开始革命了。因此,我认为斯大林把生产力的三个因素去掉一个是不对的。这在现实生活中更加立不住足,我刚才说,我们有个原材料不过关的问题,对原材料问题不重视,就是轻视劳动对象,这与两因素论是否有点关系?我想至少有点关系。首先,要突破原材料不够,特别是钢铁质量不高的问题;其次,要有计划地大力发展合成材料。现在的经济学文献和新闻报告中,似乎对电子计算机、高能物理、原子能宣传得很多,对合成材料,对未来的工业进一步从必然王国解放出来进到自由王国这个方面,好像重视不够。我认为生产力三要素要大大地宣传。

3. 人的因素和物的因素的关系问题

1959年,北京经济学界开理论讨论会,纪念毛泽东同志《关于正确处理人民内部矛盾问题》这篇著作发表两周年,我即席发言,宣传毛泽东同志的一整套"两条腿走路"与"三个并举",宣传人的因素的积极能动作用。我说"三个并举"就是充分发挥中国人民的劳动能力,中国人多,要充分发挥这个因素的积极作用,发挥人的潜力。我们不否定物的因素,但是中国穷,怎么办呢?我们先进的、现代化的工厂每个行业只能搞一个、两个,老的企业不可能一下子得到改造,同时不要忘记,大量的是手工业、半手工业的生产,只有大、中、小一同上马,并头发展才好。我们光同人家比大型企业，那就是毛泽东同志所说的，我们同人家比武器，那就是唯武器论，是叫花子同海龙王比宝，比输了。我们要比人的因素，我们的战士有高度的觉悟，我们就是用落后的武器——小米加步枪战胜先进武器的国民党军队。后来，毛泽东同志在第一个五年建设中也强调这个问题，他说：我们建设中也要强调人的因素，我们不否定引进最新的技术，但是我们不能只是一条腿走路，要两条腿走路。因此，要研究一下人的因素和物的因素的关系。经济学家要研究经济，懂得经济，必须学点哲学。

当时，我宣扬毛泽东同志一整套"两条腿走路""三个并举"的思想，强调发挥人的积极性，可是没有想到和马克思关于政治经济学的研究对象发生冲突。后来有同志对我说：你好像说政治经济学是研究人的因素和物的因素的关系，可是马克思主义政治经济学的对象是研究人与人之间的关系的。我说这个事情我没有说明白，没有连起来。实际上，政治经济学要研究人与物的关系，不是我的创造发明，是马克思说的。在《资本论》第二卷中，马克思讲到货币、商品、劳动力、生产资料那个公式的时候，讲到剩余价值的剥削，劳动力在资本主义社会怎么变成商品时说：既然生产的物的因素和人的因素是由商品构成的，资本家就得通过 $G—W<^A_{Pm}$，通过货币资本到生产资本的转化，来完成这两个因素的结合。❶ 马克思又说："不论生产的社会形式如何，劳动者和生产资料始终是生产的因素。但是，二者在彼此分离的情况下只在可能性上是生产因素。而要进行生产，就必须使它们结合起来。实行这种结合的特殊方式和方法，使社会结构区分为各个不同的经济时期。"❷ 马克思说，人类社会各个不同时期，原始社会、奴隶社会、封建社会、资本主义社会以及我们现在共产

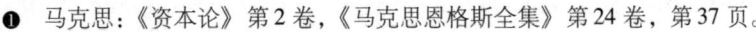

❶ 马克思：《资本论》第2卷，《马克思恩格斯全集》第24卷，第37页。
❷ 同上，第44页。

主义社会的初级阶段，归根结底，就是生产力中人的因素和物的因素结合的方式和方法的不同。政治经济学研究什么呢？就是研究原始社会、奴隶社会、封建社会、资本主义社会、共产主义社会是怎么变过来的，这个变过来，马克思说就是两个因素结合的不同。实际上，这和政治经济学是研究生产关系一点不矛盾。什么是生产资料？就是机器、原材料，马克思主义的政治经济学把它叫作过去的劳动，也就是积累。所以研究人的因素和物的因素的关系，不仅是人与物的关系，实际是活的劳动和物化劳动（过去的劳动）结合的问题，就是积累的问题。现在的劳动和过去的劳动的关系也是生产，不过是另一种表现形式，马克思是从另一个角度来提这个问题的。

政治经济学和部门经济学是什么关系，过去是有不同看法的。过去有人把部门经济学叫生产力学，等等，我是不赞成这种提法的。很多人承认有部门经济学，但是认为部门经济学和政治经济学的研究对象是两码事。我认为部门经济学也是研究人与物的关系，研究人的因素和物的因素的结合问题，研究社会经济制度在某一个具体的生产过程或生产部门中的具体运用。一个是一般化一些，一个是具体化一些，在研究对象上没有根本的区别。当然，在部门经济学中更需要提倡数学。于光远同志提出，应该怎么把现代化的、高深的数学运用到经济学中来，首先是运用到部门经济学中来，就是搞经济核算。政治经济学研究生产关系，你丢开量的一面，只研究质的一面，是不行的，量与质是不可分的。马克思为了解决第一部类和第二部类的关系问题，以及别的问题，写了很多信请教恩格斯，马克思在信中说，你是管工厂的，你用数学公式算给我看看。我们研究资本主义生产，不是代替资本家去管工厂，目的是要否定资本主义制度。我们今天研究政治经济学社会主义部分，不是为了否定社会主义经济制度。当前的首要问题是应用政治经济学怎么管好我们的计划经济，管好国民经济中每一个部门——工业经济、农业经济、商业经济等。现在，资产阶级经济学中对数学的应用，到了什么程度呢？我们经济所里有一个美国留学生，搞数理统计的，他看了许多美国经济学论文，对那些公式看不懂，请教美国一个搞物理的同学，请他看看论文中的公式是什么意思。那个同学说，现在经济学中对数学的应用已经超过物理学，这一套我看不懂。于光远同志在北京地区经济科学规划座谈会上说，我们不要说别人，你连人家文章都看不懂，怎么去批人家？不仅是批的问题，数学在经济上的应用有两个方面：第一，数理经济学派有点故弄玄虚，把生产关系中量的一面代替人与物的关系，代替生产关系，认为社会主义经济制度代替资本主义经济制度，这不是革命。而是怎么样通过数学把经济管好的问题，这是资产阶级改良主义。自从数理经济学派出现以后，虽然只是头痛医头，但是毕竟把资本主义经济搞上去了，把生产搞上去了。而我们呢？因为，就说部门与部门的关系，国民经济中一个产品价格的涨落，数学至今还没有很好应用到经济学中来。影响一连串，它是连锁反应的，倒过来又影响这一部门的生产本身。又如我们的工业计划，明年这一行业生产增加10%，那个行业生产增加15%，两个不同的增长幅度，对不同部门都有影响。我们是计划经济，对于这一切都应当好好算一算。资本主义社会不是计划经济，为了做生意，可以通过电子计算机计算出来，哪个产品增加或减少，价格提高或降低，影响的面有多少，国际、国内都计算得出来，而我们闭着眼睛不算账。马列主义说的计算，有的译为统计，实际上包括会计、统计在内，就是经济学中量的一面，应该同质的一面结合起来研究，我们要自己全面地管理国民经济，要管理每一个部门、每一个工厂，要多少学问啊！我在兰州发现，政治经济学这门科学不仅在一般理科大学，什么物理系、工程系，甚至在工科大学中都当作政治课讲，当作政治常识教，我主张应当把政治经济学当作基础

要宣传政治经济学

课或专业课教，还要讲部门经济学，工科大学不讲部门经济学，这正是"四人帮"对我们经济科学的破坏。今后，政治经济学要当作工科大学的专业课上。

4. 社会主义企业的利润问题

这个问题使我出了名，说我是利润挂帅。十六年前，即三年困难以后，绝大多数的企业都亏本，中央提出要扭转亏损，增加盈利。可那个时候，中苏分歧，苏联有个利别尔曼，搞"奖金挂帅""利润挂帅"那一套。当时李富春同志把利别尔曼的内部报告批给我说：请孙冶方同志阅，提提意见。我说，我也不赞成利别尔曼搞的这一套，但现在我们正在中央号召下，经济战线的中心任务是要扭转亏损，增加盈利，把利润没头没脑地批，所有利润都批臭了，这也不是办法，应该把利润划几条界限，等我作些调查研究以后，再给你写一个详细报告。拖了很久，争论很多，半年后，我写了个内部研究报告。我说：我们社会主义追逐利润，有利就干，无利不干，利大大干，利小小干，要反对。那个时候，农机厂不生产农机，去生产机床，为什么呢？因为生产农机亏本，生产机床利润很大。这样的例子多得很。我说，这是我们自己搞的麻烦，为什么价格不按照价值来订啊！这又宣传价值规律了。我说，如果摆得一样平，不论干什么，都可以取得同样利润，就不会那样了。一个工厂里几种产品，价格高高低低的，为了企业基金的盈利，有点本位主义，这是不能完全责备企业的。我说要反对追逐利润，首先就要价格合理化，这中间有一连串问题。特别是农产品销售价格影响财政收入，又不要影响城市职工生活等，过去我都提过意见。我说这个矛盾可以解决，归根结底物质财富就那么多嘛，是怎么分配的问题，我们物质财富的分配，在价格方面就是价格的变动，叫作价格杠杆，是从苏联来的，实际上是通过价格高低来影响生产，这还是资本主义的。我主张价格和价值一致起来。我说要消灭利润挂帅，首先要价格合理化。另外我们社会主义企业的利润和资本主义企业的利润本质的不同，有三条界线，这三条界线破坏了，那就是越轨了：第一，利润的本质不同。资本主义利润是资本家对工人的剥削，落到资本家腰包里去了；我们的利润是国家的财政收入。现在由于怕讲利润，说是积累，实际上这是概念不清，企业利润上缴财政部，作什么用呢？首先维持国防经费，其次是政府的正常预算开支，再次是文教、卫生、科研费用。这些经费都是企业上缴的利润，其中有一部分实际上是通过价格杠杆，农民创造的财富通过工业利润形式转过来的。把这样多开支都用完了，余下来的才能搞建设。过去在财政收入中，还有折旧，折旧不是财政收入，是老本。只有这许多必需开支的费用都开支完了，才能拿来作积累。半年以前，《人民日报》有篇社论，由于怕讲利润，把增加利润叫作"努力为国家增加积累"。日本人报道时把我们的题目改了，叫作"努力为国家增加上缴利润"。因为文章本身讲的是利润，"利润挂帅"这个帽子使得《人民日报》的社论都不敢提利润。这是两码事，依我说要分开，利润管利润，积累管积累。这是第一个不同，利润的用途不同、本质不同。第二，生产的目的和手段不同。资本家不是为了创造财富供人民消耗，而是为了赚钱，利润成了他的目的；我们的目的是生产物质财富，提高我们的国防、工业、农业、科学水平，更重要的是提高我们人民的生活水平。物质财富本身是我们生产的目的，但是要利润，要维持国家的开支，也为了搞点积累来扩大再生产。第三，取得利润的方法不同。资本主义社会通过投机倒把的办法；我们应该按照国家计划规定的供产销的协作关系来维持产品的供产销工作。把这三条界线划清了，特别是第三条，不搞投机倒把。价格是反映价值的，在这种情况下，多生产利润，就表示我们的生产进步了，成本降低了，产量增加了。斯大林说得好，社会主义社会的

要宣传政治经济学

剩余产品就是为社会生产的产品。它的货币形式就是利润。在价格合理的前提之下，三个杠杆之内，产量越高，用人民币来计算就是利润越高，按照斯大林的说法就是为社会生产的产品越多。国家的财富，照马克思的说法有三部分：一是 C，即生产资料；二是 V，即工人的工资；三是 M。我们社会主义不应当那样讲，应当讲是生产资料、工人的劳动报酬以及为社会生产的产品。在这三部分中的生产资料的消耗应该是越少越好，消耗得越少，证明技术越进步，企业管理得法，因此，第一部分应该是越少越好。第二部分工人的工资，越多越好还是越少越好呢，我说越少越好。同志们会说，我们的生产目的是提高人民的生活水平，怎么工资越少越好呢？就每个工厂来说，在固定的工资标准（这是一个已知数）之下，工资越少，证明用人用得少，所以越少越好。最后利润是多好呢还是少好？就是每一个企业的社会生产的产品多好还是少好呢？我说越多越好，你说这是"利润挂帅"，那就是"利润挂帅"，可是我有一个前提，三个杠杆。后来批我的人，前提也好，杠杆也好，都不说，孙冶方就是只讲"利润挂帅"，利润越多越好。后来我也反批判了的，我写的那个报告中说：现在有一个理论，叫作争取适当的利润。利润怎么适当呢？斯大林叫作为社会生产的产品，适当的生产一点，那不是提倡磨洋工吗？根本不通，尤其在三年大困难的时候，就是要扭转亏损，增加盈利。在这个总的号召下，说适当增加一点盈利对吗？过去不敢讲利润，不敢讲盈利。现在讲积累，把名词换来换去，不能代替政治经济学。修辞学不能代替政治经济学，应该在本质上分清资本主义利润和社会主义利润的差别。利润在我那个前提和杠杆的条件之下，越多越好。我又说，利别尔曼那个东西我不赞成，因为第一，他不强调精神鼓励，只讲物质挂帅；第二，他的那个奖金占利润的百分之十几到百分之二十几，变成资本主义的分红制了，把企业的性质都改变了。有许多企业利润多，不完全是由于企业本身经营管理好得来的，尤其我们中国，产品的价格是一律的，"洋""大"企业生产的成本当然低，中小企业生产的成本当然高，又不能一个产品卖两个价，那么如果利润都是按照企业平均来分红，那不是本质上变了吗？所以不赞成。可是我来个极端化，主张为社会生产的产品，一律上缴，一点不留。这是我的错误。

要宣传政治经济学

《人民日报》社论不敢提利润，把利润写成积累，说得不好听，有点扭扭捏捏的。中央文件关于去年的年度计划也是利润、积累混用的。我写了个报告，说不是文件作者、社论的作者不懂利润和积累的区别，而是心有余悸，还是我闯了祸，就是那个东西批怕了。社会主义利润和资本主义利润，我们和利别尔曼提倡的那一套，到底差别在哪里？我提的那几点对不对，不对修改一下，应该列出几条，变成国家的法律，使得基层敢于大胆谈利润，谈为社会生产的产品越多越好。前提是价格一定要调整，可是说说容易，真正要调整价格，问题大得很，要不影响农民、工人的生活水平，价格调整以后，可以大大提高农民、工人的生产积极性。通过价格调整，把向农民硬要的东西变成明拿，明拿与硬要没有多少改变，实际上国家没有少收入，农民也没有少拿出，可先在个别生产队、公社或个别县试验，看看农民能不能想得通，这是我提倡多少年的价值规律，这个问题的确很复杂，要通过试验。

三、理论联系实际问题

毛泽东同志在读苏联《政治经济学教科书》时说："他们做实际工作的人没有概括能力，不善于运用概念、逻辑这一套东西；而做理论工作的人又没有实际经验，不懂得经济实践。两种人，两方面——理论和实践没有结合起来。"我认为现在也是这样,业务部门的同志忙得焦头烂额,天天加班,哪顾得上钻政治经济学,谈什么政治经济学的对象与方法,管什么生产力是三个因素还是两个因素,生产关系到底包不包括交换、要不要加个所有制,谁管得那么多,面前事都干不完。搞政治经济学,搞理论,除出去搞调查研究之外,国家、省、市的计划、方案、指示等,实际工作中有哪些问题接触不到,正如毛泽东同志所说的,不联系实际的理论是干瘪的理论,没有理论的行动是盲目的行动。搞理论工作的应该想种种办法去联系实际,即使国家计委的大门走不进,省计委的大门走不进,生产队的大门是开的,多解剖典型还是可以解决一部分问题。综合的问题看不到,但字里行间是可以看出整个国民经济究竟存在一些什么问题。搞实际工作的不注意理论,要犯错误,要受到惩罚;搞理论工作的不研究实际,变成干瘪的理论,也要受到惩罚,我们的理论就会变得没有人听。理论部门、实际部门应该共同携手,共同搞好。客观原因有,但我们不要太埋怨客观原因,应该主观努力。

四、心有余悸的问题

关于这个问题,我到处听到。我想用切身的经历来谈谈心有余悸的问题。如果说心有余悸,我恐怕应该是最有份的,我是在政治经济学研究工作岗位上跌的跤。在"文化大革命"以前,在哲学社会科学理论方面,否定一切是从陈伯达为首开始的。陈伯达鼓吹废除"四旧",把一切马列主义的东西,好的东西,好的传统,叫作"四旧",都否定了。还在1964年,在理论上我提过不少不同的意见,那时,他这个伪君子还装得很谦虚,他是个"中央首长",把我们叫去,请我们坐在沙发上,他自己坐在地毯上,弄得我们上不上,下不下,坐下好还是站着好,还是跟他同坐在一地毯上好?真没有办法。可是,1964年,他就扣我一顶帽子，说孙冶方是"最大的修正主义者"。"四清"时，把经济研究作为"四清"的典型来搞，我们同他派来的工作队辩论，他们辩不过，拍桌子，我说拍桌子解决不了理论问题，后来没有办法，把我弄下去搞"四清"，说"四清"回来后再批。回来时就"文化大革命"了。那只让你坐喷气式，不许你辩论了，叫我写检讨，我还是写政治经济学，结果把我关了七年零五天，给了种种莫须有的罪名，我都不管它。政治经济学使我受到了陈伯达以及后来"四人帮"一伙的迫害，但是政治经济学还是救了我。我觉得政治经济学这门科学，是中国革命和建设所需要的。在这个争论中间，真理不在他那里，即使我被他们搞死了，最后历史审判的时候，他们是输的，我不会输的。因此，我总希望或许还有活得出来的一天，现在果然活出来了，但那时我的信心还不足，叫我交代，我说没什么交代的，可是政治经济学我讲了不少，写了三万五千多字关于政治经济学许多争论问题的意见，有七八个争论的问题，希望展开辩论，当然，他们不会给我这个机会的。现在这许多问题不仅是我们和"四人帮"辩论的问题，而是要我们在理论上把它辩论清楚。这门科学正需要我们全党、全国人民来攻。到成都后，听说四川省委把马克思主义三个组成部分之一，恩格斯在《反杜林论》中排在第二的政治经济学，特别拿出来作为全省干部学习的一门科学，我觉得非常英明，虽然没有准备作这个报告，但我欣然接受来作宣传。

要宣传政治经济学

原来想详细讲讲我在监狱蹲了七年零五天是如何活过来的，但是由于时间关系不能多讲了。这里只讲讲心有余悸的问题。现在分两点来讲。

第一，中央不会像"四人帮"篡党夺权时代，绝不会用"钢铁公司""帽子公司"来领导理论部门。即使某一个地区或者某一部门或者某一个经济学家，由于理论问题与实际问题分不开，批判过了头，不要紧，我们要有点勇气嘛，党、人民把我们放在这个岗位上，我们认为这是代表政治经济学、部门经济学或会计学的真理，至少我还没有认识到这个观点是错误的，那我就坚持下去嘛，请大家继续批判嘛，不要躲躲闪闪，隐隐约约，人家也不好帮助嘛。批判的结果觉得错了，就勇敢地改正，不错或者没有觉悟到错，那就坚持下去。但是话要放在桌面上，向党、向群众提出来，我还没有想通，我还有那个观点。我那七年零五天就是这样。我不相信陈伯达的那一套，别的我不敢去想它，想想那个要发疯的。我想我的政治经济学。从1964年到1968年，我把我这一行几乎丢掉。四年没有搞了，那本计划写的书，第一稿写了又推翻再写第二稿，我从第一章到末章，慢慢地回忆，想到月底，大概的写法回忆起来了。第二个月的第一天，我又重新这么想，回忆呀回忆，回忆了八十五遍。无产阶级的路线、干部政策落实了，把我放出来了，我觉得在里面的日子过得太长了。政治经济学几乎把我毁灭了，可是政治经济学又帮助我度过了陈伯达、"四人帮"的迫害。我们每一个人，不论放在什么岗位上，对自己的岗位要热爱，不是一般的热爱，诚诚恳恳地工作，而且要有勇气，自己认为正确的思想、正确的观点要坚持，但要放在桌面上，对党、对群众讲清楚。人家说我赤膊上阵，打呀批呀，我自己的观点就是这么坚持。今天这种情况我想不会有了，小的互相争论，高一点低一点，受点委屈那是难免的，这就要我们拿出勇气来，首先要做出点成绩来。

第二，对于我那个理论报告，我要检讨，我不是右了，是"左"了。连奖金分成、厂长基金都不要了。我在给中央的报告中检讨了。另外，我出来以后，一身病，自己安慰自己，年纪大了想看病休养。最后一个部队干部看到我说：老师啊！多年不见了，我把你那本讲义还保存着呢！我听了，那是一九四几年搞的，教条主义，抄书，东抄一点，西抄一点。听了他的话，汗流浃背，想到那时在打游击的环境教书，几个教员住老百姓的一堂屋,进进出出,三个人在一起,我还编出一本哪怕教条主义的讲义,人家还保存着。我那个时候的感情比现在不同,现在这么原谅,那么原谅,我连政治经济学都没有很好搞的。我把我那个二十三章中的一百八十三节八十四个要点,是在监里倒过来顺过去都背得出来的。出来以后,把它记录下来,写了几万字,正式的东西我一章都没有写。我原来不是写什么书,是预备提供给经济学界、实际工作者一个对立面,请大家批判,不是为了出版,出版要二十三章,那个七章我还没有摸呢?如果大家觉得批够以后,这许多观点还不错,我继续摸那七章,那恐怕至少还要再活十年,我再只争取五年,把那十六章写出来就好了。占了你们一天时间,真是很抱歉。

要宣传政治经济学

关于政治经济学的几个问题*

——1978年5月17日在四川省渡口市的报告

我这次到四川来,是参加经济学规划座谈会。这个会结束以后,我申请来看看我们的大后方,我们的三线建设。我是来学习的,因为同社会隔绝了多少年了,各方面的情况都不了解,尤其对于生产建设,特别是对三线建设毫无认识。学习中间,我请了很多搞生产的领导同志给我上了课。得到了一些知识,很感谢他们。

市委领导同志要我来讲讲政治经济学,我就来做做宣传工作。我讲的题目就叫作:宣传政治经济学,讲讲政治经济学的几个问题。

一、政治经济学的重要性

我到成都以前,在西北兰州也参加了一个经济科学规划座谈会。在这个会上有一个经济学家,他说自然科学中间有一个基础理论——数、理、化。我们社会科学有没有一个基础理论的问题?他认为有。政治经济学就是社会科学的基础理论或基础科

---

* 原载四川省《资本论》研究会,四川省社会科学院经济研究所、四川省财经学院经济研究所、中共渡口市委宣传部、云南省经济研究所合编《孙冶方西南之行》1978(4—6)。

学。我同意他这个说法。因为，我觉得这位同志的这个看法是符合恩格斯的意见的。恩格斯在讲到经济学的重要性的时候，曾经讲过这样的话，他说无产阶级政党的全部理论内容是从政治经济学产生的。列宁也说过同样的话。并且，恩格斯还说：一切社会变迁的终极原因，不应当在有关时代的哲学中去寻找，而应当在有关时代的经济学中去寻找。恩格斯这两句话，是把政治经济学的地位提得很高的。我们党的一切理论基础，理论的来源，全部理论内容是从政治经济学产生的。而且一切社会变迁的终极原因，不应当在有关时代的哲学中去寻找，而应当在有关时代的政治经济学中去寻找。这好像贬低了哲学，抬高了政治经济学的地位。从这两句话来看，主要是第二句话，好像有这个意思。如果这样体会那是不对的。相反地，恩格斯认为：马克思主义、科学社会主义之所以能够产生在德国，是因为有了德国的哲学，特别是黑格尔的哲学。他的原话是这样的：如果不是先有德国的哲学，特别是黑格尔的哲学，那么德国的科学社会主义，唯一的科学社会主义，就不可能成立。从这句话来看，他又把哲学摆得很高。认为哲学是德国能够产生科学社会主义的原因。这两个意思是不是矛盾的呢？一点不矛盾。恩格斯的这些话，无非是告诉我们：哲学和政治经济学所解答的问题，是完全不同的，这是两门不同的科学。毛泽东同志有段话解答了这个问题。他说：什么是知识？自从有阶级的社会存在以来，世界上的知识只有两门，一门叫作生产斗争的知识，一门叫作阶级斗争知识。自然科学，社会科学，就是这两门知识的结晶。哲学则是关于自然知识和社会知识的概括和总结。

在批判"四人帮"的时候，大家也都在说哲学是代替不了自然科学的。那么我们同样也可以说，哲学也是代替不了社会科学的。哲学只是总结了自然科学和社会科学这两门科学的知识，在这个基础上给我们一定的世界观和方法论。所谓世界观，就是对

关于政治经济学的几个问题

客观世界一个总的看法。世界观与人生观基本上是一个意思。一句话，哲学是总结了这两门科学的知识，告诉我们一个总的世界观和方法论。它本身是在这两门科学上面的总概括，它不能代替自然科学，也不能代替社会科学。我们现在批判"四人帮"，"四人帮"说自然科学有什么基础理论？说自然科学的基础理论就是马列主义。这是胡说！自然科学有自然科学自己的基础理论。这次出来到处看看，我发现一个问题，就是工科院校不把政治经济学当作专业课来学，而是当作政治理论课来学，不研究经济科学。正像经济学院、经济系不学数学一样。考文科、考经济院校的不考数、理、化，不考自然科学知识。因此，有很多青年，包括我的外孙在内，他们的数、理、化知识水平太低了，理工科考不起，就想考文科，考经济系，向我请教，请求指导。我听了以后不以为然。我说我们这一代经济学家多数是半路出家，起码的自然科学都没有学完，这是我一生的遗憾！新中国成立初期我在上海也是搞工业的，有一年病倒在医院，想利用机会补一下数学，是一个同事的夫人来教我，只补了两个星期，我的病加重了，医生就不让我补课。后来就再也没有机会了。我是说我们老一代经济学家没有办法学自然科学。现在进大学研究经济学的，不仅要到2000年，而且要到21世纪，还要参加经济建设，在现代化面前，你没有起码的数、理、化知识，还能算什么经济学家？刚才说的是题外话。

那么，为什么政治经济学是社会科学的基础理论呢？我一方面是根据恩格斯的意见。就是说我们党的全部理论如内容是来自政治经济学。还有社会变迁的终极原因，要到政治经济学中间去寻找。这里恩格斯说的是广义的政治经济学。广义的政治经济学或者叫作社会形态发展史，就是研究人类社会从原始共产主义社会如何演变成奴隶社会，后来怎样变成封建社会、资本主义社会，资本主义社会又为什么必然变成社会主义社会，而且，最后要过渡到共产主义社会。政治经济学就是研究人类社会的发展规律。在《反杜林论》中，恩格斯说，这样的广义政治经济学还在建立的过程中，还没有完成。马克思的政治经济学主要是分析了资本主义社会经济发展的规律，但是，他讲了资本主义社会以前的几个社会形态的许多经济规律。在《资本论》里面讲了，在别的地方也讲了，特别是恩格斯在《家庭、私有制和国家的起源》那本书中，讲了人类的原始社会怎样产生，后来又怎样变成奴隶社会。马克思、恩格斯有很多历史著作，他们还分析了封建社会的一部分发展规律。总的说来，广义的政治经济学，恩格斯说还在建立的过程之中，但总的规律马克思、恩格斯都告诉了我们。马克思的政治经济学，特别是他的《资本论》，主要研究资本主义社会的政治经济学，告诉了我们资本主义发生、发展和必然灭亡的规律，最后必然为社会主义所代替。马克思研究政治经济学整整耗费了四十年，他的一生是在19世纪度过的，他是1818年生，1883年去世的。那时资本主义已开始在美国发展，但还没有到帝国主义阶段，在资本主义最兴盛的时候，他看到这个社会必然要灭亡，社会主义社会要代替它。而且，告诉了我们，在革资本主义命的时候说的，哪一个阶级是革命的主力军，哪一个阶级是革命的同盟军。正如毛泽东同志说的，谁是我们的敌人，谁是我们的朋友？这个问题是革命的首要问题。那么，这个问题是什么问题呢？它不仅告诉了我们一个社会发展的基本规律，而且告诉了我们革命的战略、策略。所以，社会发展的基本规律，革命的战略、策略，都是从政治经济学分析得出的。未来的社会，因为马克思、恩格斯不是空想社会主义者，他们不是凭空地描写未来理想的社会是怎么样，所以他们对共产主义社会讲的不是很多。但是，他们指出了一个基本的战略方向、基本的轮廓。他们是根据旧社会，资本主义社会的发展规律，运用辩证逻辑预见未来社会应该是怎么样的结构。首先，共产主义是公有制，不是私

有制。此外，马克思对于社会主义社会的各生产部门之间的比例关系，比如重工业和轻工业、农业之间的关系，都有很多精辟的论述，启发性的指示。到现在为止，我们可以说，我们在社会主义建设中，如果说我们由于经验不足，理论水平不高，犯了这样那样的错误，如果我们把马克思的书翻出来看一看，那正是因为我们对于马克思、恩格斯对未来社会的许多启发性的重要的指示、原则的指示，我们违背了，没有严格遵守。这就看出马克思、恩格斯的伟大。他们没有看到社会主义社会，他们也不随便描绘社会主义社会，他们只是根据对资本主义社会的分析，做出预言。现在这许多预言被实践证实是真理。

　　社会科学，除了政治经济学指明了革命的战略、策略以外，还有历史科学，它也讲阶级斗争，也指导我们今后的发展方向。历史科学是什么样的一门科学？历史科学无非是根据广义的政治经济学研究所得出的结论，就是根据社会发展的基本规律，来分析某一个民族的整个历史，或某一个朝代的历史。某一个民族的整个历史是通史，某一个民族的某一个朝代的历史是断代史。如果历史科学是研究经济的历史、思想的历史，就是经济史，思想史。科学史包括自然科学史，自然科学史好像与政治经济学没有联系。其实不然。为什么自然科学在中国几千年前，在古代的希腊、罗马都有创造性的见解出现？作为一门真正的科学，是在18、19世纪才形成的，就是说是在资本主义发展以后才真正形成的。为什么呢？这要由社会经济发展的规律来说明。所以，一切历史，通史也好，断代史也好，专门史也好，思想史也好，包括自然科学史，离开了社会经济形态的基本发展规律，就没有办法理解。所以，从这个意义上说，我很同意西北那位经济学家的意见，社会科学的基础理论就是政治经济学。这是不是因为我干了这一行，有点吹我这一行呢？同志们可以讨论，可以批判。我想，根据刚才引的恩格斯那几句话，大致不错。正因为这样，我刚才已经说过,在我们工业学院、矿业学院、冶金学院、农业学院、林业学院,不重视学政治经济学,我觉得是一个缺点。

政治经济学不仅讲社会总的发展规律,而且讲经济发展本身的规律。比如,我刚才讲马克思论述的重工业与轻工业的关系,工业与农业的关系,以后毛泽东同志发展为农业为基础、工业为主导,发展为国民经济以农、轻、重为序的提法。过去斯大林就不是这样。斯大林的说法是什么钢铁工业是基础,机械工业是心脏。毛泽东同志曾经问陈伯达:你这个经济学家,你去查查马克思的《资本论》,这个意见马克思一定说过的,你去查。陈伯达半信半疑,找了几个人。那时我还在国家统计局工作,把我和薛暮桥同志,以及我们统计局几个同志,还有别的研究经济科学的几个同志找去问。我们统计局有个同志说,马克思是讲过这么一句话:"超越于劳动者个人需要的农业劳动生产率,是一切社会基础,尤其是资本主义生产的基础"❶。这句话,就是后来大家经常引用的。它原来是个重农学派讲的。马克思肯定他讲的是正确的。因为,只有首先发展农业,吃的、住的、穿的问题解决以后,农业劳动生产率提高了,才能腾出人手来从事别的行业,才能够发展其他。大家说:那当然是。大概陈伯达想了一下,才表示相信毛泽东同志说的这句话。

马克思的《资本论》虽然是研究资本主义社会的经济,但是人类社会的经济规律有许多是共同的。有些规律资本主义不能离开它,社会主义也是这样。譬如说,布哈林认为社会主义社会以后就不要政治经济学了。列宁就批判过他这个意见不对,列宁在布哈林那段话的旁边,打了问号、惊叹号。说这个意见不对。至少甲部类与乙部类的关系,也就是重工业与轻工业、农业的关系,就是生产资料与生活资料这两大类的关系,还离不开马克思

❶ 马克思:《资本论》第3卷,第1025页。

的两大部类的公式，还要研究。我们只有三十年，苏联已六十年了，正面与反面的经验，对照马克思的政治经济学翻一翻，看哪些是遵循了，哪些是违背了。苏联后来是完全违背了。从社会主义政治经济学来说，我们还在创立的过程之中，我们的经验不足。苏联在斯大林生前，在他的指导下，组织了许多经济学家，曾经写过一本《政治经济学教科书》，上册是资本主义的，下册是讲社会主义的。毛泽东同志对社会主义部分有个批注。我相信同志们都看过，据说，党校都在进行研究。在斯大林直接领导下编的这本书，基本是一本好书。除了基本正确的以外，在我看来，这本书有很多意见不一定对。政治经济学，尤其是社会主义部分，是有很多争论的问题。我的看法也可能不全面。后面的意见，只是个人的见解。马克思主义有三大组成部分——哲学、政治经济学和科学社会主义。没有一门科学争论的问题，像政治经济学这样多。正因为这样，我们要解决这许多争论的问题，要编好政治经济学社会主义部分，就要展开讨论。另外还要通过实践来检验。检验真理的唯一标准是实践，一切理论是否是真理最后要经过实践的检验。这是马列主义、毛泽东思想的观点。在四十年代整风时讲的很多，批判王明从莫斯科带来的教条主义。就我个人来说，过去学马列主义是本本上面学的多。虽然，列宁、斯大林很强调理论要结合实际。但是实际上，从苏联的教育方法也好，过去很多书的写法也好，都脱离实际。我这次出来，也就是想看看实际。在座的很多同志，攀钢的，攀矿的，各方面的同志我都请教过。在这方面，实际方面很多同志都当过我的老师。作科学研究要联系实际，实际工作者要研究理论。我们说"四人帮"那个唯心论、形而上学之所以能猖獗一时，我们大家理论水平不高也是一个原因。包括我在内，虽然我受过他们的迫害、打击。但是，我也没有一下子就认透他们。这是我讲的第一个问题：政治经济的重要性。下面要讲的几个问题都是争论的问题。

二、关于政治经济学研究的对象问题

政治经济学是研究什么呢？它是研究生产关系的。可是，什么是生产关系呢？据我了解有不同的意见。政治经济学是研究人与人的关系。不过这里所说的人与人的关系，不是一般的人与人的关系，比如亲戚关系、朋友关系、同事关系等等；而是生产过程中人与人之间的关系，是生产关系。这个好像是大家明白的，没有争论的。但是，再进一步想想的话，我们不说别的，据我看，就是关于政治经济学对象的定义，恩格斯的定义与斯大林的定义就是不同的。尽管斯大林说：他的"政治经济学对象的这个定义，就其内容讲来，是和恩格斯的定义完全符合的"。我是大胆地在同志们面前这么提出来，请同志们批判。我们应该承认，斯大林也是一个伟大的马克思主义者。但是，斯大林的这个定义，我认为是不对的。现在我把恩格斯、斯大林的这个定义全文引用一下，以资比较。恩格斯的定义是：政治经济学，从最广义的意义上说，是研究人类社会中支配物质生活资料的生产和交换规律的科学。生产和交换是两种不同的职能。没有交换，生产也能进行；没有生产，交换——正因为它一开始就是产品的交换——便不能发生。……但是，另一方面，这两种职能在每一瞬间都互相制约，并且互相影响，以至它们可以叫作经济曲线的横坐标和纵坐标。

"随着历史上一定社会的生产和交换的方式和方法的产生，随着这一社会的历史前提的产生，同时也产生了产品分配的方式和方法。"

"政治经济学作为一门研究人类各种社会进行生产和交换并相应地进行产品分配的条件和形式的科学，——这样广义的政治

经济学尚有待于创造。"❶

从恩格斯的定义看包括三个部分：生产、交换、分配。这里好像有一个问题，怎么生产关系又包括生产呢？生产关系当中的生产，是指直接生产过程或者直接生产过程里边本身的关系。就是指一个企业内部人与人之间的关系。在资本主义社会就是资本家同工人，在我们这里就是领导与被领导、车间与车间的这种关系。然后是交换，譬如你们攀枝花整个钢铁公司，这许多产品怎么同其他各行各业发生交换。把你们各个厂作为一个企业，在目前来说，各个厂是一个二级核算单位，也是一个独立的企业，就有交换或流通的问题和分配的问题。在总公司下边，就有生产、交换、分配的关系。生产、交换、分配，这三方面合在一起，就构成整个社会的再生产关系。这是我对恩格斯定义的理解。

斯大林的定义是这样的："政治经济学的对象是人们的生产关系，即经济关系。这里包括：（1）生产资料的所有制；（2）由此产生的各种不同社会集团在生产中的地位以及他们的相互关系，或如马克思所说的，'互相交换其活动'；（3）完全以它们为移转的产品分配形式。这一切共同构成政治经济学的对象。"

斯大林的定义没有把交换列入生产关系。他自己有一个解释。他说一般的人把交换当作商品交换，但商品交换不是所有的社会形态都有。因此，为了避免发生误会，没有采用"交换"一词。恩格斯的"交换"一词所指的是广义的交换。有人说斯大林的定义是发展了恩格斯的那个定义。在我看来，这个发展并不好。他认为各种不同的社会集团在生产中的地位以及他们的相互关系是什么呢？互相交换劳动。因此，他把交换去掉了变成互相交换劳动。可是互相交换劳动这个问题就大了，广泛地说，我们社会的各行各业发生的交换，也是交换劳动，譬如重工业与轻工

---

❶ 恩格斯：《反杜林论》，《马克思恩格斯选集》第3卷，第186—187页。

业之间,纺织工业的产品同你们的钢材相交换,也是交换劳动。但斯大林的这个定义里边,还包括同一企业不同车间交换劳动,领导同科室干部、工人交换劳动。这就把恩格斯的定义中的第一项生产,第二项交换合成了一项。而斯大林的这个交换劳动,只看到纯粹是生产过程中的交换,没有整个社会的交换。所以,在我看来,斯大林的这个"包括"是不好的。

斯大林的《苏联社会主义经济问题》这本书的最大贡献,是强调了一个客观规律,而这个客观规律就是价值规律,等价交换。二十年代,我在苏联学习的时候,苏联的经济学家就在争论什么是价值规律呀,货币的作用呀。争论到后来,说这都是教条主义,所以就不争论了。一般强调价值规律的都要被戴右的帽子,虽然那个时候,帽子、棍子还不那么多。但总觉得你强调价值规律就是强调资本主义的规律。斯大林在五十年代,即他在去世前写的这本书,总结了过去几十年的经验,觉得轻视价值规律不行。因此,他讲了价值规律。但是到现在为止,强调价值规律,总觉得不好。总以为价值规律是资本主义社会自发势力的价值规律,自由的那个价值规律。所以,我在1956年写过强调价值规律的文章,我认为计划生产要以价值规律为基础。结果说我是强调市场价值规律。这是另一个争论的问题,这我就不讲了。可是,斯大林明明晓得价值规律一般人理解的是那个市场价值规律。但是,他并不忌讳,而且强调社会主义社会还要注意价值规律。我认为这是他这本书——《苏联社会主义经济问题》的最大贡献。

自从他这本书问世以后,苏联也好,中国也好,所有过去信仰马克思主义的经济学家都开始敢于公开地提出价值规律来讨论。然而,斯大林虽然不忌讳价值规律,可是把交换忌讳掉了。他说已经把恩格斯所说的交换包括进去了。我感觉到这个包括不怎么好。

上面分析的两个定义，有两个不同点。一是恩格斯的定义没有所有制，而斯大林的定义提到了所有制，而且是第一条；二是恩格斯的定义有交换，而斯大林的定义没有交换。

斯大林的《苏联社会主义经济问题》出来以后，我们大家都学习过。可是在毛泽东同志的批注传达以前，我们对有些问题没有看到，他就看得很清楚。斯大林关于政治经济学研究的对象，即生产关系的三个方面的概括，大家都把它作为马列主义政治经济学最后的定义，直到现在为止，大家都是按照斯大林的意见说的。可是这几年陈伯达一伙给我造成一个机会，林彪、"四人帮"又给我造成最后的机会，使我可以读点书。我对照这两个定义，就产生了看法，看到了这两个定义的两个不同点，我倾向恩格斯，这是不是我对于两个伟大的马克思主义者，一个是马克思主义的创始人之一，一个是我们大家公认的伟大的马克思主义者，在他们中间找矛盾呢？请同志们批判。

我认为斯大林的这个定义，实际上马克思、恩格斯批判过。马克思、恩格斯怎么批判斯大林呢？这不是成了"关公战秦琼"的笑话了吗？我是说过去曾有人在这两个不同点中，有类似斯大林的观点，马克思、恩格斯批判过。关于第二个不同点，就是交换的问题，在座的同志可能比较有体会。在《反杜林论》中，恩格斯就批判过杜林这样的观点，杜林认为："在一切经济问题上'可以区分为两种过程，即生产过程和分配过程'。……交换或流通只是生产的一个项目，使产品达到最后的和真正的消费者手中所必须经历的一切，都属于生产。"恩格斯批判说：杜林先生把生产和流通这两个制约但是本质不同的过程混为一谈，并且泰然自若地断言，排除这种混乱只能"产生混乱"，他这样做只不过是证明，他不知道或不懂得正是流通在最近五十年来所经历的巨大发展。恩格斯写《杜林论》是1877年，过去50年那就是1827年至1877年，这是什么时期呢？就是资本主义社会兴旺发达的时期。这个时期内流通发生了什么变化呢？首先是世界市场的形成，由于新大陆发现以后，资本主义向美洲、向亚洲侵略都是在19世纪中叶。其次就是交易所的出现，投机倒把，资本主义社会的流通更集中，而且形成交易所的投机。这就是我解释的恩格斯说的流通在过去五十年所经历的巨大的发展。而如果把恩格斯说的这个变化同我们社会主义革命以后所发生的变化比较起来，那这个变化就小极了，因为那个不是本质的变化，都是资本主义制度内部的量变。总的来说，都是资本主义制度的经济脉搏的变化。我们经济体制方面的问题，最重要的问题，还是流通环节的问题。在这里边扯皮的事情最多，应该认真研究，把它调整好。譬如说你们生产的钢材该怎么分，我过去在国家统计局的时候就知道，那是扯皮的事呀。年年开计划会就争指标。这种会人数多，开的时间长。等到物质分配会议那更不得了，万把两万人，北京的大小旅馆都住满了，过去人们叫它"骡马大会"，后来毛泽东同志多少次批评，李富春同志也组织大家讨论，改了一下。现在"骡马大会"变成了跑物资了。人们出去要买火车票就很困难，到火车站里面去调查调查，多数是出差跑物资的。一行都要两人一道，避免将来"三反"的时候账算不清。这是一个什么问题呢？这就是社会主义企业生产的产品，从这一个部门到另一个部门，从这一个企业到那个企业，这个交换到底应该怎么弄，是不是要这样？这个情况最典型的是苏联，苏联我没有看到他们开"骡马大会"。1959年我去考察是作为经济学家的代表去的。我因同他们的中央统计局有点交情，通过他们的计委的一位副主任联系，请他们给上一课，讲讲他们的情况。因为那次是李富春同志叫我去摸他们的底，看他们有些什么问题。我们一进到计委的大门，好像进了一个大医院的挂号室，窗口很多，每个窗前排着长队，而且这个队长到什么程度呢？我记得有一位中校军官在那里维持秩序。我是外宾，又是事先联系好的，才没有排队。

现阶段，我们社会主义交换有三种：一是国营商业或供销合作社同消费者的交换，一般地讲，这方面的问题不大，顶多是物资供应不足，不是这个交换本身的问题。第二种是国营企业和集体企业之间的交换，这个交换问题就比较多。斯大林不把拖拉机卖给集体农庄。毛泽东同志说，斯大林不相信农民。而我们是把拖拉机卖给生产队的。第三种是国营企业与国营企业的交换。这种交换，在表面上看起来好像最没有问题，大家都是国营企业，国家对国家，可是这种交换扯皮的最多。这方面的问题的产生，一是生产问题。毛泽东同志说，要留有余地。我们的生产跟不上去，例如，钢材需要的多，而生产又没有那么多，因此，分配就发生矛盾。二是体制问题。国营企业与国营企业的交换到底应该怎么弄，现在我们的国营企业有多少个，我搞不清，反正由社会主义过渡到共产主义社会，我们的企业的规模会越来越大，数量也会越来越多。国营企业之间的交换都靠国家计委，大家都不远千里跑物资，这个办法好吗？这是人为的大问题，这个问题正是流通或交换问题。我在1963年写过一篇企业经济核算的体制问题，主要是讲固定资产的核算，那个问题实际上讲的是怎样扩大企业的独立经济核算问题。有的人批判说我是主张南斯拉夫的企业自治。但我的主张是：既要保证国家集中统一的计划领导，国家的计划不能破坏；同时又要扩大基层企业的权力，特别要加强企业与企业之间的供、产、销直接挂钩的关系。不要一跑就跑到北京。依我看，一个工厂的产品规格、品种等一定，它的流向也可以定。你们的钢材的出路，可定铁道部、一机部等。你们攀枝花生产什么品种的钢，轧什么样的材，这是国家计划规定的。我们社会主义企业生产什么，生产多少都由国家计划规定，而不是自由化。因此，以国家计划作指导，建立企业之间比较固定的产供销关系是完全可能的。如果由于各企业发展的不平衡，原来的供、产、销关系出现了不平衡，首先由挂钩单位互相解决，差额再报上级平衡。我是强调企业的核算，不只是核算流动资金，而且要核算固定资产，把固定资产更新的责任交给企业。折旧费原则上归企业，如果多了国家可以抽调。如果是矿山，资源快完了，这个矿要收了，到那个时候折旧费应该上缴。一般的企业，设备更新的责任应该交给企业。在这个范围内，它的设备如何更新，向什么地方去订购机器设备，企业直接挂钩。折旧是原有资金的回收，不是新创造的价值，不能用于扩大再生产，只能用于原有设备的更新。所以折旧费留给企业是比较合理的。但是，现在连大修的钱也卡得紧。所谓大修要不变形，不增值。这是苏联过去规定的制度。所谓不变形，就是不改变设备原来的模样，原来的结构，同时还不增加设备的价值。这些规定我认为是束缚技术革新，设备在天天使用，天天磨损，你能天天补充吗？这些问题，你们搞生产的同志比我熟悉。国外资本主义国家，在19世纪，设备更新一般是十年，因此，那个时代资本主义的经济危机也是十年一次。到了20世纪，特别在第二次世界大战后，经济危机三至五年一次，设备更新的时间也更短了。而我们呢？我请了搞财务的同志给我上了一课，了解到我们还基本上是过去的制度，折旧的时间长——二十五年，折旧费基本上缴，设备更新不归企业管。我的看法折旧应加快，以便更快地更新设备，以有利于赶超世界先进水平。折旧费基本留给企业，设备更新企业自己管。我这个大胆的意见，供同志们批判，看是不是属于南斯拉夫的企业自治的办法。到现在我还没有听到对我这个意见的有力反驳，但财政部门是反对的。1963年开国家计划会议，那个时候也开全国财贸会议，在北戴河李先念副总理问过我。他说，你这个经济学家，你说企业固定资产的折旧，能不能算财政收入？我说企业折旧是老本，老本算收入，就叫吃老本。他说：你为什么不写文章？我说：这怎么能写文章呢？这还了得，财政部门不允许呀！后来我就写了一个内部报告。可就是那个报告，被说成是南

斯拉夫的企业自治。请同志批判，也请同志们考虑一下，有没有一点可取之处？我是向上面写的一个建议，在当时是属于禁区。因此，不敢写文章，是写的一个内部报告，送给工交部门和财政部门的领导。在"文化大革命"期间，我不想再扩散了，但上海帮我翻印扩散了。在"文化大革命"前，我们有个内部未定稿，也把我的有些东西再扩散了。今天我在这里继续扩散一下，希望同志们批判，同时也请考虑一下，是不是有一点可取之处？我的设想是加强企业的责任，特别是对固定资产的责任。在供、产、销关系和产品方向的前提下，折旧费原则上归企业。如果企业折旧费过多了，或者在某些特殊情况下，折旧费也可上缴国家。我这个办法是否可行？事先不妨做个试验。过去曹荻秋同志，他提过一个折中的方案，我是反对的。他主张折旧费不放在中央，放在省市一级。我说放在省市一级比放在中央还坏。因为，你从企业调剂来说，那应该由中央来调剂；你说下放的目的，是调动企业的积极性，加强企业对加速设备更新的责任心，放在省市一级这个目的也达不到。我承认，企业在有些技术上的重大问题、体制的改革应请示上面，应由上面来把关；财务的监督应归财政部门管。在保证全面执行国家计划的前提下，应加强企业对固定资金、流动资金的全面经济核算的责任；加强企业对固定资产更新的责任，使企业有责任把生产技术、劳动生产率不仅赶上和超过国内的先进水平，而且要赶上和超过世界先进水平。

在这个问题上，陈伯达给我扣上"中国最大的修正主义经济学家"以后，他给李富春副总理打了一个报告，写了一封很简单的信，大概只有五六百字。他说现在的财政制度有毛病，老企业设备更新应更快些，可是财政部不肯给钱。新企业建设应该慢些，可是给钱又比较放手，这种财政制度要改。我讲的折旧费原则上归企业，我上面讲了好几条杠杠。陈伯达没有杠杠，光说财政制度有毛病，要加快老企业的设备更新不给钱，新建企业肯给钱，等等。他这个报告给了李富春同志，李富春同志又把这个报告给了毛泽东同志。毛泽东同志说，这个意见很好，批下来了。过去财政部门看了我那个报告，不同意收起来了。这回毛泽东同志批下来了。1964年秋人民银行总行一个副行长，打电话给我说：你那个报告还有没有了？应该重新拿出来讨论，并说你那个报告还有点意思，有点道理。我说：你们怎么现在要讨论？他说：陈伯达有一个报告，这个大家都认为就是你那个报告的意见。我回答说：陈伯达给李富春同志的报告我在计委看过了，这是他个人意见。现在我就是为了这个报告，另写了一个报告——关于理论问题，正在挨批呢！并说：你们不要讨论吧。他回答说：不是，不是陈伯达个人的意见，现在毛泽东同志批下来了。当时，我受批判，中宣部、计委党组的会议都不能参加，文件也看不到。所以，毛泽东同志的批示，我是听说的，没有看到。陈伯达的报告，是把我的意见基本吸收了。他的话通俗，如什么容不容易啊，放不放手啊。但在理论上不严格，没有前提和杠杠。在座的搞经济工作的同志很多，不少同志给我上过课，给我介绍了不少情况。我觉得我上面讲的问题，现在还没有得到解决，讲出来，引起大家来讨论。这个问题与我们讲的政治经济学研究对象的定义没有直接的联系，算是一段插话。

关于政治经济学的几个问题

斯大林的定义同恩格斯的定义还有不同点，就是斯大林的定义有所有制，恩格斯的定义没有所有制。这个问题需要说明，不是马克思、恩格斯对所有制问题不重视，恰恰相反，他们是非常重视对所有制的研究的。"所有制"是外来语，翻释这个词有争论。成仿吾同志就主张把"所有制"释成"财产"，"公有制"释成"公有财产"，"私有制"释成"私有财产"。因为德文、俄文这个词有两个意思：一是讲财产制度，一是讲财产本身。例如《家庭、私有制和国家的起源》一书在20年代就译成《家庭、私有财产和国家的起源》。在中国话中，"所有制""公有制""私有制"是一个法律观念,属于上层建筑。但是斯大林的定义中,也是直到现在我们大家公认的,把生产关系中的第一项,就是采用的财产关系这样的法律用语。马克思在《〈政治经济学批判〉序言》中说:"社会的物质生产力发展到一定阶段,便同它们一直在其中活动的现存生产关系或财产关系(这只是生产关系的法律用语)发生矛盾。于是这些关系便由生产力的发展形式变成生产的桎梏。"❶ 这里马克思对财产关系有注释,它是生产关系的法律用语。法律是上层建筑,就不是政治经济学研究的对象,是法学家研究的对象。政治经济学是研究生产关系的,而不是研究它的法律用语。这个我想同志们大概会同意的。现在我要回到本题上来,是不是马克思、恩格斯对财产关系或所有制问题不重视呢?不是的。马克思、恩格斯在《共产党宣言》中说:"共产党人可以用一句话把自己的理论概括起来:消灭私有制。"❷ 他们最注意的问题,就是财产问题,或者所有制问题。他们说革命的中心问题就是财产问题。在《资本论》第一卷注释33中,马克思讲了这么一句话"人们只要略为认识一点罗马共和国的历史,他们就会知道,土地所有制的历史形成该国的秘史。"意思就是说土地所有制的形成和它的状况,就可以代表罗马共和国的历史。这里就可以看出:马克思、恩格斯从他们纲领性的著作——《共产党宣言》和他们决定性的著作——《资本论》都是非常重视财产关系或者说所有制关系的。

马克思曾批判过蒲鲁东把财产问题或者所有制问题,离开生产关系或者同生产关系并列起来研究。就是说马克思曾经批判过斯大林的定义的这样一种并列法。关于这个问题我在成都讲了以

---

❶ 马克思:《〈政治经济学批判〉序言》,《马克思恩格斯选集》第2卷,第82—83页。

❷ 马克思、恩格斯《共产党宣言》,《马克思恩格斯选集》第1卷,第265页。

后，中共四川省委党校的个别同志有不同意见，说我对斯大林有点强加。请同志们在这里特别注意，看我是不是有点强加于斯大林。

　　恩格斯说政治经济学研究的对象是生产、交换、分配。这三方面都是财产关系或者说所有制的体现，都是研究的财产关系或者说所有制关系。什么叫生产过程中的人与人的关系呢？在资本主义社会中，这就是研究资本家同工人之间的关系。资本家是生产资料的所有者，而工人是劳动力的所有者，当他踏进资本家的车间的时候，已经把劳动力卖给了资本家了，归资本家使用了。按照马克思的话，工人要把劳动力变成商品以后，才能同生产资料结合起来，这两个生产的潜在因素，才能变成现实的因素，才能有生产。所以《资本论》第一卷就是分析这个关系的。这是什么关系呢？归根结底是财产关系、所有制关系。可是离开了生产过程就看不清这个关系。资本主义社会工人不同于奴隶社会，奴隶社会的奴隶的人身都变成了商品，奴隶主可以拿来买卖。而资本主义社会工人出卖的是劳动力，而不是他的人身。《共产党宣言》中讲的，工人除了赤手空拳，他的劳动力可以出卖以外，其余什么都没有，因此叫无产阶级。《资本论》的第二卷是讲的这个关系，即讲在流通环节中工业资本与商业资本的关系。这也是不同的资本家的不同的财产所有者之间的相互关系。最后，无论生产资料的生产也好，消费资料的生产也好，最后变成消费品，一部分劳动人民买了，一部分资本家买了。这许多都是财产关系、所有制关系。《资本论》第二卷，是讲的资本主义生产的总过程，讲的剩余价值在各个资本家中间如何分配，即讲资本家如何分赃。首先是利润平均化，然后分工业利润、商业利润，借贷利息、绝对地租、级差地租等。怎样来分，那又是一个所有制问题、财产问题，这些都是与生产过程直接关联的。所以恩格斯的定义包括生产、交换、分配，这三项都是所有制关系的具体体

现，都离不开财产关系或所有制关系。恩格斯的定义，是同马克思的《资本论》的体系相吻合的。

马克思认为蒲鲁东离开了生产关系来孤立地分析所有制关系，就不仅是个方法的错误。他讲得极严重。为什么马克思要批评蒲鲁东这个观点呢？因为蒲鲁东是个无政府主义者，他写了《贫困的哲学》，马克思为了批判他，写了《哲学的贫困》。蒲鲁东的观点是"财产是盗窃"。他说私有财产就是盗窃，是偷来的。这个观点表面看起来并不错。资本家的财产是剥削工人的，地主的财产是剥削农民的，都是无偿地占有。但蒲鲁东不是作历史的分析，因而得不出科学的结论。而是用煽动性的语言，教条式的批判。蒲鲁东的《贫困的哲学》一书出版后，俄国的一个自由资产阶级的经济学家看了，他与马克思很要好的，马上写信问马克思对这本书的看法，马克思回了一封很长的信，其中有这么一段话："分工和蒲鲁东先生的所有其他范畴是总合起来构成现在称之为所有制的社会关系；在这些关系之外，资产阶级所有制不过是形而上学的或法学的幻想。……蒲鲁东先生把所有制规定为独立的关系，就不只是犯了方法上的错误：他清楚地表明自己没有理解把资产阶级生产所具有的各种形式结合起来的联系，他不懂得一定时代中生产所具有的各种形式的历史的和暂时的性质。蒲鲁东先生看不到现代种种社会体制是历史的产物，既不懂得它们的起源，也不懂得它们的发展，所以他只能对它们作教条式的批判"❶。这里，我要说明，斯大林把所有制作为生产关系内部的一个因素来研究，不完全像蒲鲁东一样，不是离开生产关系来研究财产关系。但是，另外，他又把所有制形式与其他两项并列，而且放在第一项。斯大林不在生产过程中，尤其不在流通过程中来分析财产关系。流通过程他根本没有了，变成含糊的"交换劳

---

❶ 《马克思恩格斯选集》第4卷，第324—325页。

动"的关系,所以,给人的印象,他讲的所有制关系,是与生产、交换、分配相独立的一种关系。这种不把一定社会的生产所具有的各种形式结合起来考察财产关系或所有制关系的方法,在"四人帮"横行的时候,我国历史学界也是很盛行的。同志们恐怕对历史学不怎么感兴趣,不过也不妨讲讲这样来研究所有制会得出什么样错误的结论。在"批林批孔"的时候,我就看到历史学界突然把中国古代社会的历史分期的争论作了一个结论。中国历史分期,抗战以前就有了不同的见解,一直争论了几十年。历史分期争论的焦点是中国的奴隶社会与封建社会的界线在什么时候?毛泽东同志在《中国革命与中国共产党》一书中说:"中国的封建社会从周秦以来三千年之久"。这就是说周朝的初期——西周的时候已经是封建社会了。但是另一派观点的史学家看法就不同,甚至有人主张宋朝还是奴隶社会。郭老有自己的意见,他在 1972 年写过一篇文章。怎么郭老那篇文章没发表多久,才几个月,突然"批林批孔"时肯定孔老二不是封建地主阶级的代表,而是奴隶主的代表?我不懂,我不了解"四人帮"是什么阴谋?而且他们"批林批孔"是别有用心的,矛头指向我们敬爱的周总理,批宰相。为什么对争论几十年的问题突然作个结论呢?中山大学有个教授胡说一气,他讲什么东西呢?第一个理由说封建社会的基本矛盾是地主与农民的矛盾,因此首先就要找什么时候产生地主,有了地主才有矛盾的对立面农民。因此什么时候找到地主,什么时候才有封建制——土地私有制,就什么时候开始封建社会。在鲁哀公多少年,发现书上有"初税亩"三个字。这位历史学家就认为从这个时候起,开始有土地私有制,而过去是井田制、"公有制"。"公有制"就不发生农民与地主的矛盾,因此是奴隶社会。"初税亩"这三个字出现了,就出现了土地私有制,地主与农民的矛盾就存在了,就开始了封建社会。因此中国的封建社会是两千两百多年。照这么说,同那个基本矛盾是符合了,

关于政治经济学的几个问题

但是那个基本矛盾,只是讲生产关系,在中国的具体表现是地主与农民,你从整个社会历史来说,就很难说井田制就不是封建社会。井田制现在历史学家还说不清到底存在不存在。我相信,存在。可是井田制,依我的看法,从政治经济学的角度来说,我认为井田制恰恰说明是封建领主经济。中间一块田是封建领主的庄园,四周的田是农民的,农民耕地,他自己有一个家业,有家有业,生男育女,使得他安心。实际上奴隶也要生男育女,奴隶不生男育女,小奴隶不是就没有了?奴隶主剥削也没有对象了。这个话首先就不对。但是奴隶没有家业。没有家业生出来的小奴隶都变成奴隶主的私有财产了。因此,奴隶的一切供应都是奴隶主的,吃也吃奴隶主的,穿也穿奴隶主的。尽管吃得不好,穿得不好,他没有自己的家业,等于我在凉山了解的——"锅庄娃子"。凉山原有"锅庄娃子"和"安家娃子"。"安家娃子"有家业,"锅庄娃子"是没有家业的。凉山的"安家娃子"不是主要的经济形态,弄得不好,"安家娃子"也会重新变为"锅庄娃子",还在过渡形态中间,基本上还是"锅庄娃子",还是奴隶制。但是这个中间,从历史上来说,他有一个家业对于提高奴隶的生产积极性是一个大刺激。可是我们的历史学家不研究这个分别,就说什么时候发现地主就是封建社会。认为井田制存在,就不是封建社会。这是很有问题的。依我说,井田制那种劳动是典型的封建农奴制的剥削。中间一个庄园是领主的,周围是农民。农民在自己的庄园里面干了几天,还要到地主的庄园里面去劳动,典型的农奴制。那么"初税亩"是怎么回事呢?很可能就是从徭役地租变成实物地租。因为在古代中国语文中间,我也请教过语文专家,"租""税"在中国早期历史上是不分的。"初税亩"很可能就是封建社会的徭役地租变成了实物地租。井田制的存在,"公有制"的存在,不能证明封建制的不存在。马克思、恩格斯19世纪写了很多关于印度的论文,都讲到印度的农村还是村社公有制，实际上也就是我们的井田制之类的东西，土地是公有的。就村社本身来说，还是一个带有原始部落性质的，土地完全是公有的，即村社公有制。可是整个印度社会呢，叫作莫卧尔王朝，是一个封建社会。我没有听到哪一个说英帝国主义占领印度的时候，印度还是奴隶社会或原始社会。个别地区也可能有，比如我们新中国成立以前，凉山还是奴隶社会。整个印度不能不是封建社会，但是就土地制度来说，它是公有制。这个怎么解释呢？我记得马克思、恩格斯对这个问题解释过。俄国的民粹派在俄国发现了土地公有的痕迹，企图想从土地公有的残余痕迹上直接过渡到社会主义。列宁是持批判态度的。列宁在《什么是"人民之友"以及他们如何攻击社会民主主义者？》那本书批判过他们。对此，马克思说，现在南斯拉夫人把土地公有制当作他们南斯拉夫人的特点，甚至把它当成俄罗斯特有的现象。接着他说，古代罗马都存在过公有制，印度现在也还存在。这段话不是原文，大概是这个意思。他说怎么解释呢？在那种情况之下，国王是最大的统治者，实际上就是最大的地主。他的剥削就是通过徭役地租。剥削农民的形式有三种：一种是直接劳动剥削，譬如要农民无偿地给他去耕地；一种是缴租，缴粮食，缴实物；一种是缴货币。不管怎么样，在土地公有这种情况之下，国王就是最大的地主，封建剥削的最大的一个代表。因此，不能排除井田制时代已经存在封建剥削。那个时候的国王、诸侯，就是春秋战国时代的国王，实际上就是最大的地主。他通过"税"，来剥削农民，这个同毛泽东同志讲的基本的矛盾是地主与农民的矛盾不抵触。主张孔夫子时代是奴隶社会的历史学家说那个时候在鲁国，曾经发现过去那个地方穿鞋子很便宜，为什么呢？因为那个地方把奴隶的腿都砍掉了，书上记有四个字叫"履贱踊贵"，履就是鞋子，踊是假腿。历史学家就说那个时候砍掉腿的人很多，要装假腿，所以鞋子很便宜。我思忖，这个解释就说不通了，在奴隶社会，

关于政治经济学的几个问题

奴隶没有家业，也没有钱去买什么鞋子，更没有钱去买什么假腿，他们只是"会说话的牲口"，会说话的工具。会说话的牲口等于牛马，那时他在奴隶主经济中的作用就是牛马，劳动以后，全部产品归奴隶主，但是他也像牛马一样，由奴隶主养活他。如果有哪个耕牛不听使唤，把这个牛杀了吃牛肉是有的，哪个"锅庄娃子"不听话砍掉他的腿，或者杀掉了是有的，你说把腿砍了变成了个残废还养着他，恐怕不会，而且不能劳动。我在凉山也没有听到哪个黑彝奴隶主这样干过。大概砍掉腿就是要折磨他死，绝不会给他再安个假腿。还有，说历史学家发现春秋战国时代有一个古董，上面写着这么几个字，一匹马换五个奴隶、一束丝。因此说，有这个古董的时候，就是奴隶社会。可是，就是在"批林批孔"的时候，我看到《人民日报》有很多"批林批孔"的诉苦，我记得有篇文章很生动，是在我的家乡江苏南通有一个人被卖，价格是二十二块钱、一丈布，按照这样的逻辑，倘使一千年以后，考古学家看到这份《人民日报》说1949年新中国成立的时候，江苏省南通县还是奴隶社会。我们怎么来评价这个历史学家？还有《红楼梦》里边，那个大观园里面那许多丫鬟，都是有家业的，但是她们还是世代奴隶，我们能不能说《红楼梦》的作家生活的时代——就是乾隆时代——中国的清王朝是奴隶制度？没有一个历史学家曾经作过这样的结论。中国的人口买卖是很长一个时候都存在着。我重新得到自由以后听我一个外孙告诉我，甘肃的个别地方的大姑娘插着标签卖钱，听说四川也曾被"四人帮"搞到这种程度。你不从这个社会的生产制度来分析，孤零零地看所有制，或者孤零零地讲人口买卖，你怎么能够得出科学的结论，符合历史的实际呢？现在对"四人帮"在"批林批孔"时另搞一套的阴谋已经揭穿了。我们哲学社会科学部历史研究所的历史学家们重新提出这个问题来，中国的历史分期是不是定论了？现在大家认为那个定论不能算数。我不懂历史学，我从政治经济学的角度看，那个历史分期还是不能作结论。

从政治经济学研究的对象来说，我这个意见是少数的，现在一般人是接受斯大林的定义，不是恩格斯的定义。所以我这个意见可能是错的，如果用多数来表决的话，在经济学家中间我恐怕是孤立的。所以我在中共四川省委党校讲的时候，很多人认为我这个意见强加于斯大林，曲解了斯大林的意见，请同志们批判。

三、关于生产力的问题

毛泽东同志在评注斯大林某本书的时候曾经讲过，政治经济学是研究生产关系的，但是要联系着上层建筑和生产力来研究。那么什么叫生产力？这个问题从新中国成立初期，中国人民大学请了苏联专家来就开始发生争论，争论的一方就是苏联专家以及陈伯达。那时苏联专家的意见是不能违背的，大多数经济学家跟着他们跑，对立面是很孤立的，另一方是我国著名经济学家叫王学文，现在八十多岁了，不久以前在政协开会我还见到他。当初发生这个争论的时候，我在上海华东工业部，所以不晓得曾经有个争论。我到了经济研究所的时候，我就提出生产力应该包括三个要素：劳动力、劳动工具、劳动对象。这是马克思的意见。《资本论》第一卷第五章第一节，有这么一段话：劳动过程的简单要素是有目的的活动或劳动本身，它的对象和它的手段。所谓有三个要素："有目的的活动或者劳动本身"，就是劳动力，这是一；第二"劳动对象"，就是原材料；第三"劳动手段"。那么他把劳动对象——原材料放在第二。这证明从劳动过程来说，马克思很重视劳动对象。一般说，是把机器或者是劳动工具放在前面。生产力要素，至少是三项：劳动力，劳动工具，劳动对象。斯大林在《联共党史简明教程》第四章第二节《辩证唯物主义和历史唯物主义》中说："生产物质资料时，所使用的生产工具，

以及因为有相当的生产经验和劳动技能而发动着生产工具并且实现物质资料生产的人——这些要素总合起来，便构成为社会的生产力"。简单地说他是讲的两个要素，生产时所使用的工具以及运用工具的人。为什么会发生争论？甚至争论不休呢？马克思讲得很清楚了，但马克思没有讲"生产力的要素"，他讲的是"劳动过程的要素"。因此人们就说：劳动过程有三个要素，生产力的要素就只有两个。这个话很勉强。生产力哪来的呢？难道有离开劳动过程的生产力吗？离开了劳动过程的生产过程，那是悬空的。马克思是讲过：生产过程同劳动过程是两个过程。比如你们的钢材炼出来以后，要继续等它冷，等过多日，这个自然的过程还是属于生产过程，但劳动的过程停了。又比如酒，酒是越放越好，生产出来以后，放在一个地方，生产过程还没有完，但劳动过程停止了。生产力的因素同劳动过程的因素是一个东西，应该是这样。所以王学文同志坚持生产力的要素是三个而不是两个。在《资本论》中有许多地方提到原材料的重要性。据我知道，比如棉花，美国南北战争的时候，美国的棉花到不了欧洲，因此欧洲的纺织工业，特别是英国的纺织工业，用埃及棉、印度棉。那个时候埃及、印度棉的纤维短。因此，纺的时候，出纱率很低。而英国的工人是计件工资制，从而影响到整个英国及欧洲工人的生活水平，发生罢工。这是恩格斯在《英国工人阶级状况》一书中讲到的问题。从这里看出原材料是如何影响劳动生产率，甚至影响工人的生活。这怎么能说原材料不是生产力的因素呢？据我知道我们有些产品，例如机器设备，性能不好，效率不高，其中有一个原因，就是原材料没有过关造成的，比如就是你们这一行的产品——钢材，强度不高，耐磨性能差等影响机器设备的质量。攀钢的钢材，人家就欢迎，因为里边含有钛，钛合金钢，用它制造航天零件性能好，寿命长。这怎么能说，原材料不是生产力的一个因素呢？

还有，帝国主义掠夺殖民地，它掠夺什么呢？主要的是掠夺殖民地的廉价的劳动力和廉价的原材料，使这些因素结合起来，来加强他们的生产力。现在典型的殖民地没有了，原来的殖民地纷纷独立了。但美国、苏联在第三世界划分势力范围，目的还是要控制这些地方，推销他们的产品，掠夺廉价的劳动力和原材料，以实现霸权主义的目的。从反对帝国主义的侵略来说，我们也应该认识原材料是生产力中的一个重要因素。

天然的矿产资源——石油、铁等，总是一个有限数，总有开采完的一天。政治经济学作为社会科学的理论基础，应该研究这个问题。有些自然的劳动对象完了以后怎么办？我请教过别人，我想写的那本书，要反映这个问题。有一天在《人民日报》上看到说用合成材料做的齿轮，耐磨性超过钢材，完全能够代替钢材。我想这个问题解决了，以后铁矿挖完了，不是可以用合成材料代替钢材吗？于是我就把这个问题写进我的书里面去了。有一次讨论技术水平的问题，我说苏联钢的产量超过了美国，苏联是1.5亿吨，美国只有1亿吨。为什么苏联在生产技术方面老赶不上美国呢？美国生产机器设备、导弹、战舰等不是也要用钢铁吗？一位化学家回答我说：这正是苏联的落后。美国大部分建筑材料是用塑料代替，一吨塑料可代替的钢材，美国一年生产塑料一千二百多万吨，苏联只生产一百多万吨。如果加上塑料代替的钢材，美国就大大超过了苏联。我把原材料作为生产力的一个要素，征求他的意见，他表示同意。一个西德著作家讲到21世纪50年代全世界的钢要发展到50亿吨。到那时钢就要走下坡路了，就要逐渐用合成材料等来代替。这个合成材料对我的生产力三要素是个很大的支持。

我们中国的经济学家、自然科学家，爱讲第三次工业革命。第一次工业革命是蒸汽机的发明，产生了工业的资本主义；第二次工业革命是电能用在工业上，其时正是马克思要去世的时候，他对于远距离输送电很关心，认为这是了不起的发明。随着电力的被使用，资本主义发展到帝国主义时代。第三次工业革命，大多数人提的是电子计算机用在生产上，生产上出现了自动控制系统。这是生产工具上的一个很大的改革，是工业革命中的一个大革命。马克思说，"机器都由三个本质上不同的部分——发动机，传动机构，和工具机或工作机——构成"❶。现在还要加上一个自动控制机。这是别的经济学家提出来的，我很赞成。马克思没有活到电子计算机时代，但他提到了自动化问题，但那个自动化还是机械控制的，不是电子计算机自动控制的。所以电子计算机应列入第三次工业革命的内容。钱学森同志前几个月写了一篇论高能物理的文章，他说高能物理是第三次技术革命的内容之一。拜读了以后，我很同意。技术革命，按经济学、历史学的用语来说，就是工业革命。我想还要加上一个劳动对象的革命，合成材料的出现就是劳动对象的革命。我写了信请教钱学森，他没有正面回答，给我寄了一篇东西，但也没有反对。

关于原材料的革命，我国的经济学家、自然科学家也讲到了，但一般提倡不够，至于政治经济学中把它从生产力的要素中驱除出去，生产力的内容于是被歪曲了，这与我们对原材料的不重视和过不了关有没有关系呢？我看有。我认为斯大林并没有明确说，劳动对象不是生产力的要素。当年中国人民大学有的同志与王学文同志争论时，他们给王学文同志戴上反马克思主义的帽子，斯大林说是两个因素，你怎么说三个因素，那不是反马克思主义吗？！

四、关于科学是生产力的问题

这个问题现在讨论很多，生产力的因素是不是因此有了第四

---

❶ 马克思：《资本论》第1卷，第396页。

个呢？前面说到的马克思讲的机器的三个构成部分，现在要加一个——自动控制部分，我倒是同意的。这是马克思没有预见的。但生产力的三个要素变成四个要素，我不赞成。但说科学是生产力我赞成。科学这个生产力是通过人、劳动工具、劳动对象来体现的，只有人的科学技术水平提高了，生产力这三要素就会充分发挥它们的威力。

科学是生产力，马克思讲过，而现在阐明这个观点的时候，却没有看到有人引用马克思下面的观点："由协作及分工而生的各种生产力，不费资本一钱。那是社会劳动的自然力。适用于生产过程的各种自然力，如像蒸汽和水等，也不费资本一钱。但像人呼吸必须有肺一样，他要生产地消费各种自然力，必须有一个'人手的制成品'。要利用水的推动力，水车是必要的；要利用蒸汽的伸张力，蒸汽机是必要的。就这点说，科学也和自然力一样。电流作用范围内磁针偏倚的规律，铁周围通电流将会磁化的规律一经发现，就无须再花费一个铜钱。……说大工业把异常大的自然力和自然科学合并到生产过程上面来，一定会异常增进劳动生产率，虽然是一目了然的，但是，另一方面，说这个增进的生产力，不是用增加劳动支出的办法买到的，却不是一样一目了然的。"❶ 在这段引文中，马克思还有一个注释。他说："总的来说，科学是不费资本家一个钱的。但是，资本家仍然不妨去利用科学。资本像并吞别人的劳动一样并吞'别人'的科学。……甚至乌尔博士也叹惜说，他的亲爱的利用机器的工厂主，对于机械学是茫然无知的，利比居也举述了许多事例，证明英国化学工厂主的令人吃惊地完全不懂得化学"。反正资本家有的是钱，自己不懂，他可雇佣工程师、科学家，这像雇佣工人一个样，不肯多花一点钱。但他可以把整个人类社会积累的科学知识吸收来，变

---

❶ 马克思：《资本论》第1卷，第411页。

成他的生产力,这是一目了然的。就是说科学是生产力是一目了然的。可是"四人帮"就不一目了然,他们反对说科学是生产力,你说怪不怪!其实并不是他们不一目了然,这个道理简单得很,科学的发展、技术的革新、人们的熟练程度的提高,能提高劳动生产率,增进整个社会的生产力,"四人帮"他们怎么不懂呢?!他们的目的是要反对邓小平同志主持国务院工作时起草的那几个文件。

上面讲的政治经济学的对象与方法上的问题,归纳起来,有十五六个争论的问题,我只举几个例子给同志们介绍一下。什么是生产关系?什么是生产力?这许多理论性的问题,你们实际工作者好像兴趣不大,可是关于社会主义政治经济学中间没有流通过程,或者说交换不在生产关系的范围之内,这个问题与你们会有切身的关系。现在这个"骡马大会"也许不开了。但是,国营企业与国营企业之间的产品如何流通,问题还没有解决。从前在管理体制上,一抓就死,一放就乱,乱了又抓,抓了又死,纠缠不清。苏联编的政治经济学社会主义部分就没有流通这个问题。1959年中央交给我们的任务要写政治经济学教科书,我坚持毛泽东同志在批注苏联编的政治经济学教科书的意见,说政治经济学恐怕还是按照客观过程来写。马克思、恩格斯讲过的,规律是研究的结果,不是研究的出发点。苏联的那本教科书,它的一章一节都讲的是规律,以研究的结果作为研究的出发点。结果呢?规律没有说明。我们是坚持社会主义政治经济学还要分成:直接生产过程,就是指每一个企业内部为了生产物质产品所组合的各个环节、各方面的人与人之间的关系;流通过程,是研究社会产品的交换,前面讲了有三种流通;整个社会的再生产过程,其中包括产品的分配。我们计划这样写,但有个经济学家给我们提出,说社会主义社会没有流通过程,国营企业内部没有流通过程,只有物资分配,这是分配过程,不是流通过程;零售商业,还有同集体所有制之间的交换，要算流通过程，但这只是暂时性的过渡性的，将来都要过渡到与国营企业内部产品分配的性质一样。他的这个提法，虽然是反对我们这本书的结构的，但受启发很大，这就给我们提出了写书时要注意，什么是资本主义的流通？什么是社会主义的流通？我们不是研究资本家如何实现他的剩余价值，如何做买卖的那个流通。我们是研究我们的产品生产出来以后，通过什么环节，最合理地、最节省地到达生产消费领域和生活消费领域，如何通过国家计划安排好农、轻、重产品的供、产、销协作关系。要实现上述任务，就要有个合理的流通体制问题，不然扯皮的问题就无法解决。讲到这里，要说一说有不少人认为《资本论》上讲的问题，不适合于社会主义社会。不学无术的家伙——林彪就是其中的一个。他说《资本论》只能解释资本主义社会的问题，不能说明社会主义社会的问题。林彪爆炸后，要我揭发他的问题，我就批了他否定《资本论》，我宣传了马克思的《资本论》。可是林彪倒台以后，"四人帮"直接操纵的北京大学，把《资本论》糟踏到什么样子呀！比林彪还厉害，是在北京召开的经济学家座谈会上揭发出来的。北大经济系有一个迟群的爪牙，说你还在宣传"马尾巴的功能呀"！"四人帮"、迟群一伙，把《资本论》叫作"马尾巴的功能"？！看，他们把《资本论》糟踏到什么程度！他们又反动到什么程度！

马克思的《资本论》写了四十年，还没有写完，他临去世以前，写信给恩格斯。他说我死后，别的都没啥，我一个钱没有留给我的家属，我死了不知他们怎么活。还有，就是我还没有全部出版的《资本论》这是我终身的遗憾！马克思在世时，《资本论》第一卷是他自己整理出版的。第二卷、第三卷是马克思逝世以后，恩格斯整理出版的。恩格斯为了整理出版马克思的《资本论》，放弃了自己的很多写作计划，例如《自然辩证法》只写了一半就放弃了。他用最大的、全部的精力来整理马克思的《资本论》的遗稿，他字斟句酌，非常着重马克思的原意，如果十分必要加一句话，他也要说明，这是他加的，说明马克思的原话是怎样的。这看出马克思、恩格斯之间的真正的同志式的友谊，这是无产阶级同志之间的友谊；它不是一般的，它是战斗的同志的友谊，它胜过一切！

恩格斯用最大的精力整理马克思《资本论》的遗稿，共整理了十多年，只整理完了二卷、三卷出版，第四卷——剩余价值学说史，没有来得及整理出版，恩格斯也逝世了。第四卷是考茨基整理的。从这个基本事实，看出马克思、恩格斯对《资本论》是花了多么大的精力，又是多么重视他们这部著作。我们社会主义政治经济学还在创立的过程中，还有许多问题要探索；在社会主义建设的实践中，如果我们有什么正面的经验或反面的教训，只要我们去查一查马克思、恩格斯的经典著作，就可以发现，我们搞对了就是合乎马、恩的经济学说。搞错了就是离开了马、恩的经济学说。他们的经济学说最主要的是《资本论》。

五、关于利润问题

50年代末给我戴的帽子，就是"利润挂帅"，就是见钱眼开。在揪斗我的时候，北京工业大学有个学生问我，你小时候偷东西没有？就是说，利润就是偷东西。毛泽东同志对利润挂帅也批得厉害。他是批有利就干、无利不干、利大大干、利小小干。苏联有个叫利别尔曼的，是个经济工程师，他提出一套利润、奖金分成等物质刺激的管理经济的办法。当时新华社把它介绍过来供批判的时候，李富春同志批给我，要我发表意见。我说：我个人对利别尔曼这一套不赞成。但是，现在中央提出：我们的企业要普遍扭亏增盈，不能把利润批得太臭，批臭了不行，应该分清社会主义利润与资本主义利润有什么不同。把利润批臭了，批得人家不敢抓利润,一抓利润就是"利润挂帅"。我简单地答复了李富春同志,并说作些具体调查之后再向他汇报。这之后,报纸上就批开了,开始时连利别尔曼也没有点名,后来都点名了。我还是到处阐明我的观点,也没有管人家对我的意见。1960年我到上海去调查企业管理的时候,碰到一个财务科长给我讲了一句话,使我感受很深。他说:利润上缴是硬斗硬的任务,少一个钱都不行。但是,这个任务只能做,不能说。为什么不能说呢?说了就是"利润挂帅"。我想财务工作不好干,抓财务,降低成本,增加盈利,是干了不好的事情,害羞的事情,那怎么行呢?这以后还有好几个人,写信问我们经济研究所,利润问题应该怎么理解?根据许多事例,我写了关于利润问题的报告,交给了李富春同志。要使利润指标能够综合地反映企业的工作成果,首先价格要能实际反映价值。同是工业产品一个高、一个低,那不合理。什么是价值呢?按照马克思的说法,包括三部分:一是折旧费和原材料;二是工人的工资,三是工人为国家创造的产品。这三部分加起来,就是产品的价值。总之,是生产产品时消耗的物化劳动和活劳动的总和。商品的价格应该根据这个来定。现在的问题,工业产品的比价好像比较好解决。而工业品与农产品的比价就难解决。这是两种所有制形式之间的交换,现在的情况是工业品的价格定得高,农产品的价格定得低,它们之间存在着剪刀差。工农业产品的比价有没有剪刀差是有争论的,我说有。财政部门对我的意见大得很,说我在六十年代初,讲过工农业品有剪刀差,是对社会主义的财政抹黑。但是,毛泽东同志老早就发现这个问题,是第一个五年计划呢还是第二个五年计划草案报给他看过以后,他向李富春同志提出一个问题:这个年度的计划中财政收入的两大部分,来自农业的只占百分之十几,来自工业的占百分之八十几,我们五亿农民一年的劳动的贡献只占百分之十几,一亿多人口,真正从事物质生产的工人,只有1800万,他们

关于政治经济学的几个问题

的贡献就占百分之八十几？这个账是怎么算的？我们这个算账的办法就是从苏联搞五年计划的那一套搬来的。过去没有想到这中间还有什么问题。我1956年到苏联去取经时，也了解到苏联统计局有少数人同科学院的院士们的观点是对立的。少数派强调价值规律，反对价格同价值的背离。苏联就是通过价格与价值的背离，通过这个价格杠杆，来取得农民对国家的贡献。他们好像农业没有直接税——公粮。在我们国家农民对国家的贡献也不只百分之十几，而是通过工农业产品的比价，把农民的贡献掩盖了。在《人民日报》还出现过两篇这样的文章：一是通过一个典型分析写的一篇通信报道，中心强调生产队也要加强经济核算，其中说农民对国家的贡献很大，占国家的财政收入的百分之十几；还有一篇文章是蔡正写的，估计是财政部门的同志写的，其中也是讲农民对国家的贡献大，占国家的财政收入的百分之十几。《人民日报》上这两篇文章，宣传的是农民对国家的贡献大，而实际上是说明农民对国家的贡献小，因为几亿全劳力和半劳力，对国家的贡献才占百分之十几。根据这些事实，我就发表了一套议论，到处宣传：企业的经营管理，还包括我理解的价值规律，账该怎么算等。农业方面的价值统计不准确，就很难有全国性的准确的统计。就工业方面来说，我们的工业会计也不是很健全的。物化劳动和活劳动都很复杂。活劳动有熟练劳动和非熟练劳动、有复杂劳动和简单劳动之分，这些劳动的消耗如何计算都是很复杂的。后来大家商量，工农业产品的比价，参照新中国成立前的历史比价。什么22支纱织的龙头细布与粮食比价，等等。就是按照解放前的这个比价，农民对国民经济的贡献，我记得也占百分之三四十。我们必须看到新中国成立前的比价是工业品偏高，农产品偏低。尤其是国际市场上，帝国主义的工业品的价格偏高，殖民地、半殖民地的农产品和粗制品的价格偏低。就是按照这样的价格计算出来的，农民对国家的贡献也占百分之三四十。后来把这个账算出来以后,给李富春同志做了报告,他根据这个报告向毛泽东同志讲了这个问题。毛泽东同志在1959年郑州会议上批评陈伯达,说他不懂价值规律。他说:不等价交换就是无偿地剥夺。你陈伯达是经济学家,不懂商品、货币、价值规律、等价交换。当时科学院党组书记传达的时候,把陈伯达三个字删去了,就只传达经济学家不懂价值规律……我想这是哪个经济学家嘛?原来是同我辩论那许多问题的陈伯达。他们认定只有资本主义社会才有价值规律,价值规律就是投机倒把,用价格高低来调节社会生产的那个规律。我说这个规律,在《资本论》第三卷马克思讲过,就是节约劳动的规律,到将来的社会中更重要。马克思还在另外的一个手稿中讲过:从节约意义上讲的价值规律,到将来的社会是水平最高的规律。

关于政治经济学的几个问题

关于价值规律争论很多,很多经济学家批评我,说你把资本主义的价值规律,用到社会主义的计划经济中来,等等。我在毛泽东同志批评经济学家不懂价值规律后,到处宣传,有一次宣传到中宣部去了,陈伯达在场,当着他的面,有个同志拉拉我的衣服,说怎么回事?人家已经检讨过了,你不要再说了。我说,我不知道是他,他检讨了,变了嘛,但对价值规律还是要宣传的。经济学家不懂价值规律多得很。直到现在还有人认为价值规律就是资本主义价格涨落的规律,而不是核算劳动的规律。马克思说到将来的社会,会计更重要。我宣传的价值规律,就是计算劳动、计算成本的规律。在这以前我写了一篇五六千字的文章,中心就是计划工作要以价值规律为基础。在郑州会议以后,我又写了一万多字的文章,宣传价值规律。这次陈伯达更恼火了,认为我是针对着他的。他责怪我宣传马列主义政治经济学。毛泽东同志批示了陶鲁加一个报告说:价值法则是一个伟大的学校,几亿人民,几千万干部都要经过这个学校。我有了这个批示,就更积极地宣传价值规律了。我说,在经济方面,千条万条,价值规律

第一条。计划中间各部门的比例关系,归根结底要用价值来计算。你们一个高炉要用多少焦炭?炼钢要用多少铁?还有轧钢中间的比例?等等。这个叫技术定额。它是属于生产力的问题,不是政治经济学要研究的对象。在西方也好,在苏联也好,他们都没有设经济师,只设经济工程师,他们研究的是各种机器的经济效果,研究技术定额。我们提倡设经济师,不过现在只是在提倡,很多地方还没有设。经济师的任务,就是用价值规律核算物化劳动和活劳动的消耗,如何节约劳动。当然这也要与技术定额联系起来,根据产品的产值、产量等许多指标来核算。把价格与价值一致起来,脱离了就不好比较。我在宣传利润的时候,说社会主义企业利润越多越好,那要有一个前提,就是要使价格反映价值。但是,这个问题,工业品之间好办,问题是工农业产品的比价不好办,提高了农产品的价格后,等于减少了农民对国家的贡献,这部分亏空如何弥补?在郑州会议时,毛泽东同志问按价值规律办事,搞等价交换,农产品要提高多少价格?工业品要降低多少?国家财政要多支出多少?我们计划财政上面要出现多少赤字?这些怎么办?他提出的这些问题,应该由搞具体工作的人来办。我认为农民作出的贡献,不应该通过价格来调整,可以通过农业税的办法,向农民说清楚,农业税提高了,农产品的价格也提高了,提高到他们原来的负担一个样。有人说,这个变化太大了,怕农民不接受,我说农民会算账。如果说,这个办法使农民和国家不吃亏。人们就会问:何必多此一举?这样做好得很:一是农民增产的部分,他的收入就多。因为我们对农业税是采取稳定负担的政策,增产不增税。在价格低的情况下,增了产收入低;在提高了价格的情况下,增了产收入就高,这有利于调动农民增产农副产品的积极性。在不调整价格的情况下,农民往往在完成了公粮、口粮和征购任务以外,就要想办法搞点外快——货币收入来解决分配问题。如果农副产品的价格提高了,他们搞农副业生产，可以得到同样多的货币收入，他就用不着搞其他的事情。这样有利于把农民巩固在农业战线上，有利于国家的种植计划的完成，有利于调动农民增产的积极性。我提出来的这个想法，要通过试点，要向农民讲清楚，要算清这个账。同志们是搞工业的，关于有利就干、无利不干、利大大干、利小小干的问题，除了思想问题外，还有个价格合理不合理的问题，如果价格如实地反映了价值，就没有大干了没有大利的问题。所以工业产品内部也要把它搞合理，这就不会出现农机厂生产铁床的问题（因为农机与铁床的价格比价定得不合理，生产铁床收入多）。这是第二个好处。有了这个章程，一个工厂的利润越多，就表示你经营管理越好，如果没有这个前提，搞歪门邪道利润是上去了，但它破坏了国家的统一计划，这不行。利润在资本主义社会是剩余价值。在社会主义，斯大林认为不能要资本主义的那个名称，叫作为社会创造的产品。生产资料和消耗工资支出这两项占的比重越小越好。生产资料消耗少好，这是很清楚的；即使是工资，在产品中占的比重也是越小越好。因为工资的增加，人民生活水平的提高，不是一个企业决定的，而是整个社会、整个国家规定的。而对每个企业来说，它生产的产品的价值中，工资占的比重越小越好，这表示它的劳动生产率水平提高了，人力的浪费减少了。三是为社会创造的产品，这部分越多越好。一个单位产品的价值，这部分多，就说明前两部分少。为社会创造的产品用人民币来计算，就是我们所说的利润。在五十年代我就被戴上利别尔曼的"利润挂帅"的帽子。但我说的利润越多越好，首先是有前提，而且我阐明了我们的利润与资本主义的利润本质不同，有三条：

　　第一，利润的阶级本质不同。资本主义利润表示资本家对工人的剥削；而社会主义利润则是生产企业职工为社会扩大再生产和社会公共需要而创造的财富。利润一词变成了忌讳，这个影响还没有肃清。比如北方人吃醋叫忌讳。现在中央提出：要理直气壮地讲利润，号召扭亏增盈，为国家多作贡献。大庆人就是这么做的。但讲是讲，在人们中忌讳还是存在。比如说，上缴利润，不叫上缴利润，而叫上缴积累，这个概念，不符合实际，上缴利润不能都作积累。比如国防开支与文教、卫生、科研部门的开支，社会福利、党政机关的开支等，这些都要从国家的财政收入中拨款的，它是属于消费基金，不是积累。只有用于扩大再生产的基金，才叫积累。还有，企业的折旧也要上交，这更不是积累，这是老本，当然它也不算利润。二十年来，批判"利润挂帅"，现在人们还心有余悸。我认为不要忌讳，资本主义的利润是剥削，我们企业上缴的利润是对国家做贡献。

第二，生产的目的和手段不同。资本主义生产的目的就是追逐利润本身，资本家生产商品只是为了追逐利润所不得不采取的手段。社会主义生产的目的是创造物质财富本身，但是为了达到这个目的，必须善于使用自己的手段：提高劳动生产率、降低产品的成本、增加利润。这就是说，资本主义生产的目的是剩余价值，为了赚到钱要生产有用的产品，生产一个使用价值。使用价值是他们实现赚钱的手段。相反，我们社会主义，钱不是我们生产的目的，也就是说利润不是目的，我们生产的目的是产品，是使用价值，这就决定我们不能像资本主义那样，利大大干、利小小干、无利不干，这是不允许的。但利润是实现我们目的的手段，我们要生产更多的使用价值，必须有更多的投资，这更多的投资从哪里来？必须靠原有的企业，提高劳动生产率、降低产品的成本、增加利润。

第三，取得利润的方法不同。资本主义通过市场竞争，物价的自由涨落和投机倒把等办法来取得利润。社会主义利润以贯彻执行中央规定的各项方针政策为前提，以计划生产、计划价格和固定的供产销协作关系为前提，严禁投机倒把。在这种条件下，只有通过老老实实地革新技术、改善经营管理、降低成本的途径才能取得利润。

我是说，是在价格符合价值的前提下，加上以上三条与资本主义利润的本质区别的情况下，说企业的利润越多越好。陈伯达说我拥护利别尔曼。其实，我是不赞成利别尔曼的，利别尔曼搞物质刺激，提高奖金——占利润的10%到20%，数量太大，不能允许。这里我要检查，由于我不赞成利别尔曼，把奖金也否定了，甚至把企业留成也不要了，这是与当前中央的政策不符合的，当时不是右了，而是"左"了。

资本主义国家的资本家一般只得平均利润。我们不是这样，有利润就上缴。我想我们也应该有个平均利润，作为计算的比较。但这里有个技术条件问题。我们提倡大、中、小结合，土洋结合。大的技术水平高的企业，它的劳动生产率高，成本低，利润当然也就高，但这个利润高，是由于先进技术水平带来的，按照这样来的利润分成就不合理。这就会把国家投资带来的经济效果的一部分，变为企业的集体财产了。所以计算平均利润，要考虑到技术水平等条件。《人民日报》有一篇努力为国家增加积累的社论。日本人报道了，我们《参考消息》上转载了一点摘录。不知同志们注意了没有？用标题是《努力为国家增加上缴利润》。他们懂得我们汉字"积累"的含义变了，变成利润了。但是，《人民日报》的社论利润都不敢说，说成积累。应该学习大庆的工人，理直气壮为国家创造上缴利润。这次，我向中央写了一个报告，请中央审查，定出几条杠杠，对利润要人事宣传一下，不要再忌讳了，利润就是利润，积累就是积累，讲清楚，不要含糊。

我关于利润的三条杠杠，划清楚了没有？我不敢说，但陈伯达定我是最大的修正主义分子，所有的批判文章，对我的前提和三条杠杠，根本没有触动。因此，我的三条杠杠，和那个前提是左了，还是右了，我现在还没有认识到。

六、关于按劳分配与商品货币问题

按劳分配、商品货币是不是产生新生资产阶级分子的原因？不是。我们社会主义的按劳分配、商品货币同资本主义社会的工资制度、商品货币有本质上的不同，从这个角度上看，根本不能比。但形式上差不多。我们执行按劳分配的形式——工资制度，从形式上看跟资本主义差不多。我们的工资分等级，资本主义的工资也分等级。他们也是熟练工人、技术工人的工资高，一般工人、非熟练工人的工资低，这与我们好像是一个样。商品货币也是一样，从形式上看差不多。我们的消费品要拿人民币去买，他们也要用钞票去买。货币，国民党的金圆券同我们的人民币，从样子上看也差不多。都是纸币，都是用道林纸印的，都印有花边。但马克思告诉我们，一切经济范畴，都代表人与人的生产关系。我们能说，我们的工资制度，我们的商品货币在本质上，在代表生产关系上面同资本主义一个样吗？当然不能这么说。只能说，形式上差不多。不仅如此，按劳分配、商品、货币都有旧社会的痕迹。给新生的资产阶级分子，扩大差别，贪污盗窃以很大的便利。比如说，上海"四人帮"的爪牙陈阿大，查出他贪污盗窃的财物1万多元。如果没有货币，都是实物，他要用多少汽车来装呢？所以货币的存在，给贪污盗窃以很大的便利，他拿了万把元的钞票，大概口袋都可以装下，如果盗窃值1万元的粮食，他就没有法拿。这许多东西都带有旧社会的痕迹。包括王洪文这样的人，也是旧社会的痕迹。本来他当过兵、当过工人、当过农民，从这么好的出身来说，不应变坏。但是他却成为新生的资产阶级分子，这是他思想意识坏，野心大等，这也是旧社会遗留下来的痕迹。因此，新生的资产阶级分子王洪文、陈阿大之流，他们都是旧社会遗留下来的痕迹。他们可以利用商品货币关系、按劳分配，但这些不是产生他们的原因。

由于长期与外界隔绝，很多东西对我来说是新闻，在三年自然灾害中倒听说过，一只鸡要多少斤粮票。那么，粮票不是变成货币了吗？这个现象的存在，你说是因为有了人民币才会发生的，不能这么说。我们假定，即使人民币取消了，如果按照张春桥的反动的平均主义去搞，一个人发多少粮票、布票，甚至粮票、布票都不发，直接领实物，如果不是充分地满足需要，东西缺少，照样还会出现黑市交易，人们会把他多余的或暂时用不完的东西去换他急需的或缺少的东西。这样投机倒把照样会发生，所以我们要消灭这类现象，除了思想教育、法律制裁、纪律管理以外，最根本的是发展生产，只有生产发展了，按劳分配的差距便可能逐渐缩小，最后被按需分配所代替。只有生产高度发展了，才能用新的形式，来代替现在的商品货币关系。可是，"四人帮"不让你发展生产，你发展生产，他就说你搞"唯生产力论"。还有陈阿大有一段话，足以说明新生资产阶级分子的产生，不是由于有商品货币的原因。陈阿大说：对我们这许多人（指"四人帮"一类货色），人民币不发生作用。这句话他说的很对，从政治经济学的角度上，应该给他表扬，给他奖赏。他说明了一个问题，说明了像他那样一伙新生资产阶级分子的产生，不是因为有了人民币，而是因为他窃取了一部分权力，他胡作非为，任意窃取。在"文化大革命"初期抄家的时候，什么金条等，任意占为私有。其中有一个民族资本家叫郭利华，在上海开设"永安公司"，是民主人士，是人民代表还是政协委员记不清了。他家有个传家宝，不知是金子的还是玉的？样子是宝塔形的。这个传家宝在抄家的时候不见了，他家全部家当都抄掉，受到很大的迫害。"四人帮"被揭出来以后，陈阿大家发现了郭利华的传家宝。为什么说是他家里的传家宝呢？这是他们祖上遗传下来的，据上海的大字报说，他们这个家族在国外还有许多人，一回到国内来

都要去郭利华家看看祖上遗传下来的传家宝。陈阿大的这些行为，把抄家的东西都当作他的私有财产，这也要按劳分配、商品、货币负责吗？我认为按劳分配、商品、货币带有旧社会的痕迹。王洪文、陈阿大也是旧社会的痕迹。到底哪个产生哪个？我认为都不产生。在这些旧社会的痕迹中间，最坏的、最恶劣的是新生资产阶级分子。这许多旧痕迹，不只是发展生产力可以消灭的，也不光是思想教育可以消灭的。对新生的资产阶级分子，要批判，要斗争，混到党内的要开除党籍，要根据他的罪恶程度，给予法律制裁。而按劳分配、商品、货币这三个带有旧社会遗留下来的痕迹，只有发展生产，才能解决。这三个从形式上看，与旧社会差不多，但实质上是根本不同的。我们的货币已经不是《资本论》上马克思分析的那个货币、那个内容，已经带有劳动券的性质。就是说，劳动者劳动了多少，作了扣除，国家给你一个证明，证明你可以去国营商店或者合作社商店，买到多少东西。货币从生产关系上说，已经带有这个性质。但就形式上说，还有旧货币的痕迹，不完全是劳动券。

七、关于政治与经济的关系问题

关于政治与经济的关系，或者说驳"四人帮"的对"唯生产力论"的批判。这个问题，已经批得很多了，我只引用毛泽东同志的一段话，他在《论联合政府》中讲："中国一切政党的政策及其实践在中国人民中所表现的作用的好坏大小，归根结底，看它对于中国人民的生产力的发展是否有帮助及其帮助的大小，看它是束缚生产力的，还是解放生产力的。消灭日本侵略者，实行土地改革，解放农民，发展现代工业，建立独立、自由、民主、统一和富强的新中国，只有这一切，才能使中国社会生产力获得解放，才是中国人民所欢迎的。"这段话说得很明白，政治包括路线、政策好不好，要由实践来检验。什么实践呢？就是生产的实践。即这个路线、政策实行以后，生产力能不能得到解放，以及解放的大小。但是，这不能在短期来看，要比较长的时期才能显示出来。比如说，我们现在的生产的效力还抵不上资本主义国家。这是我们建设社会主义才二十几年，过去我们的基础差，这要具体分析。不能说我们的生产效力不如资本主义，就是社会主义制度不如资本主义。谁要是这样认为，那是很错误的。但是，我们发展得不快，这是个事实。这最大的原因，是林彪、"四人帮"的干扰、破坏。另外，我们社会主义生产关系刚刚建立，我们的经验不足。生产关系对生产力来说，有相适应的一面，还有不相适应的一面。公有制比私有制好，这是不能怀疑的。但是，公有制这个先进的生产关系，在各方面的具体环节，比如计划、统计制度、工业管理制度等，是否具体调整了，是否能体现公有制的优越性，这是我们随时随地应该注意的。我们有好多界线不好清。比如批判张春桥对按劳分配的诬蔑，有些批判文章的口气还是"四人帮"的。又如批判江青乱用资产阶级法权，我看到《贵阳日报》上的一篇文章，例子是江青有一个不称心的警卫员，罚他赤着脚在雪地里站，把这个说成乱用资产阶级法权。这么批，就是界线不清，还是"四人帮"的口气批"四人帮"。同志们，这个事情资本家也不做，资本家还有个假面具，他的剥削，是通过经济的办法，他们不搞人身侮辱，工人出卖劳动力，八小时以内听资本家指挥，八小时以外他们有个假面具，叫作法律面前律平等。所以，那篇文章，是用"四人帮"的口吻来污蔑马克思所说的资产阶级法权。列宁所说的资产阶级法权有两方面的意思：一个是资产阶级的所有权，这社会主义革命已经革掉了；再一个是由于生产力不发展，消费品的分配只能按劳分配，工资还要分等级。这一点就是旧社会的痕迹。除了这方面的意思以外，没有任何别的意思。怎么把人身侮辱、体罚也说成是资产阶

级法权呢？毛泽东同志主张对审讯犯人也不准用体罚的。江青的这种行为，是大凉山的奴隶主才能干的，是农奴主、法西斯才能干的，不是什么资产阶级法权。"四人帮"过去把贪污盗窃说成是资产阶级法权。现在批"四人帮"的时候，有人把江青在天津做了一条裙子花了几千元，王洪文在上海住了两个多月花了17 000元，都说成是资产阶级法权。我说这是对马克思说的那个按劳分配抹黑。

按劳分配原则不能否定，这是马列主义的原则。可是怎样体现？是八级工资制还是六级工资制？这是具体的规章制度问题。具体的规章制度，随着我们的管理经验不断积累和提高，随着马列主义水平的提高，在贯彻执行按劳分配的原则时会不断完善的。贯彻按劳分配，还有一个制度，叫什么地区工资类别？这个制度是50年代确定的，即使当年是合理的，经过20多年的物价发展，现在也该修改。

关于政治与经济的关系，列宁有一句名言，列宁在批判布哈林时说：政治是经济的集中表现。什么叫集中表现呢？是从全局看的长远看的经济利益，就变成了政治，变成了政策。局部的一时的经济利益可能表现不出来。同时政策是否正确，也要通过长期的经济实践。

八、关于"四人帮"搞复辟的性质

我们批判"四人帮"说他们是资产阶级的代表人物，是资产阶级分子。可是我给他们戴的一个帽子是封建法西斯，这个矛盾不矛盾？我觉得不矛盾。如果"四人帮"全面窃取了政权，那么复辟也必然只能复辟到资本主义去，不可能复辟到大凉山的黑彝、白彝或者"锅庄娃子""安家娃子"那个时代去，也不致发展到封建领主或庄园经济那个时代去。如果要复辟到那种时代去是困难的。"四人帮"管理的地方，福建有个莆田地区，浙江有个温州，这两个地方，的确人口贩子都有，还听说四川宜宾，也有这种事实。这两个地区，投机倒把，无奇不有，那当然是资本主义复辟。新中国成立前上海有两个人，是蒋介石的私人搭档，一个叫杜月笙，另一个叫黄金荣，是青红帮的头子。这两个家伙开戏院，开茶铺，甚至还开妓院，没有听说他们开过工厂，大概开钱庄放高利贷这许多东西都搞。你说这两个人是资本家呢，还是什么？他们生长在20世纪的中国上海，你说他们只代表资本主义的生产关系吗？王洪文就是这样的人物，这样的帮派头子，小兄弟就是青红帮、哥老会。这个能说他们是资本主义的生产关系吗？从他们这些人的胡作非为来说，他们是封建派法西斯。我于1977年4月给中央写的一个报告，给"四人帮"定的性是封建行帮、是法西斯。他们要搞复辟，当然是复辟的资本主义。但是，他们不是一般的资本主义，就等于蒋介石时代最黑暗的那种投机倒把的资本主义。如果他们的阴谋得逞，社会要倒退多少年？连新民主主义革命也要从头做起。我们已从莆田、温州、宜宾看到了这种现实。在那里连最起码的民主制度也没有。因此，他们是代表什么呢？有代表资产阶级的，有不是资产阶级的。他们是封建行帮法西斯暴徒。这是我讲的第八个问题。

很对不起同志们，占了你们两个半天的时间。我的希望是提出这些问题，能够引起我们搞实际工作的同志一起讨论，而且希望你们对我提的这许多问题的意见，哪怕是批评的意见告诉我，错的我认识了定改正，认识不到的我可能还要顽固坚持下去，而且还可以与同志们书面讨论。

关于政治经济学的几个问题